Alessandro Manzoni

I PROM

Alb

La Spiga
EDIZIONI

Alessandro Manzoni
I Promessi Sposi
a cura di Alberto Cristofori

Coordinamento editoriale: Beatrice Loreti
Art Director: Marco Mercatali
Responsabile di produzione: Francesco Capitano
Redazione: Carla Quattrini

Progetto grafico ed impaginazione: Sergio Elisei
Illustrazioni: Michela Ameli (Glifo Design)

Copertina: Adami Design
Illustrazione: Michela Ameli (Glifo Design)

Consulenza alla progettazione: Fabio Cioffi

Via Brecce – Loreto
tel. 071 750 701
info@elilaspigaedizioni.it
www.elilaspigaedizioni.it

Stampato in Italia presso
Tecnostampa - Pigini Group Printing Division - Loreto - Trevi 12.83.094.5
ISBN 978-88-468-3066-1

Le fonti dei testi citati sono riportate nel fascicolo per l'insegnante.

INDICE

IL PROGETTO DEL LIBRO

Questa antologia dei *Promessi sposi* racconta tutta la vicenda del romanzo di Alessandro Manzoni in dieci capitoli.

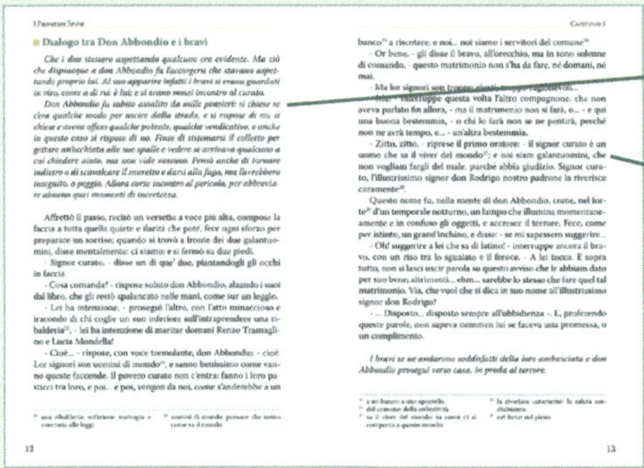

All'interno di ciascun capitolo si trovano **passi in carattere corsivo**, che costituiscono i raccordi del curatore, e **passi in carattere tondo**, che costituiscono le citazioni antologiche dal testo originale. Le parole di queste citazioni sono tutte di Manzoni, ma in qualche caso frasi o capoversi sono stati tagliati. Abbiamo preferito non indicare questi tagli con i puntini di sospensione, come sarebbe stato filologicamente corretto, pensando che ciò avrebbe appesantito la lettura e non avrebbe d'altro canto risposto ad alcuna esigenza dei lettori a cui ci rivolgiamo.

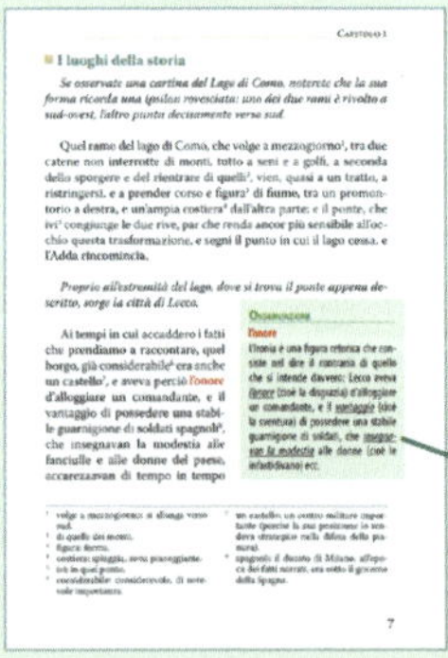

Il testo è accompagnato da **note lessicali** essenziali, utili alla comprensione letterale del testo stesso, e da **box** più ampi, legati a singole espressioni evidenziate nel testo. Questi box a volte affrontano questioni di ***tipo grammaticale e lessicale***, altre volte hanno ***uno stile enciclopedico***, cioè forniscono informazioni sulla storia, la società, i costumi, le problematiche di cui parla Manzoni.

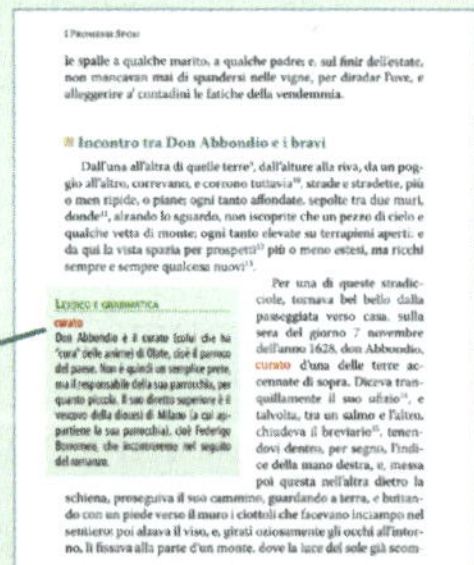

All'interno di ciascun capitolo si trovano uno o più **focus**, schede più ampie (di 1-2 pagine) dedicate ad argomenti importanti, che meritano un approfondimento particolare (la Guerra dei Trent'anni, la Monaca di Monza, il processo agli untori ecc.).
Al termine di ciascun focus si trovano alcune ***domande di attivazione***, che servono a fissare i concetti fondamentali.

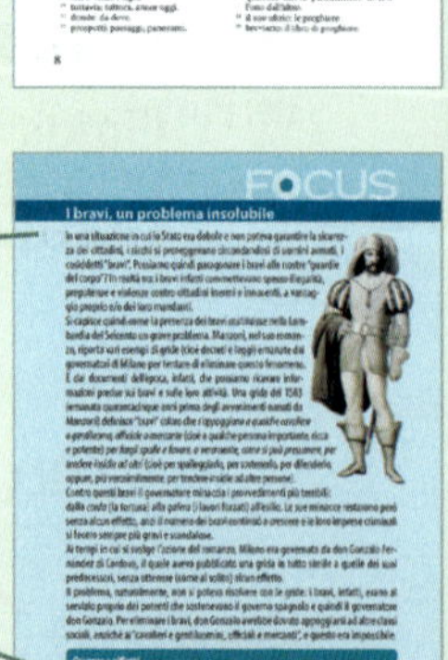

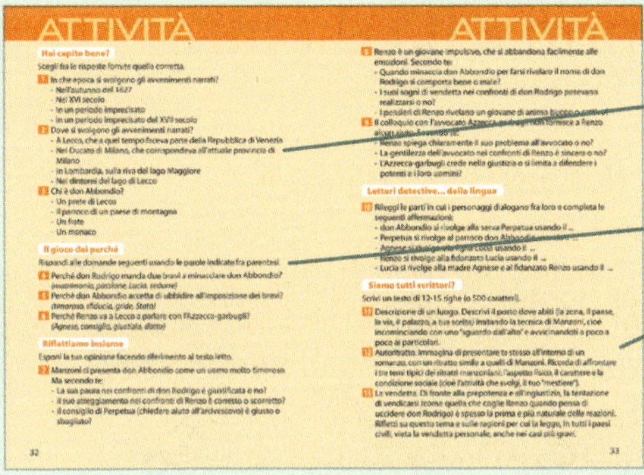

Alla fine di ciascun capitolo si trovano delle **batterie di esercizi**, suddivisi in tre momenti:

- ***comprensione letterale*** (esercizi a risposta chiusa),
- ***analisi*** (esercizi a domanda aperta),
- ***approfondimento*** (esercizi di scrittura, in cui lo studente è chiamato a sviluppare confronti, a svolgere ricerche, a fare appello alla propria esperienza a partire dagli spunti proposti dal testo).

In fondo al volume, si trovano vari **materiali di approfondimento**:

- informazioni essenziali su ***vita e opere del Manzoni*** e spunti per una ***lettura più adulta e analitica*** dei temi, dei personaggi e dei problemi del romanzo;
- una ***prova Invalsi*** basata su un episodio in sé concluso dei Promessi Sposi, la famosa “novella” raccontata da fra Galdino nel capitolo III dell’originale.

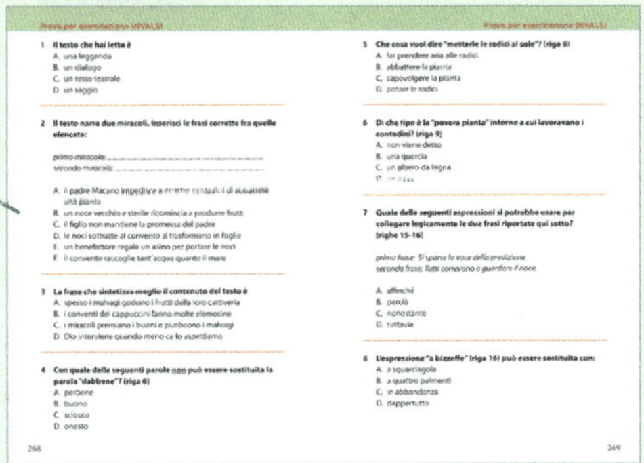

Tutto il testo viene proposto anche in forma di audiolibro, scaricabile in mp3 al sito www.laspigaedizioni.it

Capitolo 1

Questo matrimonio non s'ha da fare

Manzoni non dichiara il nome del paese di Renzo e Lucia, ma fornisce una serie di indizi che hanno permesso agli studiosi di individuarlo in Olate, un villaggio che nel Seicento sorgeva a poca distanza da Lecco e dal confine con la Repubblica di Venezia.

I luoghi della storia

Se osservate una cartina del Lago di Como, noterete che la sua forma ricorda una ipsilon rovesciata: uno dei due rami è rivolto a sud-ovest, l'altro punta decisamente verso sud.

Quel ramo del lago di Como, che volge a mezzogiorno[1], tra due catene non interrotte di monti, tutto a seni e a golfi, a seconda dello sporgere e del rientrare di quelli[2], vien, quasi a un tratto, a ristringersi, e a prender corso e figura[3] di fiume, tra un promontorio a destra, e un'ampia costiera[4] dall'altra parte; e il ponte, che ivi[5] congiunge le due rive, par che renda ancor più sensibile all'occhio questa trasformazione, e segni il punto in cui il lago cessa, e l'Adda rincomincia.

Proprio all'estremità del lago, dove si trova il ponte appena descritto, sorge la città di Lecco.

Ai tempi in cui accaddero i fatti che prendiamo a raccontare, quel borgo, già considerabile[6] era anche un castello[7], e aveva perciò l'onore d'alloggiare un comandante, e il vantaggio di possedere una stabile guarnigione di soldati spagnoli[8], che insegnavan la modestia alle fanciulle e alle donne del paese, accarezzavan di tempo in tempo

> **Osservazioni**
>
> **l'onore**
>
> L'ironia è una figura retorica che consiste nel dire il contrario di quello che si intende davvero: Lecco aveva *l'onore* (cioè la disgrazia) d'alloggiare un comandante, e il *vantaggio* (cioè la sventura) di possedere una stabile guarnigione di soldati, che *insegnavan la modestia* alle donne (cioè le infastidivano) ecc.

1 volge a mezzogiorno: si allunga verso sud.
2 di quelli: dei monti.
3 figura: forma.
4 costiera: spiaggia, zona pianeggiante.
5 ivi: in quel punto.
6 considerabile: considerevole, di notevole importanza.
7 un castello: un centro militare importante (perché la sua posizione lo rendeva strategico nella difesa della pianura).
8 spagnoli: il ducato di Milano, all'epoca dei fatti narrati, era sotto il governo della Spagna.

le spalle a qualche marito, a qualche padre; e, sul finir dell'estate, non mancavan mai di spandersi nelle vigne, per diradar l'uve, e alleggerire a' contadini le fatiche della vendemmia.

Incontro tra Don Abbondio e i bravi

Dall'una all'altra di quelle terre[9], dall'alture alla riva, da un poggio all'altro, correvano, e corrono tuttavia[10], strade e stradette, più o men ripide, o piane; ogni tanto affondate, sepolte tra due muri, donde[11], alzando lo sguardo, non iscoprite che un pezzo di cielo e qualche vetta di monte; ogni tanto elevate su terrapieni aperti: e da qui la vista spazia per prospetti[12] più o meno estesi, ma ricchi sempre e sempre qualcosa nuovi[13].

Per una di queste stradicciole, tornava bel bello dalla passeggiata verso casa, sulla sera del giorno 7 novembre dell'anno 1628, don Abbondio, curato d'una delle terre accennate di sopra. Diceva tranquillamente il suo ufizio[14], e talvolta, tra un salmo e l'altro, chiudeva il breviario[15], tenendovi dentro, per segno, l'indice della mano destra, e, messa poi questa nell'altra dietro la schiena, proseguiva il suo cammino, guardando a terra, e buttando con un piede verso il muro i ciottoli che facevano inciampo nel sentiero: poi alzava il viso, e, girati oziosamente gli occhi all'intorno, li fissava alla parte d'un monte, dove la luce del sole già scom-

Lessico e grammatica

curato

Don Abbondio è il curato (colui che ha "cura" delle anime) di Olate, cioè il parroco del paese. Non è quindi un semplice prete, ma il responsabile della sua parrocchia, per quanto piccola. Il suo diretto superiore è il vescovo della diocesi di Milano (a cui appartiene la sua parrocchia), cioè Federigo Borromeo, che incontreremo nel seguito del romanzo.

9 terre: città, borghi.
10 tuttavia: tuttora, ancor oggi.
11 donde: da dove.
12 prospetti: paesaggi, panorami.
13 qualcosa nuovi: parzialmente diversi l'uno dall'altro.
14 il suo ufizio: le preghiere.
15 breviario: il libro di preghiere.

parso si dipingeva qua e là sui massi sporgenti.

Aperto poi di nuovo il breviario, e recitato un altro squarcio[16], *don Abbondio* giunse a una voltata della stradetta, dov'era solito d'alzar sempre gli occhi dal libro, e di guardarsi dinanzi: e così fece anche quel giorno.

Dopo la voltata, la strada correva diritta, forse un sessanta passi, e poi si divideva in due viottole, a foggia d'un ipsilon: quella a destra saliva verso il monte, e menava alla cura[17]: l'altra scendeva nella valle fino a un torrente. Due uomini stavano, l'uno dirimpetto all'altro, al confluente, per dir così, delle due viottole: un di costoro, a cavalcioni sul muricciolo basso, con una gamba spenzolata al di fuori, e l'altro piede posato sul terreno della strada; il compagno, in piedi, appoggiato al muro, con le braccia incrociate sul petto. L'abito, il portamento, e quello che, dal luogo ov'era giunto il curato, si poteva distinguer dell'aspetto, non lasciavan dubbio intorno alla lor condizione[18]. Avevano entrambi intorno al capo una reticella verde, che cadeva sull'omero[19] sinistro, terminata in una gran nappa, e dalla quale usciva sulla fronte un enorme ciuffo[20]: due lunghi mustacchi arricciati in punta: una cintura lucida di cuoio, e a quella attaccate due pistole: un piccol corno ripieno di polvere, cascante sul petto, come una collana: un manico di coltellaccio che spuntava fuori d'un taschino degli ampi e gonfi calzoni: uno spadone, con una gran guardia traforata a lamine d'ottone, congegnate come in cifra[21], forbite[22] e lucenti: a prima vista si davano a conoscere per individui della specie de' *bravi*.

[16] squarcio: brano, frammento di preghiera.

[17] menava alla cura: conduceva alla parrocchia.

[18] condizione: condizione sociale, professione.

[19] omero: spalla.

[20] ciuffo: i bravi portavano quasi sempre i capelli molto lunghi sulla fronte e li utilizzavano come una maschera, per coprirsi il viso durante le loro malefatte e non essere riconosciuti.

[21] congegnate come in cifra: intrecciate come a formare delle lettere, o un disegno con valore simbolico.

[22] forbite: pulite.

I bravi, un problema insolubile

In una situazione in cui lo Stato era debole e non poteva garantire la sicurezza dei cittadini, i ricchi si proteggevano circondandosi di uomini armati, i cosiddetti "bravi". Possiamo quindi paragonare i bravi alle nostre "guardie del corpo"? In realtà no: i bravi infatti commettevano spesso illegalità, prepotenze e violenze contro cittadini inermi e innocenti, a vantaggio proprio e/o dei loro mandanti.

Si capisce quindi come la presenza dei bravi costituisse nella Lombardia del Seicento un grave problema. Manzoni, nel suo romanzo, riporta vari esempi di gride (cioè decreti e leggi) emanate dai governatori di Milano per tentare di eliminare questo fenomeno. È dai documenti dell'epoca, infatti, che possiamo ricavare informazioni precise sui bravi e sulle loro attività. Una grida del 1583 (emanata quarantacinque anni prima degli avvenimenti narrati da Manzoni) definisce "bravi" coloro che *s'appoggiano a qualche cavaliere o gentiluomo, officiale o mercante* (cioè a qualche persona importante, ricca e potente) *per fargli spalle e favore, o veramente, come si può presumere, per tendere insidie ad altri* (cioè per spalleggiarlo, per sostenerlo, per difenderlo, oppure, più verosimilmente, per tendere insidie ad altre persone).

Contro questi bravi il governatore minaccia i provvedimenti più terribili: dalla *corda* (la tortura) alla *galera* (i lavori forzati) all'esilio. Le sue minacce restarono però senza alcun effetto, anzi il numero dei bravi continuò a crescere e le loro imprese criminali si fecero sempre più gravi e scandalose.

Ai tempi in cui si svolge l'azione del romanzo, Milano era governata da don Gonzalo Fernández di Cordova, il quale aveva pubblicato una grida in tutto simile a quelle dei suoi predecessori, senza ottenere (come al solito) alcun effetto.

Il problema, naturalmente, non si poteva risolvere con le gride: i bravi, infatti, erano al servizio proprio dei potenti che sostenevano il governo spagnolo e quindi il governatore don Gonzalo. Per eliminare i bravi, don Gonzalo avrebbe dovuto appoggiarsi ad altre classi sociali, anziché ai "cavalieri e gentiluomini, ufficiali e mercanti", e questo era impossibile.

Osserva e rifletti

- Perché la presenza dei bravi ci fa capire che lo Stato era debole? Rifletti sull'argomento ed elabora una risposta scritta.
- Cerca il significato del termine "bravaccio" e spiega perché esso è collegato all'antico significato del termine "bravo".

Dialogo tra Don Abbondio e i bravi

Che i due stessero aspettando qualcuno era evidente. Ma ciò che dispiacque a don Abbondio fu l'accorgersi che stavano aspettando proprio lui. Al suo apparire infatti i bravi si erano guardati in viso, come a dirsi: è lui; e si erano mossi incontro al curato.

Don Abbondio fu subito assalito da mille pensieri: si chiese se c'era qualche modo per uscire dalla strada, e si rispose di no; si chiese se aveva offeso qualche potente, qualche vendicativo, e anche in questo caso si rispose di no. Finse di sistemarsi il colletto per gettare un'occhiata alle sue spalle e vedere se arrivava qualcuno a cui chiedere aiuto, ma non vide nessuno. Pensò anche di tornare indietro o di scavalcare il muretto e darsi alla fuga, ma l'avrebbero inseguito, o peggio. Allora corse incontro al pericolo, per abbreviare almeno quei momenti di incertezza.

Affrettò il passo, recitò un versetto a voce più alta, compose la faccia a tutta quella quiete e ilarità che poté, fece ogni sforzo per preparare un sorriso; quando si trovò a fronte dei due galantuomini, disse mentalmente: ci siamo; e si fermò su due piedi.

- Signor curato, - disse un di que' due, piantandogli gli occhi in faccia.

- Cosa comanda? - rispose subito don Abbondio, alzando i suoi dal libro, che gli restò spalancato nelle mani, come sur un leggìo.

- Lei ha intenzione, - proseguì l'altro, con l'atto minaccioso e iracondo di chi coglie un suo inferiore sull'intraprendere una ribalderia[23], - lei ha intenzione di maritar domani Renzo Tramaglino e Lucia Mondella!

- Cioè... - rispose, con voce tremolante, don Abbondio: - cioè. Lor signori son uomini di mondo[24], e sanno benissimo come vanno queste faccende. Il povero curato non c'entra: fanno i loro pasticci tra loro, e poi... e poi, vengon da noi, come s'anderebbe a un

[23] una ribalderia: un'azione malvagia e contraria alle leggi.

[24] uomini di mondo: persone che sanno come va il mondo.

banco[25] a riscotere; e noi... noi siamo i servitori del comune[26].

- Or bene, - gli disse il bravo, all'orecchio, ma in tono solenne di comando, - questo matrimonio non s'ha da fare, né domani, né mai.

- Ma lor signori son troppo giusti, troppo ragionevoli...

- Ma, - interruppe questa volta l'altro compagnone, che non aveva parlato fin allora, - ma il matrimonio non si farà, o... - e qui una buona bestemmia, - o chi lo farà non se ne pentirà, perché non ne avrà tempo, e... - un'altra bestemmia.

- Zitto, zitto, - riprese il primo oratore: - il signor curato è un uomo che sa il viver del mondo[27]; e noi siam galantuomini, che non vogliam fargli del male, purché abbia giudizio. Signor curato, l'illustrissimo signor don Rodrigo nostro padrone la riverisce caramente[28].

Questo nome fu, nella mente di don Abbondio, come, nel forte[29] d'un temporale notturno, un lampo che illumina momentaneamente e in confuso gli oggetti, e accresce il terrore. Fece, come per istinto, un grand'inchino, e disse: - se mi sapessero suggerire...

- Oh! suggerire a lei che sa di latino! - interruppe ancora il bravo, con un riso tra lo sguaiato e il feroce. - A lei tocca. E sopra tutto, non si lasci uscir parola su questo avviso che le abbiam dato per suo bene; altrimenti... ehm... sarebbe lo stesso che fare quel tal matrimonio. Via, che vuol che si dica in suo nome all'illustrissimo signor don Rodrigo?

- ... Disposto... disposto sempre all'ubbidienza -. E, proferendo queste parole, non sapeva nemmen lui se faceva una promessa, o un complimento.

I bravi se ne andarono soddisfatti della loro ambasciata e don Abbondio proseguì verso casa, in preda al terrore.

[25] a un banco: a uno sportello.
[26] del comune: della collettività.
[27] sa il viver del mondo: sa come ci si comporta a questo mondo.
[28] la riverisce caramente: la saluta cordialmente.
[29] nel forte: nel pieno.

Ritratto di Don Abbondio

Come sicuramente i lettori hanno già capito, don Abbondio non era nato con un cuor di leone. Per di più, si era trovato a vivere in un'epoca in cui la legge non proteggeva i deboli dalle prepotenze dei forti. In verità le leggi c'erano, ma i giudici e i governanti che avrebbero dovuto farle applicare erano privi della forza necessaria e i prepotenti vivevano in una condizione di impunità[30]*. Essi potevano per esempio organizzare i loro delitti e le loro ribalderie e poi rifugiarsi in un convento, dove la polizia non poteva entrare. In molti casi, poi, i delinquenti erano alle dipendenze di una famiglia potente, e tutta la famiglia si sentiva in dovere di prendere le loro difese, anche contro la giustizia.*

Il giovane Abbondio, non nobile, non ricco, coraggioso ancor meno, si era dunque accorto di essere, in quella società, come un vaso di terra cotta, costretto a viaggiare in compagnia di molti vasi di ferro. Aveva quindi accettato volentieri il consiglio dei genitori, che lo spingevano a farsi prete: non aveva pensato gran che ai doveri e agli impegni della sua professione; la sua scelta era stata motivata dal desiderio di entrare a far parte di una classe forte e importante come il clero, e dalla prospettiva di una vita comoda e senza troppe preoccupazioni.

Per garantirsi ulteriormente pace e serenità, don Abbondio si era creato un suo sistema, che consisteva nell'evitare tutti i contrasti e nel non prendere mai posizione quando si trovava coinvolto in qualche questione. Se si trovava assolutamente costretto a schierarsi, stava sempre col più forte, badando però di non inimicarsi il più debole. Così, a forza di inchini, di sorrisi e di pazienza,

[30] condizione di impunità: la condizione di chi non può essere punito, cioè si trova al di sopra della legge.

don Abbondio aveva superato i sessant'anni senza mai affrontare grandi burrasche e si era convinto, come diceva spesso, che "a un galantuomo, il qual badi a sé, e stia ne' suoi panni[31]*, non accadon mai brutti incontri".*

Pensate dunque che effetto dovette avere il colloquio con i bravi sull'animo del povero prete! Quanti pensieri e quante paure accompagnarono don Abbondio mentre raggiungeva la sua casa, che era in fondo al paese.

Don Abbondio si consulta con Perpetua

Mise in fretta nella toppa la chiave, che già teneva in mano; aprì, entrò, richiuse diligentemente; e, ansioso di trovarsi in una compagnia fidata, chiamò subito: - Perpetua! Perpetua! -, avviandosi pure verso il salotto, dove questa doveva esser certamente ad apparecchiar la tavola per la cena. Era Perpetua la serva di don Abbondio: serva affezionata e fedele, che sapeva ubbidire e comandare, secondo l'occasione, tollerare a tempo il brontolìo e le fantasticaggini[32] del padrone, e fargli a tempo tollerar le proprie.

> **Lessico e grammatica**
>
> **Perpetua**
>
> Perpetua è oggi un nome comune, usato per indicare la domestica di un sacerdote (o anche, in generale, una domestica anziana, affezionata, ma pettegola). Il nome comune deriva proprio dal nome proprio del personaggio inventato da Manzoni.

- Vengo, - rispose, mettendo sul tavolino, al luogo solito, il fiaschetto del vino prediletto di don Abbondio, e si mosse lentamente; ma non aveva ancor toccata la soglia del salotto, ch'egli v'entrò, con un passo così legato[33], con uno sguardo così adombrato, con un viso così stravolto, che non ci sarebbero nemmen bisognati gli occhi esperti di Perpetua, per iscoprire a prima vista che gli era accaduto qualche cosa di straordinario davvero.

[31] stia ne' suoi panni: badi agli affari suoi, senza impicciarsi di quelli altrui.

[32] fantasticaggini: bizze, capricci.

[33] legato: rigido.

- Misericordia! cos'ha, signor padrone?

- Niente, niente, - rispose don Abbondio, lasciandosi andar tutto ansante sul suo seggiolone.

- Come, niente? La vuol dare ad intendere a me? così brutto[34] com'è? Qualche gran caso[35] è avvenuto.

- Oh, per amor del cielo! Quando dico niente, o è niente, o è cosa che non posso dire.

- Che non può dir neppure a me? Chi si prenderà cura della sua salute? Chi le darà un parere?...

- Ohimè! tacete, e non apparecchiate altro: datemi un bicchiere del mio vino.

- E lei mi vorrà sostenere che non ha niente! - disse Perpetua, empiendo il bicchiere, e tenendolo poi in mano, come se non volesse darlo che in premio della confidenza che si faceva tanto aspettare.

- Date qui, date qui, - disse don Abbondio, prendendole il bicchiere, con la mano non ben ferma, e votandolo poi in fretta, come se fosse una medicina.

- Vuol dunque ch'io sia costretta di domandar qua e là cosa sia accaduto al mio padrone? - disse Perpetua, ritta dinanzi a lui, con le mani arrovesciate sui fianchi, e le gomita appuntate davanti, guardandolo fisso, quasi volesse succhiargli dagli occhi il segreto.

- Per amor del cielo! non fate pettegolezzi, non fate schiamazzi: ne va... ne va la vita!

- La vita!

- La vita.

- Lei sa bene che, ogni volta che m'ha detto qualche cosa sinceramente, in confidenza, io non ho mai...

- Brava! come quando...

Perpetua s'avvide d'aver toccato un tasto falso; onde, cambiando subito il tono, - signor padrone, - disse, con voce commossa e da commovere, - io le sono sempre stata affezionata; e, se ora

[34] brutto: sconvolto, turbato.

[35] Qualche gran caso: qualcosa di grave.

voglio sapere, è per premura[36], perché vorrei poterla soccorrere, darle un buon parere, sollevarle l'animo...

Il fatto sta che don Abbondio aveva forse tanta voglia di scaricarsi del suo doloroso segreto, quanta ne avesse Perpetua di conoscerlo; onde[37], dopo aver respinti sempre più debolmente i nuovi e più incalzanti assalti di lei, dopo averle fatto più d'una volta giurare che non fiaterebbe, finalmente, con molte sospensioni, con molti ohimè, le raccontò il miserabile caso. Quando si venne al nome terribile del mandante, bisognò che Perpetua proferisse un nuovo e più solenne giuramento; e don Abbondio, pronunziato quel nome, si rovesciò sulla spalliera della seggiola, con un gran sospiro, alzando le mani, in atto insieme di comando e di supplica, e dicendo: - per amor del cielo!

> **LESSICO E GRAMMATICA**
>
> **non fiaterebbe**
>
> Manzoni usa il condizionale presente (fiaterebbe), laddove uno scrittore contemporaneo userebbe il condizionale passato (avrebbe fiatato). Dai tempi di Manzoni a oggi è dunque cambiato il modo in cui la lingua italiana esprime lo stesso concetto - quello di "futuro nel passato".

- Delle sue[38]! - esclamò Perpetua. - Oh che birbone! oh che soverchiatore[39]! oh che uomo senza timor di Dio!

- Volete tacere? o volete rovinarmi del tutto?

- Oh! siam qui soli che nessun ci sente. Ma come farà, povero signor padrone?

- Oh vedete, - disse don Abbondio, con voce stizzosa[40]: - vedete che bei pareri mi sa dar co-

> **LESSICO E GRAMMATICA**
>
> **birbone**
>
> Birbone è una parola che torna spesso nel romanzo di Manzoni (a volte in contrapposizione a "santo") per indicare il malvagio, il prepotente, il cattivo. Oggi ha perso gran parte della sua forza espressiva e si usa, ironicamente, per i bambini, ma ai tempi di Manzoni conteneva un giudizio fortemente negativo, come i nostri "delinquente" o "malfattore".

36 per premura: perché mi preoccupo per lei.
37 onde: per cui.
38 Delle sue: questa è una delle sue, un'impresa proprio degna di lui.
39 soverchiatore: prepotente.
40 stizzosa: rabbiosa, irritata.

stei! Viene a domandarmi come farò, come farò; quasi fosse lei nell'impiccio, e toccasse a me di levarnela.

- Ma! io l'avrei bene il mio povero parere da darle; ma poi...

- Ma poi, sentiamo.

- Il mio parere sarebbe che, siccome tutti dicono che il nostro arcivescovo[41] è un sant'uomo, e un uomo di polso, e che non ha paura di nessuno, e, quando può fare star a dovere un di questi prepotenti, per sostenere un curato, ci gongola[42]; io direi, e dico che lei gli scrivesse una bella lettera, per informarlo come qualmente...

Don Abbondio rifiuta immediatamente il consiglio di Perpetua e le impone di tacere. Poi, rinnovando le raccomandazioni, se ne va a letto, dove passa gran parte della notte insonne, a pensare come affrontare Renzo la mattina dopo. Finalmente decide di prendere tempo, rimandando il matrimonio il più possibile.

Don Abbondio tenta di ingannare Renzo

Lorenzo o, come dicevan tutti, Renzo non si fece molto aspettare. Appena gli parve ora di poter, senza indiscrezione[43], presentarsi al curato, v'andò, con la lieta furia[44] d'un uomo di vent'anni, che deve in quel giorno sposare quella che ama. Era, fin dall'adolescenza, rimasto privo de' parenti[45], ed esercitava la professione di filatore di seta, ereditaria, per dir così,

Osservazioni

filatore di seta

La lavorazione della seta era diventata nel corso del Cinquecento una delle attività economiche più fiorenti della Lombardia, soprattutto nella zona ai piedi delle Alpi; nel Seicento, all'epoca dei fatti del romanzo, questo settore dell'economia era in crisi, ma meno degli altri, e Renzo grazie al suo lavoro riesce a vivere senza dover affrontare gravi problemi economici.

[41] il nostro arcivescovo: Federigo Borromeo, che comparirà più avanti nel romanzo con un ruolo di fondamentale importanza.

[42] ci gongola: ci gode, ne prova piacere.

[43] senza indiscrezione: senza apparire scortese.

[44] lieta furia: allegra fretta.

[45] parenti: genitori.

nella sua famiglia; professione, negli anni indietro, assai lucrosa[46]; allora già in decadenza, ma non però a segno[47] che un abile operaio non potesse cavarne di che vivere onestamente. Il lavoro andava di giorno in giorno scemando[48]; ma l'emigrazione continua de' lavoranti, attirati negli stati vicini da promesse, da privilegi[49] e da grosse paghe, faceva sì che non ne mancasse ancora a quelli che rimanevano in paese. Oltre di questo, possedeva Renzo un poderetto che faceva lavorare e lavorava egli stesso, quando il filatoio stava fermo; di modo che, per la sua condizione, poteva dirsi agiato[50]. E quantunque quell'annata fosse ancor più scarsa delle antecedenti, e già si cominciasse a provare una vera carestia, pure il nostro giovine, che, da quando aveva messi gli occhi addosso a Lucia, era divenuto massaio[51], si trovava provvisto bastantemente[52], e non aveva a contrastar[53] con la fame. Comparve davanti a don Abbondio, in gran gala, con penne di vario colore al cappello, col suo pugnale del manico bello, nel taschino de' calzoni, con una cert'aria di festa e nello stesso tempo di braverìa[54], comune allora anche agli uomini più quieti. L'accoglimento incerto e misterioso di don Abbondio fece un contrapposto singolare ai modi gioviali e risoluti del giovinotto.

"Che abbia qualche pensiero per la testa", argomentò[55] Renzo tra sé; poi disse: - son venuto, signor curato, per sapere a che ora le comoda[56] che ci troviamo in chiesa.

- Di che giorno volete parlare?

- Come, di che giorno? non si ricorda che s'è fissato per oggi?

- Oggi? - replicò don Abbondio, come se ne sentisse parlare per la prima volta. - Oggi, oggi... abbiate pazienza, ma oggi non posso.

---

46 lucrosa: redditizia.

47 a segno: al punto.

48 scemando: diminuendo.

49 privilegi: leggi favorevoli; gli stati vicini, cioè la Repubblica di Venezia e il ducato di Savoia, cercavano così di attirare nei loro territori gli artigiani specializzati che faticavano a trovare lavoro in Lombardia.

50 agiato: benestante.

51 massaio: risparmiatore.

52 provvisto bastantemente: in possesso di quanto bastava per mettere su famiglia.

53 contrastar: lottare.

54 braveria: spavalderia, superbia.

55 argomentò: pensò, rifletté.

56 le comoda: preferisce.

- Oggi non può! Cos'è nato?
- Prima di tutto, non mi sento bene, vedete.
- Mi dispiace; ma quello che ha da fare è cosa di così poco tempo[57], e di così poca fatica...
- E poi, e poi, e poi...
- E poi che cosa?
- E poi c'è degli imbrogli[58].
- Degl'imbrogli? Che imbrogli ci può essere?

Don Abbondio, dopo molte esitazioni, dichiarò che mancavano alcuni documenti essenziali per il matrimonio: era colpa sua, disse, che per affrettare le cose aveva trascurato il proprio dovere: adesso i superiori se n'erano accorti e gli avevano imposto di fare nuovi controlli. Renzo, molto irritato, accettò di rimandare le nozze di una settimana, ma si allontanò con l'impressione di essere stato ingannato: perché all'inizio don Abbondio aveva finto di non ricordare neppure che quello era il giorno fissato per le nozze? E perché non gli aveva detto chiaramente qual era il problema, ma aveva sempre accennato a qualcosa di grave, ma di imprecisato? Riflettendo tra sé, Renzo si convinceva sempre più che don Abbondio non gli aveva detto la verità.

Renzo scopre la verità

Stette il giovine in forse un momento di tornare indietro, per metterlo alle strette[59], e farlo parlar più chiaro; ma, alzando gli occhi, vide Perpetua che camminava dinanzi a lui, ed entrava in un orticello pochi passi distante dalla casa. Le diede una voce, mentre essa apriva l'uscio; studiò il passo, la raggiunse, la ritenne[60] sulla soglia, e, col disegno[61] di scovar qualche cosa di più positivo[62], si fermò ad attaccar discorso con essa.

57 di così poco tempo: che richiede così poco tempo.
58 imbrogli: problemi difficili da risolvere, complicazioni.
59 metterlo alle strette: interrogarlo con più insistenza.
60 ritenne: trattenne, fermò.
61 disegno: intenzione, piano.
62 positivo: chiaro, preciso.

- Buon giorno, Perpetua: io speravo che oggi si sarebbe stati allegri insieme.

- Ma! quel che Dio vuole, il mio povero Renzo.

- Fatemi un piacere: quel benedett'uomo del signor curato m'ha impastocchiate certe ragioni che non ho potuto ben capire: spiegatemi voi meglio perché non può o non vuole maritarci oggi.

- Oh! vi par egli ch'io sappia i segreti del mio padrone?

"L'ho detto io, che c'era mistero sotto", pensò Renzo; e, per tirarlo in luce, continuò: - via, Perpetua; siamo amici; ditemi quel che sapete, aiutate un povero figliuolo.

- Mala cosa nascer povero, il mio caro Renzo.

- È vero, - riprese questo, sempre più confermandosi ne' suoi sospetti; e, cercando d'accostarsi più alla questione[63], - è vero, - soggiunse, - ma tocca ai preti a trattar male co' poveri[64]?

- Sentite, Renzo; io non posso dir niente, perché... non so niente; ma quello che vi posso assicurare è che il mio padrone non vuol far torto, né a voi né a nessuno; e lui non ci ha colpa.

- Chi è dunque che ci ha colpa? - domandò Renzo, con un cert'atto trascurato[65], ma col cuor sospeso, e con l'orecchio all'erta.

- Quando vi dico che non so niente... In difesa del mio padrone, posso parlare; perché mi fa male sentire che gli si dia carico[66] di voler far dispiacere a qualcheduno. Pover'uomo! se pecca, è per troppa bontà. C'è bene a questo mondo de' birboni, de' prepotenti, degli uomini senza timor di Dio...

"Prepotenti! birboni! - pensò Renzo: - questi non sono i superiori".

Deciso a scoprire il mistero, Renzo tornò da don Abbondio e lo affrontò con decisione, chiudendosi a chiave nella stessa stanza con

[63] alla questione: al nocciolo del problema.

[64] tocca ai preti a trattar male co' poveri?: sono proprio i preti che devono trattar male i poveri?

[65] un cert'atto trascurato: un atteggiamento di finto disinteresse.

[66] gli si dia carico: lo si incolpi.

lui e minacciandolo. Quando vide che il giovane era in preda a una furia cieca e, quasi inconsapevolmente, appoggiava la mano sull'impugnatura del coltello, il parroco terrorizzato cedette e rivelò il nome di don Rodrigo. Renzo si allontanò verso la casa di Lucia, ignorando le raccomandazioni di don Abbondio, che cercava di comunicargli almeno una parte delle proprie paure. Il prete, disperato, si accasciò allora su un seggiolone e fu colto da brividi di febbre che lo costrinsero ad andare a letto, assistito dalla fedele Perpetua.

Renzo va a casa di Lucia

Renzo intanto si dirigeva in preda alla furia a casa di Lucia. Non sapeva cosa fare, ma era convinto che fosse necessario fare qualcosa di terribile: ricorrere alle armi, affrontare don Rodrigo, ucciderlo, se possibile, a dispetto di tutti i suoi bravi, e poi fuggire al di là del confine[67]*, verso Bergamo, per non farsi arrestare.*

Ma il pensiero di Lucia distolse Renzo da questi cupi progetti e lasciò spazio ad altre riflessioni: come annunciarle la notizia? E cosa fare, poi? E perché, soprattutto, lei non gli aveva detto niente?

Era ovvio che quella prepotenza nasceva da una indegna passione che don Rodrigo aveva concepito nei confronti di Lucia. Renzo era sicuro che Lucia non avesse mai incoraggiato una simile passione. Ma era mai possibile che lei non se ne fosse accorta? Certamente no. E allora perché non confidarsi con il suo promesso sposo?

Renzo giunse così alla casa di Lucia, che si trovava un po' fuori dal paese. Entrò e chiese a una bambina che vide nel cortile di chiamare la sposa, senza farsi notare dalle amiche venute a festeggiarla.

[67] confine: il confine tra il Ducato di Milano e la Repubblica di Venezia passava nel Seicento a pochi chilometri da Lecco, più o meno dove oggi passa il confine con la provincia di Bergamo.

Lucia usciva in quel momento tutta attillata dalle mani della madre. I neri e giovanili capelli, spartiti sopra la fronte, con una bianca e sottile dirizzatura[68], si ravvolgevan, dietro il capo, in cerchi moltiplici di trecce, trapassate da lunghi spilli d'argento, che si dividevano all'intorno, quasi a guisa de' raggi d'un'aureola, come ancora usano le contadine nel Milanese. Intorno al collo aveva un vezzo di granati[69] alternati con bottoni d'oro a filigrana[70]: portava un bel busto di broccato a fiori, con le maniche separate e allacciate da bei nastri: una corta gonnella di filaticcio[71] di seta, a pieghe fitte e minute, due calze vermiglie, due pianelle[72], di seta anch'esse, a ricami. Oltre a questo, ch'era l'ornamento particolare del giorno delle nozze, Lucia aveva quello quotidiano[73] d'una modesta bellezza, rilevata[74] allora e accresciuta dalle varie affezioni[75] che le si dipingevan sul viso.

Lucia, avvertita dalla bambina, raggiunse Renzo in una stanzetta vicino all'ingresso e venne a sapere che il matrimonio doveva essere rimandato. Quando Renzo le disse il nome di don Rodrigo - Ah, - esclamò, - fino a questo punto! - E corse a chiamare sua madre, Agnese. Alle amiche disse che il matrimonio veniva rimandato perché il parroco era ammalato. Qualcuna, più sospettosa e pettegola, andò a verificare a casa di don Abbondio, ma come sappiamo a don Abbondio era venuta davvero la febbre, sicché Perpetua confermò la notizia e i pettegolezzi non ebbero modo di diffondersi.

[68] dirizzatura: scriminatura, riga.
[69] un vezzo di granati: un gioiello di pietre dure di colore rosso cupo.
[70] a filigrana: tutti traforati.
[71] filaticcio di seta: tessuto simile alla seta, ma di qualità inferiore.
[72] pianelle: scarpe leggere.
[73] quotidiano: solito, di tutti i giorni.
[74] rilevata: messa in rilievo, in risalto.
[75] affezioni: emozioni, sentimenti.

FOCUS

I "ritratti" di Renzo e di Lucia

Manzoni presenta ai lettori i protagonisti del suo romanzo giocando su tre diversi elementi:

- nei "ritratti", cioè nelle presentazioni vere e proprie, lo scrittore si sofferma soprattutto a descrivere l'**abbigliamento** dei personaggi: Renzo "in gran gala, con penne di vario colore al cappello, col suo pugnale del manico bello, nel taschino de' calzoni"; Lucia "tutta attillata", con i "lunghi spilli d'argento" a sostenere i capelli intrecciati, una collana "di granati alternati con bottoni d'oro a filigrana", "un bel busto di broccato a fiori, con le maniche separate e allacciate da bei nastri: una corta gonnella di filaticcio di seta, a pieghe fitte e minute, due calze vermiglie, due pianelle, di seta anch'esse, a ricami".
- nel momento in cui mostra i personaggi in azione, emerge invece soprattutto il loro **carattere**: di Renzo viene messa in luce l'allegria, la spigliatezza, il modo di fare semplice e spontaneo che conquista subito la simpatia del lettore; di Lucia viene messa in luce la timidezza, la tendenza ad arrossire facilmente; questo però non significa che Lucia sia debole o incapace di agire, anzi: le sue azioni sono frutto di una riflessione che le rende molto più efficaci di quelle di Renzo e rivela il suo profondo buon senso;
- Manzoni infine presta molta attenzione alla **condizione sociale** dei suoi protagonisti: Renzo è nello stesso tempo artigiano (filatore di seta) e contadino (possiede un piccolo terreno che coltiva da solo o con l'aiuto di altri); oggi lo definiremmo un piccolo imprenditore. Anche Lucia non è solo una contadina, perché quando la stagione lo permette lavora in filanda come operaia.

Osserva e rifletti
- Quale dei due ritratti è più ricco di colori?
- Quale dei due personaggi è descritto meglio dal punto di vista fisico?

Spiegazioni di Lucia e proposta di Agnese

Renzo e Agnese chiesero subito a Lucia di raccontare quello che sapeva.

E, con voce rotta dal pianto, Lucia raccontò come, pochi giorni prima, mentre tornava dalla filanda[76], ed era rimasta indietro dalle sue compagne, le era passato innanzi don Rodrigo, in compagnia d'un altro signore; che il primo aveva cercato di trattenerla con chiacchiere, com'ella diceva, non punto belle[77]; ma essa, senza dargli retta, aveva affrettato il passo, e raggiunte le compagne; e intanto aveva sentito quell'altro signore rider forte, e don Rodrigo dire: scommettiamo. Il giorno dopo, coloro s'eran trovati ancora sulla strada; ma Lucia era nel mezzo delle compagne, con gli occhi bassi; e l'altro signore sghignazzava, e don Rodrigo diceva: vedremo, vedremo. - Per grazia del cielo, - continuò Lucia, - quel giorno era l'ultimo[78] della filanda. Io raccontai subito...

- A chi hai raccontato? - domandò Agnese, andando incontro, non senza un po' di sdegno, al nome del confidente preferito.

- Al padre Cristoforo, in confessione, mamma, - rispose Lucia, con un accento soave[79] di scusa. - Gli raccontai tutto, l'ultima volta che siamo andate insieme alla chiesa del convento[80].

Al nome riverito del padre Cristoforo, lo sdegno d'Agnese si raddolcì. - Hai fatto bene.

- Ah birbone! ah dannato! ah assassino! - gridava Renzo, correndo innanzi e indietro per la stanza, e stringendo di tanto in tanto il manico del suo coltello.

[76] dalla filanda: dalla fabbrica in cui si lavoravano i fili di seta.

[77] non punto belle: nient'affatto belle; si tratta, evidentemente, di proposte o di scherzi volgari.

[78] era l'ultimo: il lavoro in filanda aveva andamento stagionale, non durava tutto l'anno.

[79] accento soave: tono dolce.

[80] alla chiesa del convento: non alla chiesa del paese, dove è parroco don Abbondio, ma a quella del convento dei cappuccini, nel paese vicino.

Renzo dal dottor Azzecca-garbugli

In preda a una rabbia crescente, Renzo pensava nuovamente di affrontare don Rodrigo con la forza, ma le due donne lo costrinsero a ragionare. Lucia propose di fuggire insieme, ma i due promessi non erano ancora marito e moglie e avrebbero avuto gravi problemi con i documenti. Finalmente, Agnese ebbe un'idea: - C'è a Lecco un avvocato, soprannominato l'Azzecca-garbugli, - disse, - che potrebbe darci il consiglio giusto. Quello è un grand'uomo, - continuò Agnese, - e con i suoi pareri ha aiutato parecchie persone che erano nei guai. Andate voi, Renzo, a raccontargli quello che è successo.

Renzo e Lucia approvarono il consiglio e Renzo si mise in cammino verso Lecco.

Giunto al borgo, domandò dell'abitazione del dottore; gli fu indicata, e v'andò. All'entrare, si sentì preso da quella suggezione[81] che i poverelli illetterati provano in vicinanza d'un signore e d'un dotto, e dimenticò tutti i discorsi che aveva preparati; ma il dottore l'accolse umanamente[82], con un - venite, figliuolo, - e lo fece entrar con sé nello studio. Chiuse l'uscio, e fece animo al giovine, con queste parole: - figliuolo, ditemi il vostro caso.

- Vorrei dirle una parola in confidenza.

- Son qui, - rispose il dottore: - parlate -. E s'accomodò sul seggiolone. Renzo, ritto davanti alla tavola, con una mano nel cocuzzolo del cappello, che faceva girar con l'altra, ricominciò: - vorrei sapere da lei che ha studiato...

- Ditemi il fatto come sta, - interruppe il dottore.

- Lei m'ha da scusare: noi altri poveri non sappiamo parlar bene. Vorrei dunque sapere...

- Benedetta gente! siete tutti così: in vece di raccontar il fatto, volete interrogare, perché avete già i vostri disegni[83] in testa.

81 suggezione: soggezione, timidezza.
82 umanamente: con atteggiamento benevolo.
83 disegni: progetti, idee.

- Mi scusi, signor dottore. Vorrei sapere se, a minacciare un curato, perché non faccia un matrimonio, c'è penale[84].

"Ho capito", disse tra sé il dottore, che in verità non aveva capito. "Ho capito". E subito si fece serio, ma d'una serietà mista di compassione e di premura[85]; strinse fortemente le labbra, facendone uscire un suono inarticolato che accennava un sentimento, espresso poi più chiaramente nelle sue prime parole. - Caso serio, figliuolo; caso contemplato. Avete fatto bene a venir da me. È un caso chiaro, contemplato in cento gride[86], e... appunto, in una dell'anno scorso, dell'attuale signor governatore. Ora vi fo[87] vedere, e toccar con mano. Sapete leggere, figliuolo?

- Un pochino, signor dottore.

- Bene, venitemi dietro con l'occhio, e vedrete.

La grida letta dall'Azzecca-garbugli proibiva con la massima severità a chiunque di minacciare un parroco perché non facesse il suo dovere (o, al contrario, perché facesse ciò che non doveva).

Mentre il dottore leggeva, Renzo seguiva le parole della grida con la massima attenzione. Ma il dottore notò che il suo atteggiamento era più attento che spaventato e pensò: "Dev'essere proprio un birbone matricolato, questo!" Poi disse: - Avete fatto bene a venire da me. Il caso è serio, ma io sono in grado di aiutarvi. Però non era necessario che vi tagliaste il ciuffo.

Quando si accorse dell'equivoco, Renzo tentò di spiegarsi: - Signor dottore, - disse, - la cosa sta esattamente al contrario. Io sono la vittima, non il prepotente, e vengo da lei per sapere come devo fare per ottenere giustizia.

- Diavolo! - esclamò il dottore, spalancando gli occhi. - Che pasticci mi fate? Tant'è; siete tutti così: possibile che non sappiate dirle chiare le cose?

[84] c'è penale: la legge prevede una pena, una punizione.
[85] premura: desiderio di aiutare, partecipazione.
[86] gride: decreti, leggi.
[87] fo: faccio.

- Ma mi scusi; lei non m'ha dato tempo: ora le racconterò la cosa, com'è. Sappia dunque ch'io dovevo sposare oggi, - e qui la voce di Renzo si commosse, - dovevo sposare oggi una giovine, alla quale discorrevo[88], fin da quest'estate; e oggi, come le dico, era il giorno stabilito col signor curato, e s'era disposto ogni cosa. Ecco che il signor curato comincia a cavar fuori certe scuse... basta, per non tediarla[89], io l'ho fatto parlar chiaro, com'era giusto; e lui m'ha confessato che gli era stato proibito, pena la vita, di far questo matrimonio. Quel prepotente di don Rodrigo...

- Eh via! - interruppe subito il dottore, aggrottando le ciglia, aggrinzando il naso rosso, e storcendo la bocca, - eh via! Che mi venite a rompere il capo con queste fandonie? Fate di questi discorsi tra voi altri, che non sapete misurar le parole; e non venite a farli con un galantuomo che sa quanto valgono. Andate, andate; non sapete quel che vi dite: io non m'impiccio con ragazzi; non voglio sentir discorsi di questa sorte, discorsi in aria.

- Le giuro...

- Andate, vi dico: che volete ch'io faccia de' vostri giuramenti? Io non c'entro: me ne lavo le mani -. E se le andava stropicciando, come se le lavasse davvero. - Imparate a parlare: non si viene a sorprender così un galantuomo.

Renzo dovette riprendere sconsolato la strada verso il paese: la sua missione a Lecco non aveva portato a nulla.

Lucia chiede l'aiuto del padre Cristoforo

Intanto, a casa di Lucia era arrivato fra Galdino, il cercatore del convento, cioè il frate incaricato di chiedere l'elemosina per i frati. Fra Galdino stava facendo il giro del paese per raccogliere le

[88] alla quale discorrevo: alla quale facevo la corte.

[89] tediarla: annoiarla.

La grida che ispirò Manzoni

Philippus Quartus Dei gratia Hispaniarum &c. Rex, & Mediolani Dux &c.

Gonzalo Fernandez de Cordoua.

Come abbiamo già detto, le gride erano dei decreti, emanati dal governatore, che avevano il valore di leggi. Manzoni riporta spesso, nel corso del romanzo, frasi e passi tratti dalle gride del Seicento, divertendosi a imitare il loro linguaggio ampolloso, retorico, per noi molto difficile, ma anche ridicolo.

È molto probabile che lo spunto di partenza della storia di Renzo e Lucia sia venuto a Manzoni proprio dalla lettura di una grida, quella che l'Azzecca-garbugli legge a Renzo nel suo studio. Conversando una sera con alcuni amici, lo scrittore dichiarò infatti: "fu la grida che il dottor Azzecca-garbugli fa vedere a Renzo e in cui si parla delle violenze che si facevano per impedire qualche matrimonio, quella che mi spinse ad inventare il fatto dei *Promessi sposi*".

In questa grida si parla per l'appunto del caso in cui un prete *non faccia quello che è obbligato per l'uficio suo* (cioè non faccia il suo dovere di sacerdote), *o faccia cose che non gli toccano* e si descrivono le violenze che spesso venivano commesse a questo scopo contro i preti. La vicenda di Renzo e Lucia è quindi inventata, ma vicende simili accadevano realmente e i documenti storici ce lo confermano.

Naturalmente, la lettura della grida ha offerto a Manzoni solo lo spunto di partenza: l'idea di scrivere un romanzo ambientato nel Seicento era già presente, nella mente dello scrittore, che studiava le opere degli storici per documentarsi ed ebbe così l'occasione di leggere la famosa grida...

Osserva e rifletti

- Tenendo conto dei documenti dell'epoca, possiamo affermare che le paure di don Abbondio erano del tutto infondate? Perché?
- Perpetua consiglia il parroco di chiedere aiuto all'arcivescovo di Milano contro le minacce di don Rodrigo: secondo te era un buon consiglio o no? Perché?

Osservazioni

Lucia

Il personaggio di Lucia è stato giudicato da alcuni lettori troppo "passivo". In realtà, Lucia è riservata, timida, ma molto decisa e determinata: quando don Rodrigo le fa le sue volgari proposte, non solo rifiuta, ma sceglie la persona giusta con cui consigliarsi (il padre Cristoforo); poi cerca di affrettare la data delle nozze, a rischio di apparire sfacciata (per la mentalità del tempo); ora fa in modo che fra Galdino possa tornare rapidamente al convento, senza rischiare di dimenticare il suo messaggio.

noci, da cui i frati ricavavano l'olio. Lucia gli chiese di avvertire il padre Cristoforo che aveva bisogno di parlargli con urgenza e poi, benché fosse un'annata scarsa, gli regalò molte noci: fra Galdino così poté tornare al convento rapidamente, senza perdere tempo in chiacchiere, e comunicare il messaggio al padre Cristoforo.

Fra Galdino si era allontanato da poco quando arrivò Renzo, tutto mortificato, che raccontò alle due donne il cattivo esito della sua spedizione. Insieme i tre decisero di aspettare il padre Cristoforo, che sarebbe arrivato l'indomani, e se ne andarono a dormire in preda alla tristezza e all'incertezza.

IL CAPITOLO IN SINTESI

- i tempi: 7/8 novembre 1628
- i luoghi: Olate e dintorni, Lecco
- i personaggi: don Abbondio, due bravi, Perpetua, Renzo, Lucia, Agnese, l'Azzecca-garbugli, fra Galdino
- le sequenze principali:

1 **i luoghi della storia:** l'autore descrive i luoghi in cui si svolgono gli avvenimenti (i dintorni di Lecco) e accenna alla situazione storica e politica (la dominazione spagnola);

2 **incontro tra don Abbondio e i bravi:** la sera del 7 novembre 1628, il parroco don Abbondio viene fermato mentre torna a casa da due "bravi" che lo stanno aspettando;

3 **dialogo tra don Abbondio e i bravi:** i due bravi, in nome del loro padrone don Rodrigo, intimano al parroco di non celebrare il matrimonio tra Renzo e Lucia, programmato per il giorno seguente;

4 **ritratto di don Abbondio:** l'autore ricostruisce l'epoca storica in cui è nato e vissuto don Abbondio e ne analizza il carattere e gli atteggiamenti;

5 **don Abbondio si consulta con Perpetua:** il parroco sconvolto dalle minacce subite si confida con la sua serva, ma ne rifiuta i buoni consigli;

6 **don Abbondio tenta di ingannare Renzo:** la mattina seguente (8 novembre) Renzo arriva per fissare l'ora delle nozze; don Abbondio prima finge di non rammentare nulla, poi dichiara che il matrimonio non si può celebrare perché sono sorti degli impedimenti burocratici;

7 **Renzo scopre la verità:** combattuto fra rabbia e sospetto, Renzo lascia don Abbondio e incontra Perpetua; riesce abilmente a farle confessare che la vera ragione del rinvio delle nozze è la minaccia da parte di un prepotente; torna allora da don Abbondio e, mettendogli paura, gli strappa il nome di don Rodrigo;

8 **Renzo va a casa di Lucia:** in preda a molti pensieri e preoccupazioni, Renzo arriva a casa della sposa e comunica la brutta novità; le amiche di Lucia si allontanano e i due fidanzati, insieme ad Agnese, si apprestano a ragionare sulla situazione;

9 **spiegazioni di Lucia e proposta di Agnese:** alle domande del fidanzato e della madre, Lucia spiega di essere stata avvicinata da don Rodrigo mentre tornava dalla filanda; Agnese suggerisce a Renzo di andare a Lecco per chiedere il consiglio dell'avvocato Azzecca-garbugli;

10 **Renzo dal dottor Azzecca-garbugli:** Renzo arriva dall'avvocato e gli chiede se è prevista una pena per chi impedisca a un parroco di svolgere il suo dovere; Azzecca-garbugli mostra al giovane una grida che contempla proprio quel caso, ma quando capisce che Renzo è una vittima, e non un prepotente, e soprattutto che il prepotente è don Rodrigo, caccia il giovane in malo modo;

11 **Lucia chiede l'aiuto del padre Cristoforo:** a casa di Lucia, intanto, arriva fra Galdino, in cerca delle noci per il convento dei cappuccini; Lucia gli fa l'elemosina e lo prega di dire a fra Cristoforo che lei e sua madre hanno urgente bisogno di parlargli.

ATTIVITÀ

Hai capito bene?

Scegli fra le risposte fornite quella corretta.

1 In che epoca si svolgono gli avvenimenti narrati?
- ☐ Nell'autunno del 1627
- ☐ Nel XVI secolo
- ☐ In un periodo imprecisato
- ☐ In un periodo imprecisato del XVII secolo

2 Dove si svolgono gli avvenimenti narrati?
- ☐ A Lecco, che a quel tempo faceva parte della Repubblica di Venezia
- ☐ Nel Ducato di Milano, che corrispondeva all'attuale provincia di Milano
- ☐ In Lombardia, sulla riva del lago Maggiore
- ☐ Nei dintorni del lago di Lecco

3 Chi è don Abbondio?
- ☐ Un prete di Lecco
- ☐ Il parroco di un paese di montagna
- ☐ Un frate
- ☐ Un monaco

Il gioco dei perché

Rispondi alle domande seguenti usando le parole indicate fra parentesi.

4 Perché don Rodrigo manda due bravi a minacciare don Abbondio? *(matrimonio, passione, Lucia, sedurre)*

5 Perché don Abbondio accetta di ubbidire all'imposizione dei bravi? *(timoroso, sfiducia, gride, Stato)*

6 Perché Renzo va a Lecco a parlare con l'Azzecca-garbugli? *(Agnese, consiglio, giustizia, dotto)*

Riflettiamo insieme

Esponi la tua opinione facendo riferimento al testo letto.

7 Manzoni ci presenta don Abbondio come un uomo molto timoroso. Ma secondo te:
- La sua paura nei confronti di don Rodrigo è giustificata o no?
- Il suo atteggiamento nei confronti di Renzo è corretto o scorretto?
- Il consiglio di Perpetua (chiedere aiuto all'arcivescovo) è giusto o sbagliato?

8 Renzo è un giovane impulsivo, che si abbandona facilmente alle emozioni. Secondo te:
- Quando minaccia don Abbondio per farsi rivelare il nome di don Rodrigo si comporta bene o male?
- I suoi sogni di vendetta nei confronti di don Rodrigo potevano realizzarsi o no?
- I pensieri di Renzo rivelano un giovane di animo buono o cattivo?

9 Il colloquio con l'avvocato Azzecca-garbugli non fornisce a Renzo alcun aiuto. Secondo te:
- Renzo spiega chiaramente il suo problema all'avvocato o no?
- La gentilezza dell'avvocato nei confronti di Renzo è sincera o no?
- L'Azzecca-garbugli crede nella giustizia o si limita a difendere i potenti e i loro uomini?

Lettori detective... della lingua

10 Rileggi le parti in cui i personaggi dialogano fra loro e completa le seguenti affermazioni:
- Don Abbondio si rivolge alla serva Perpetua usando il ...
- Perpetua si rivolge al parroco don Abbondio usando il ...
- Agnese si rivolge alla figlia Lucia usando il ...
- Renzo si rivolge alla fidanzata Lucia usando il ...
- Lucia si rivolge alla madre Agnese e al fidanzato Renzo usando il ...

Siamo tutti scrittori?

Scrivi un testo di 12-15 righe (o 500 caratteri).

11 Descrizione di un luogo. Descrivi il posto dove abiti (la zona, il paese, la via, il palazzo, a tua scelta) imitando la tecnica di Manzoni, cioè incominciando con uno "sguardo dall'alto" e avvicinandoti a poco a poco ai particolari.

12 Autoritratto. Immagina di presentare te stesso all'interno di un romanzo, con un ritratto simile a quelli di Manzoni. Ricorda di affrontare i tre temi tipici dei ritratti manzoniani: l'aspetto fisico, il carattere e la condizione sociale (cioè l'attività che svolgi, il tuo "mestiere").

13 La vendetta. Di fronte alla prepotenza e all'ingiustizia, la tentazione di vendicarsi (come quella che coglie Renzo quando pensa di uccidere don Rodrigo) è spesso la prima e più naturale delle reazioni. Rifletti su questo tema e sulle ragioni per cui la legge, in tutti i paesi civili, vieta la vendetta personale, anche nei casi più gravi.

Capitolo 2

Entra in scena il padre Cristoforo

La vicenda di questo capitolo si svolge tra Olate, il paese di Renzo e Lucia, il palazzo di don Rodrigo, che sorgeva a una certa distanza dal paese, e Pescarenico, dove si trovava il convento del padre Cristoforo.

Presentazione del padre Cristoforo

Il sole non era ancor tutto apparso sull'orizzonte, quando il padre Cristoforo uscì dal suo convento di Pescarenico, per salire alla casetta dov'era aspettato. Il cielo era tutto sereno: di mano in mano che il sole s'alzava dietro il monte, si vedeva la sua luce, dalle sommità de' monti opposti, scendere, come spiegandosi rapidamente, giù per i pendìi, e nella valle. Un venticello d'autunno, staccando da' rami le foglie appassite del gelso, le portava a cadere, qualche passo distante dall'albero. A destra e a sinistra, nelle vigne, sui tralci ancor tesi, brillavan le foglie rosseggianti a varie tinte[1]; e la terra lavorata di fresco, spiccava bruna e distinta ne' campi di stoppie[2] biancastre e luccicanti dalla guazza[3]. La scena era lieta; ma ogni figura d'uomo che vi apparisse, rattristava lo sguardo e il pensiero. Ogni tanto, s'incontravano mendichi laceri e macilenti[4], o invecchiati nel mestiere, o spinti allora dalla necessità a tender la mano. Lo spettacolo de' lavoratori sparsi ne' campi, aveva qualcosa d'ancor più doloroso. Alcuni andavan gettando le lor semente, rade, con risparmio, e a malincuore, come chi arrischia cosa che troppo gli preme; altri spingevan la vanga come a stento, e rovesciavano svogliatamente la zolla. La fanciulla scarna, tenendo per la corda al pascolo la vaccherella magra stecchita, guardava innanzi, e si chinava in fretta, a rubarle, per cibo della famiglia, qualche erba, di cui la fame aveva insegnato che anche gli uomini potevan vivere. Questi spettacoli accrescevano, a ogni passo, la mestizia[5] del frate, il quale camminava già col tristo presentimento in cuore, d'andar a sentire qualche sciagura.

Il padre Cristoforo era un uomo più vicino ai sessanta che ai cinquant'anni. Il suo capo raso, salvo la piccola corona di capelli, che vi girava intorno, secondo il rito cappuccinesco, s'alzava di tempo in tempo, con un movimento che lasciava trasparire un non so che d'altero e d'inquieto; e subito s'abbassava, per riflessione d'umiltà. La barba bianca e lunga, che gli copriva le guance e il mento, faceva ancor più risaltare le forme rilevate della parte superiore del volto, alle quali un'astinenza[6], già da gran pezzo abituale, aveva assai più aggiunto di gravità[7] che tolto d'espressione. Due occhi incavati eran per lo più chinati a terra, ma talvolta sfolgoravano, con vivacità repentina; come due cavalli bizzarri, condotti a mano da un cocchiere, col quale sanno, per esperienza, che non si può vincerla, pure fanno, di tempo in tempo, qualche sgambetto[8], che scontan subito, con una buona tirata di morso.

1 tinte: sfumature.
2 stoppie: gli steli che restano dopo la mietitura.
3 guazza: rugiada.
4 macilenti: magri.
5 mestizia: tristezza.
6 un'astinenza: la pratica dei digiuni e dei sacrifici.
7 gravità: solennità.
8 qualche sgambetto: qualche bizzarria.

Prima di diventare frate, il padre Cristoforo si chiamava Lodovico. Era l'unico figlio di un ricco mercante, che dopo aver fatto fortuna si era ritirato dagli affari e viveva godendosi le sue ricchezze. A causa della mentalità dell'epoca, però, in verità se le godeva ben poco: poiché non era nobile, infatti, veniva regolarmente disprezzato dagli esponenti della nobiltà; e lui stesso soffriva nel rammentare l'origine delle sue ricchezze, come se l'abilità nel lavoro e negli affari fosse un difetto o una colpa.

Per far meglio dimenticare la propria condizione di origine, il padre di Lodovico aveva fatto educare il figlio come un nobile: Lodovico aveva quindi abitudini signorili, ma continuava a essere rifiutato dalla società aristocratica della sua città. Dotato di un carattere forte e impulsivo, il giovane Lodovico non era certo disposto ad accettare umiliazioni e prepotenze: dapprima egli si era quindi allontanato da coloro che avrebbero potuto essere i suoi compagni, poi si era messo in urto con loro. Essendo profondamente onesto, Lodovico sentiva orrore delle prepotenze e delle violenze che i nobili commettevano regolarmente ai danni dei più deboli, e si ergeva a difensore di questi ultimi.

Naturalmente, spesso gli capitava di dover compiere anche lui (sia pure per una buona causa) atti di violenza, e doveva vivere circondato di bravi come i suoi nemici. E più d'una volta, disgustato dalla propria vita, aveva pensato di farsi frate. Questa idea sarebbe forse rimasta per sempre una fantasia senza conseguenze, se non gli fosse capitato un incidente particolarmente grave.

Il duello

Andava un giorno per una strada della sua città, seguito da due bravi, e accompagnato da un tal Cristoforo, maestro di casa[9]. Era un uomo di circa cinquant'anni, affezionato, dalla gioventù, a Lodovico, che aveva veduto nascere, e che, tra salario e regali, gli dava non solo da vivere, ma di che mantenere e tirar su una numerosa famiglia.

9 maestro di casa: maggiordomo.

Vide Lodovico spuntar da lontano un signor tale, arrogante e soverchiatore[10] di professione, col quale non aveva mai parlato in vita sua, ma che gli era cordiale nemico, e al quale rendeva, pur di cuore, il contraccambio: giacché è uno de' vantaggi di questo mondo, quello di poter odiare ed esser odiati, senza conoscersi. Costui, seguito da quattro bravi, s'avanzava diritto, con passo superbo, con la testa alta, con la bocca composta all'alterigia[11] e allo sprezzo. Tutt'e due camminavan rasente al muro; ma Lodovico (notate bene) lo strisciava col lato destro; e ciò, secondo una consuetudine, gli dava il diritto (dove mai si va a ficcare il diritto!) di non istaccarsi dal detto muro, per dar passo a chi si fosse[12]; cosa della quale allora si faceva gran caso. L'altro pretendeva, all'opposto, che quel diritto competesse a lui, come a nobile[13], e che a Lodovico toccasse d'andar nel mezzo; e ciò in forza d'un'altra consuetudine. Quando si trovarono a viso a viso, il signor tale, squadrando Lodovico, a capo alto, col cipiglio imperioso, gli disse, in un tono corrispondente di voce: - fate luogo.

- Fate luogo voi, - rispose Lodovico. - La diritta è mia.

- Co' vostri pari[14], è sempre mia.

- Sì, se l'arroganza de' vostri pari fosse legge per i pari miei.

I bravi dell'uno e dell'altro eran rimasti fermi, ciascuno dietro il suo padrone, guardandosi in cagnesco, con le mani alle daghe[15], preparati alla battaglia. La gente che arrivava di qua e di là, si teneva in distanza, a osservare il fatto; e la presenza di quegli spettatori animava sempre più il puntiglio de' contendenti.

Lessico e grammatica

puntiglio

La parola (che in italiano compare per la prima volta proprio nel Seicento, derivata dallo spagnolo) indica il "punto d'onore", cioè l'ostinazione di chi si impegna per averla vinta sugli altri a qualunque costo, anche se ha torto. È un tema fondamentale, nel romanzo: anche la famosa scommessa fra don Rodrigo e il conte Attilio è, in fondo, una questione di puntiglio: non è certo per amore che don Rodrigo vuole sedurre Lucia...

10 soverchiatore: prepotente.
11 alterigia: superbia.
12 dar passo a chi si fosse: cedere il passo a chicchessia.
13 come a nobile: poiché era nobile.
14 Co' vostri pari: con le persone come voi.
15 daghe: corte spade.

- Nel mezzo, vile meccanico[16]; o ch'io t'insegno una volta[17] come si tratta co' gentiluomini.

- Vediamo! - disse Lodovico, dando subitamente[18] un passo indietro, e mettendo mano alla spada.

- Temerario! - gridò l'altro, sfoderando la sua: - io spezzerò questa, quando sarà macchiata del tuo vil sangue.

Così s'avventarono l'uno all'altro; i servitori delle due parti si slanciarono alla difesa de' loro padroni. Il combattimento era disuguale, e per il numero, e anche perché Lodovico mirava piuttosto a scansare i colpi, e a disarmare il nemico, che ad ucciderlo; ma questo voleva la morte di lui, a ogni costo. Lodovico aveva già ricevuta al braccio sinistro una pugnalata d'un bravo, e una sgraffiatura leggiera in una guancia, e il nemico principale gli piombava addosso per finirlo; quando Cristoforo, vedendo il suo padrone nell'estremo pericolo, andò col pugnale addosso al signore. Questo, rivolta tutta la sua ira contro di lui, lo passò con la spada. A quella vista, Lodovico, come fuor di sé, cacciò la sua nel ventre del feritore, il quale cadde moribondo, quasi a un punto[19] col povero Cristoforo. I bravi del gentiluomo, visto ch'era finita, si diedero alla fuga, malconci: quelli di Lodovico, tartassati e sfregiati[20] anche loro, non essendovi più a chi dare[21], e non volendo trovarsi impicciati nella gente, che già accorreva, scantonarono dall'altra parte: e Lodovico si trovò solo, con que' due funesti compagni ai piedi, in mezzo a una folla.

Mentre tutti commentavano l'accaduto, qualcuno gridò a Lodovico di scappare, per non farsi prendere dai birri che stavano arrivando. E Lodovico, che prima di allora non aveva mai ferito né ucciso nessuno, ancora sconvolto alla vista di quei due morti, si lasciò trascinare in un convento di cappuccini che sorgeva lì vicino.

[16] vile meccanico: meccanico significa "lavoratore manuale", vile significa "spregevole" e ha quindi un valore sociale, non psicologico come oggi.

[17] una volta: una volta per tutte, una buona volta.

[18] subitamente: all'improvviso.

[19] a un punto: nello stesso istante.

[20] tartassati e sfregiati: mal ridotti e feriti.

[21] a chi dare: nessuno con cui prendersela.

Il Seicento, epoca d'oro dei duelli

Il termine "duello" deriva da "due": era infatti un combattimento fra due persone.
La pratica del duello era strettamente legata alla concezione aristocratica dell'onore: i duellanti infatti combattevano per cancellare un'offesa al proprio onore o al proprio buon nome. I duelli si svolgevano quindi sempre e solo tra aristocratici: duellare con una persona di rango inferiore era considerato indegno di un nobile, come si capisce dalle parole che l'avversario di Lodovico pronuncia nel momento in cui è costretto a impugnare la spada per difendersi.
Il Seicento fu l'epoca d'oro dei duelli, sia per il prevalere di una mentalità che attribuiva estrema importanza all'onore, sia per la debolezza delle istituzioni statali, che garantiva ampia impunità ai duellanti (i duelli erano ovviamente illegali: lo stato moderno non può ammettere che ci si faccia giustizia da sé).
I filosofi illuministi del Settecento criticarono la pratica del duello e la mentalità da cui essa nasceva. Alla fine del Settecento, la Rivoluzione francese privò l'aristocrazia di buona parte del suo potere e della sua importanza e una nuova mentalità si affermò in quasi tutti i paesi d'Europa. I duelli si fecero quindi sempre più rari.
Ciò non toglie che ancora nel corso dell'Ottocento i duelli si praticassero, e spesso con esiti letali: tra le vittime più illustri, il poeta e romanziere russo Aleksandr Puškin, morto nel 1837 per difendere l'onore della moglie (che pare non lo meritasse!), e l'uomo politico e giornalista italiano Felice Cavallotti, ucciso nel 1898 per aver sfidato l'autore di un articolo contenente delle inesattezze.

Riflessioni e approfondimenti
- Perché il nobile avversario di Lodovico si sente offeso nel suo onore?
- Perché i duelli erano molto diffusi nel Seicento?

La conversione

Mentre i frati lo curavano, pensieri confusi si affollavano nell'animo di Lodovico. Ma una folla ancor più numerosa si raccoglieva intorno al convento: prima la massa dei curiosi; poi la sbirraglia, che non poteva entrare nel convento, ma si piazzò in maniera da sorvegliarne l'ingresso; e infine i parenti dell'ucciso, armati da capo a piedi, con un gran corteo di bravi, decisi a vendicarsi dell'uccisore.

Appena Lodovico ebbe potuto raccogliere i suoi pensieri, chiamato un frate confessore, lo pregò che cercasse della vedova di Cristoforo, le chiedesse in suo nome perdono d'essere stato lui la cagione, quantunque involontaria, di quella desolazione[22], e, nello stesso tempo, l'assicurasse ch'egli prendeva la famiglia sopra di sé[23]. Riflettendo quindi a' casi suoi, sentì rinascere più che mai vivo e serio quel pensiero di farsi frate, che altre volte gli era passato per la mente: gli parve che Dio medesimo l'avesse messo sulla strada, e datogli un segno del suo volere, facendolo capitare in un convento, in quella congiuntura[24]; e il partito fu preso. Fece chiamare il guardiano[25], e gli manifestò il suo desiderio. N'ebbe in risposta, che bisognava guardarsi dalle risoluzioni precipitate[26]; ma che, se persisteva, non sarebbe rifiutato.

Lodovico donò tutti i suoi averi alla famiglia di Cristoforo e vestì il saio. In questo modo toglieva i frati da un grave imbarazzo, giacché non potevano cacciarlo dal convento, perché sarebbe stato un gesto contrario al diritto di asilo; ma se avessero continuato a proteggerlo si sarebbero inimicati per sempre la potente famiglia del morto. Ma la conversione del giovane non era motivata da ragioni pratiche, né tanto meno dalla paura: Lodovico era sinceramente pentito del suo omicidio e iniziava una vita di espiazione e di servizio al prossimo.

[22] desolazione: dolore.
[23] prendeva la famiglia sopra di sé: si incaricava di mantenere la famiglia.
[24] congiuntura: situazione.
[25] il guardiano: il capo del convento.
[26] risoluzioni precipitate: decisioni affrettate, precipitose.

Così, a trent'anni, si ravvolse nel sacco[27]; e, dovendo, secondo l'uso, lasciare il suo nome, e prenderne un altro, ne scelse uno che gli rammentasse, ogni momento, ciò che aveva da espiare: e si chiamò fra Cristoforo.

Non è nostro disegno di far la storia della sua vita claustrale[28]: diremo soltanto che, adempiendo, sempre con gran voglia, e con gran cura, gli ufizi[29] che gli venivano ordinariamente assegnati, di predicare e d'assistere i moribondi, non lasciava mai sfuggire un'occasione d'esercitarne due altri, che s'era imposti da sé: accomodar differenze[30], e proteggere oppressi.

Se una poverella sconosciuta, nel tristo caso di Lucia, avesse chiesto l'aiuto del padre Cristoforo, egli sarebbe corso immediatamente. Trattandosi poi di Lucia, accorse con tanta più sollecitudine, in quanto conosceva e ammirava l'innocenza di lei, era già in pensiero per i suoi pericoli, e sentiva un'indegnazione santa, per la turpe persecuzione della quale era divenuta l'oggetto.

Il piano di padre Cristoforo

Entrando nella casa di Lucia, il padre Cristoforo fu accolto dalla ragazza e da sua madre e si accorse subito, dal loro aspetto, che i suoi presentimenti non l'avevano ingannato. - Ebbene? - disse subito. Lucia rispose con uno scoppio di pianto. Agnese incominciò a scusarsi, ma il padre Cristoforo le chiese di raccontare ciò che era successo. Al termine del racconto, promise che non avrebbe abbandonato le poverette e si mise a pensare: - Vediamo, pensiamo quel che si possa fare.

Man mano che rifletteva, il padre Cristoforo si rendeva conto che la situazione era complicata: don Abbondio aveva troppa paura e non si sarebbe lasciato convincere a cambiare idea; avvertire l'arcivescovo avrebbe richiesto tempo, e chissà cosa poteva

[27] si ravvolse nel sacco: vestì il saio, l'abito di rozza tela tipico dei cappuccini.

[28] vita claustrale: vita nel chiostro, cioè nel convento, da frate.

[29] gli ufizi: i doveri, i compiti.

[30] accomodar differenze: risolvere conflitti, contrasti.

accadere intanto? Chiedere aiuto ai confratelli cappuccini non era possibile, perché don Rodrigo si fingeva amico del convento.

Contrappesato il pro e il contro di questo e di quel partito, il migliore gli parve d'affrontar don Rodrigo stesso, tentar di smoverlo dal suo infame proposito, con le preghiere, coi terrori dell'altra vita[31], anche di questa[32], se fosse possibile. Alla peggio, si potrebbe almeno conoscere, per questa via, più distintamente[33] quanto colui fosse ostinato nel suo sporco impegno, scoprir di più le sue intenzioni, e prender consiglio da ciò[34].

- Sentite, figliuoli, - riprese fra Cristoforo: - io anderò oggi a parlare a quell'uomo. Se Dio gli tocca il cuore[35], e dà forza alle mie parole, bene: se no, Egli ci farà trovare qualche altro rimedio. Voi intanto, statevi quieti, ritirati, scansate le ciarle[36], non vi fate vedere. Stasera, o domattina al più tardi, mi rivedrete -. Detto questo, troncò tutti i ringraziamenti e le benedizioni, e partì verso il covile della fiera che voleva provarsi d'ammansare[37].

Osservazioni

Il palazzotto di don Rodrigo

La descrizione del "palazzotto" di don Rodrigo ha una duplice funzione: anticipa e svela la psicologia del personaggio che vi abita (è impenetrabile come una fortezza, accoglie chi vi si avvicina con la macabra vista di due avvoltoi inchiodati sul portone ecc.) e permette all'autore di farci capire la decadenza della classe sociale a cui don Rodrigo appartiene (è malridotto, mezzo in rovina ecc.).

Il palazzotto di don Rodrigo

Il palazzotto di don Rodrigo sorgeva isolato, a somiglianza d'una bicocca[38], sulla cima d'uno de' poggi

31 coi terrori dell'altra vita: con la paura dell'inferno.
32 anche di questa: di questa vita, cioè il timore della prigione.
33 distintamente: chiaramente.
34 prender consiglio da ciò: trarre da questa conoscenza qualche idea sul da farsi.
35 gli tocca il cuore: lo illumina con la sua Grazia e gli fa cambiare atteggiamento.
36 scansate le ciarle: evitate le chiacchiere, i pettegolezzi.
37 il covile... d'ammansare: la tana della belva che voleva provare ad addomesticare.
38 bicocca: fortezza; oggi il termine indica una casa in rovina, un edificio malridotto.

ond'è sparsa e rilevata quella costiera[39]. Appiè del poggio, dalla parte che guarda a mezzogiorno, e verso il lago, giaceva un mucchietto di casupole, abitate da contadini di don Rodrigo; ed era come la piccola capitale del suo piccol regno.

Fra Cristoforo attraversò il villaggio, salì per una viuzza a chiocciola, e pervenne su una piccola spianata, davanti al palazzotto. La porta era chiusa, segno che il padrone stava desinando, e non voleva esser frastornato. Le rade e piccole finestre che davan sulla strada, chiuse da imposte sconnesse e consunte dagli anni, eran però difese da grosse inferriate, e quelle del pian terreno tant'alte che appena vi sarebbe arrivato un uomo sulle spalle d'un altro. Regnava quivi un gran silenzio; e un passeggiero[40] avrebbe potuto credere che fosse una casa abbandonata, se quattro creature, due vive e due morte, collocate in simmetria, di fuori, non avesser dato un indizio d'abitanti. Due grand'avoltoi, con l'ali spalancate, e co' teschi penzoloni, l'uno spennacchiato e mezzo roso dal tempo, l'altro ancor saldo e pennuto, erano inchiodati, ciascuno sur un battente del portone; e due bravi, sdraiati, ciascuno sur una delle panche poste a destra e a sinistra, facevan la guardia, aspettando d'esser chiamati a goder gli avanzi della tavola del signore. Il padre si fermò ritto, in atto di chi si dispone ad aspettare; ma un de' bravi s'alzò, e gli disse: - padre, padre, venga pure avanti: qui non si fanno aspettare i cappuccini: noi siamo amici del convento -.

Così dicendo, diede due picchi col martello. A quel suono risposer subito di dentro gli urli e le strida di mastini e di cagnolini; e, pochi momenti dopo, giunse borbottando un vecchio servitore; ma, veduto il padre, gli fece un grand'inchino, acquietò le bestie, con le mani e con la voce, introdusse l'ospite in un angusto[41] cortile, e richiuse la porta. Accompagnatolo poi in un salotto, e guardandolo con una cert'aria di maraviglia e di rispetto, disse: - non è lei... il padre Cristoforo di Pescarenico?

[39] uno de' poggi... costiera: una delle alture di cui è costellata la zona che Manzoni ha descritto all'inizio del cap. 1.

[40] passeggiero: passante.

[41] angusto: stretto, piccolo.

- Per l'appunto.

- Lei qui?

- Come vedete, buon uomo.

- Sarà per far del bene. Del bene, - continuò mormorando tra i denti, e rincamminandosi, - se ne può far per tutto[42] -.

Attraversati due o tre altri salotti oscuri, arrivarono all'uscio della sala del convito[43]. Quivi un gran frastono confuso di forchette, di coltelli, di bicchieri, di piatti, e sopra tutto di voci discordi, che cercavano a vicenda di soverchiarsi. Il padre s'avanzò, inchinandosi al padrone, e rispondendo, a due mani, ai saluti de' commensali.

Discorsi durante il banchetto: la guerra

Al tavolo di don Rodrigo, oltre al cugino Attilio, venuto da Milano per trascorrere qualche giorno in campagna, si trovava il podestà di Lecco[44], quello a cui, in teoria, sarebbe toccato far giustizia a Renzo. In faccia al podestà sedeva una vecchia conoscenza, e cioè il dottor Azzecca-garbugli, in cappa nera, col naso più rubicondo del solito. E c'erano poi altri invitati che pensavano solo a mangiare e a bere, sorridendo servilmente.

Don Rodrigo fece sedere il padre Cristoforo e gli offrì da bere. - Parleremo più tardi - disse. E subito la disputa che si era accesa fra i commensali riprese con vigore. Si parlava della guerra per la successione del duca di Mantova. Il duca Vincenzo Gonzaga era infatti morto senza eredi e il suo ducato era andato al parente più prossimo, il duca di Nevers, francese. Naturalmente il re di Francia Luigi XIII e il suo primo ministro, il cardinale di Richelieu, erano ben contenti, perché in questo modo la Francia avrebbe acquistato un grande peso in Italia; ma il re di Spagna Filippo IV e il suo primo ministro, il conte-duca d'Olivares, non erano affatto contenti, per lo stesso motivo, cioè perché volevano dominare l'Ita-

[42] per tutto: dappertutto, dovunque.

[43] convito: banchetto.

[44] il podestà di Lecco: il governatore della città.

lia senza interferenze. Siccome il nuovo duca doveva essere nominato ufficialmente dall'imperatore, ecco che anche quest'ultimo si trovava coinvolto nel conflitto.

- Non son lontano dal credere, - disse il conte Attilio, - che le cose si possano accomodare. Ho certi indizi...

- Non creda, signor conte, non creda, - interruppe il podestà. - Io, in questo cantuccio[45], posso saperle le cose; perché il signor castellano spagnolo[46], che, per sua bontà, mi vuole un po' di bene, e per esser figliuolo d'un creato[47] del conte duca, è informato d'ogni cosa...

- Le dico che a me accade ogni giorno di parlare in Milano con ben altri personaggi; e so di buon luogo[48] che il papa, interessatissimo, com'è, per la pace, ha fatto proposizioni[49]...

- Così dev'essere; la cosa è in regola; sua santità fa il suo dovere; un papa deve sempre metter bene tra i principi cristiani; ma il conte duca ha la sua politica, e...

- E, e, e; sa lei, signor mio, come la pensi l'imperatore, in questo momento? Crede lei che non ci sia altro che Mantova a questo mondo? le cose a cui si deve pensare son molte, signor mio. Sa lei, per esempio, fino a che segno l'imperatore possa ora fidarsi di quel suo principe di Valdistano o di Vallistai, o come lo chiamano, e se...

- Il nome legittimo in lingua alemanna, - interruppe ancora il podestà, - è Vagliensteino[50], come l'ho sentito proferir più volte dal nostro signor castellano spagnolo. Ma stia pur di buon animo, che...

- Mi vuole insegnare...? - riprendeva il conte; ma don Rodrigo gli diè d'occhio, per fargli intendere che, per amor suo, cessasse di contraddire. Il conte tacque.

[45] in questo cantuccio: in questo angolino, cioè a Lecco.
[46] castellano spagnolo: Manzoni ne ha già parlato all'inizio del cap. 1.
[47] d'un creato: di un protetto, di un favorito.
[48] di buon luogo: da buona fonte.
[49] proposizioni: proposte.
[50] Vagliensteino: il nome che gli invitati di don Rodrigo storpiano è quello di Wallenstein, un importante generale al servizio dell'imperatore.

Il podestà si mise allora a sproloquiare di politica, senza che più nessuno lo interrompesse, e chissà quando avrebbe finito se don Rodrigo, a un certo punto, non l'avesse interrotto offrendo da bere un vino di particolare qualità. Tutti elogiarono il vino e il dottor Azzecca-garbugli proclamò, da dietro il suo naso paonazzo, che quello era il re dei vini e che la casa di don Rodrigo era il regno dell'abbondanza, a dispetto della carestia.

Discorsi durante il banchetto: la carestia

- Ben detto! ben definito! - gridarono, a una voce, i commensali: ma quella parola, carestia, che il dottore aveva buttata fuori a caso, rivolse in un punto tutte le menti a quel tristo soggetto[51]; e tutti parlarono della carestia. Qui andavan tutti d'accordo, almeno nel principale; ma il fracasso era forse più grande che se ci fosse stato disparere. Parlavan tutti insieme. - Non c'è carestia, - diceva uno: - sono gl'incettatori...

- E i fornai, - diceva un altro: - che nascondono il grano. Impiccarli.

- Appunto; impiccarli, senza misericordia.

- De' buoni processi, - gridava il podestà.

- Che processi? - gridava più forte il conte Attilio: - giustizia sommaria. Pigliarne tre o quattro o cinque o sei, di quelli che, per voce pubblica, son conosciuti come i più ricchi e i più cani, e impiccarli.

- Esempi! esempi! senza esempi non si fa nulla.

- Impiccarli! impiccarli!; e salterà fuori grano da tutte le parti.

Osservazioni

Parlavan tutti insieme

Nota che gli ospiti di don Rodrigo, più che parlare, gridano: il loro scopo non è instaurare un dialogo, uno scambio di idee, un confronto fra diverse posizioni, ma sopraffare l'interlocutore; incapaci di ascoltarsi l'un l'altro, ciascuno di loro vuole solo imporre la propria idea, pur sapendo benissimo che ciò non potrà convincere nessuno, né far cambiare parere all'interlocutore.

[51] soggetto: argomento.

Chi, passando per una fiera, s'è trovato a goder l'armonia che fa una compagnia di cantambanchi[52], quando, tra una sonata e l'altra, ognuno accorda il suo stromento, facendolo stridere quanto più può, affine[53] di sentirlo distintamente, in mezzo al rumore degli altri, s'immagini che tale fosse la consonanza di quei, se si può dire, discorsi. S'andava intanto mescendo e rimescendo[54] di quel tal vino; e le lodi di esso venivano, com'era giusto, frammischiate alle sentenze di giurisprudenza economica[55]; sicché le parole che s'udivan più sonore e più frequenti, erano: *ambrosia*, e *impiccarli*.

Don Rodrigo intanto dava dell'occhiate al solo che stava zitto; e lo vedeva sempre lì fermo, senza dar segno d'impazienza né di fretta, senza far atto che tendesse a ricordare che stava aspettando; ma in aria di non voler andarsene, prima d'essere stato ascoltato. L'avrebbe mandato a spasso volentieri, e fatto di meno di quel colloquio; ma congedare un cappuccino, senza avergli dato udienza, non era secondo le regole della sua politica. Poiché la seccatura non si poteva scansare, si risolvette d'affrontarla subito, e di liberarsene; s'alzò da tavola, e seco tutta la rubiconda[56] brigata, senza interrompere il chiasso. Chiesta poi licenza agli ospiti, s'avvicinò, in atto contegnoso[57], al frate, che s'era subito alzato con gli altri; gli disse: - eccomi a' suoi comandi -; e lo condusse in un'altra sala.

Fra Cristoforo e don Rodrigo

- In che posso ubbidirla? - disse don Rodrigo, piantandosi in piedi nel mezzo della sala. Il suono delle parole era tale; ma il modo con cui eran proferite, voleva dir chiaramente: bada a chi sei davanti, pesa le parole, e sbrigati.

52 una compagnia di cantambanchi: un'orchestrina dilettante.

53 affine: al fine, allo scopo.

54 S'andava intanto mescendo e rimescendo: intanto si continuava a versare.

55 sentenze di giurisprudenza economica: sentenze di diritto e di economia.

56 rubiconda: arrossata (dal vino e dalle grida).

57 in atto contegnoso: con atteggiamento superbo, autoritario.

Per dar coraggio al nostro fra Cristoforo, non c'era mezzo più sicuro e più spedito, che prenderlo con maniera arrogante. Egli che stava sospeso, cercando le parole, e facendo scorrere tra le dita le ave marie della corona[58] che teneva a cintola, come se in qualcheduna di quelle sperasse di trovare il suo esordio[59]; a quel fare di don Rodrigo, si sentì subito venir sulle labbra più parole del bisogno. Ma pensando quanto importasse di non guastare i fatti suoi o, ciò ch'era assai più, i fatti altrui[60], corresse e temperò le frasi che gli si eran presentate alla mente, e disse, con guardinga[61] umiltà: - vengo a proporle un atto di giustizia, a pregarla d'una carità. Cert'uomini di mal affare hanno messo innanzi il nome di vossignoria illustrissima, per far paura a un povero curato, e impedirgli di compire il suo dovere, e per soverchiare[62] due innocenti. Lei può, con una parola, confonder coloro[63], restituire al diritto la sua forza, e sollevar quelli a cui è fatta una così crudel violenza. Lo può; e potendolo... la coscienza, l'onore...

Lessico e grammatica

giustizia e carità
Sono i valori a cui fra Cristoforo si appella nel tentativo di convincere don Rodrigo a cambiare atteggiamento e a non tormentare più Renzo e Lucia. Dal punto di vista cristiano, la giustizia è una virtù naturale, a cui gli esseri umani possono giungere con le proprie forze, anche senza la fede; la carità (cioè l'amore disinteressato per il prossimo) è invece una virtù che l'uomo può raggiungere solo se illuminato dalla grazia di Dio.

- Lei mi parlerà della mia coscienza, quando verrò a confessarmi da lei. In quanto al mio onore, ha da sapere che il custode ne son io, e io solo; e che chiunque ardisce entrare a parte con me di questa cura[64], lo riguardo come il temerario che l'offende.

[58] le ave marie della corona: i grani del rosario.
[59] il suo esordio: le parole per cominciare.
[60] i fatti altrui: gli interessi di Lucia.
[61] guardinga: prudente, tutta tesa a non offendere l'interlocutore.
[62] soverchiare: opprimere.
[63] coloro: quegli uomini (cioè i bravi che hanno minacciato don Abbondio).
[64] chiunque ardisce... questa cura: chiunque osa occuparsi del mio onore, come se da solo non fossi capace di farlo.

Fra Cristoforo capì che don Rodrigo cercava di provocarlo in ogni modo, fingendosi offeso per non dover rispondere dei suoi comportamenti indegni. Il signorotto giunse perfino ad accusare il padre di essere una spia, venuto in casa sua per carpire chissà quali segreti! Fra Cristoforo tuttavia continuava a chiedergli di riflettere, di ascoltare la sua coscienza, di pensare a Dio e alle leggi, di fare qualcosa per aiutare una povera innocente...

Alla fine, don Rodrigo tentò di troncare bruscamente la discussione.

- In somma, padre, - disse, facendo atto d'andarsene, - io non so quel che lei voglia dire: non capisco altro se non che ci dev'essere qualche fanciulla che le preme molto. Ebbene, giacché lei crede ch'io possa far molto per questa persona; giacché questa persona le sta tanto a cuore...

- Ebbene? - riprese ansiosamente il padre Cristoforo, al quale l'atto e il contegno di don Rodrigo non permettevano d'abbandonarsi alla speranza che parevano annunziare quelle parole.

- Ebbene, la consigli di venire a mettersi sotto la mia protezione. Non le mancherà più nulla, e nessuno ardirà d'inquietarla, o ch'io non son cavaliere[65].

A siffatta proposta, l'indegnazione del frate, rattenuta a stento fin allora, traboccò. Tutti que' bei proponimenti di prudenza e di pazienza andarono in fumo: l'uomo vecchio si trovò d'accordo col nuovo[66]; e, in que' casi, fra Cristoforo valeva veramente per due.

- La vostra protezione! - esclamò, dando indietro due passi, postandosi fieramente sul piede destro, mettendo la destra sull'anca, alzando la sinistra con l'indice teso verso don Rodrigo, e pian-

Lessico e grammatica

la mia protezione
Nel linguaggio dell'epoca, era un invito esplicito a che il frate convincesse Lucia a diventare l'amante di don Rodrigo; si spiega quindi la reazione violentemente indignata del padre a queste parole, che a noi potrebbero suonare ambigue.

65 ch'io non son cavaliere: espressione con cui don Rodrigo sembra impegnare il suo onore di cavaliere.

66 l'uomo vecchio... nuovo: l'impetuoso Lodovico si trovò d'accordo con l'indignato padre Cristoforo.

tandogli in faccia due occhi infiammati: - la vostra protezione! È meglio che abbiate parlato così, che abbiate fatta a me una tale proposta. Avete colmata la misura; e non vi temo più.

- Come parli, frate?...

- Parlo come si parla a chi è abbandonato da Dio, e non può più far paura. State a vedere che la giustizia di Dio avrà riguardo a quattro pietre, e suggezione di quattro sgherri[67]. Voi avete creduto che Dio abbia fatta una creatura a sua immagine[68], per darvi il piacere di tormentarla! Voi avete creduto che Dio non saprebbe difenderla! Lucia è sicura da voi: ve lo dico io povero frate; e in quanto a voi, sentite bene quel ch'io vi prometto. Verrà un giorno...

Don Rodrigo era fin allora rimasto tra la rabbia e la maraviglia, attonito, non trovando parole; ma, quando sentì intonare una predizione, s'aggiunse alla rabbia un lontano e misterioso spavento.

Afferrò rapidamente per aria quella mano minacciosa, e, alzando la voce, per troncar quella dell'infausto profeta, gridò: - escimi di tra' piedi, villano temerario, poltrone incappucciato. Tu tratti da par tuo. Ma ringrazia il saio che ti copre codeste spalle di mascalzone, e ti salva dalle carezze che si fanno a' tuoi pari, per insegnar loro a parlare. Esci con le tue gambe, per questa volta; e la vedremo.

Così dicendo, additò, con impero sprezzante, un uscio in faccia a quello per cui erano entrati; il padre Cristoforo chinò il capo, e se n'andò, lasciando don Rodrigo a misurare, a passi infuriati, il campo di battaglia.

Un filo di speranza

Mentre il frate si allontanava, cercando l'uscita dal palazzotto di don Rodrigo, l'anziano servitore che l'aveva accolto al suo arrivo gli si avvicinò. Pur essendo rimasto al servizio di don Rodrigo per molti anni, quell'uomo non era malvagio e non condivideva affatto

[67] sgherri: i bravi.

[68] a sua immagine: nella Bibbia infatti si dice che Dio creò l'uomo e la donna "a sua immagine e somiglianza".

lo stile di vita del suo padrone. Ora egli si avvicinò al padre Cristoforo mettendo un dito sulle labbra e gli disse che aveva ascoltato tutto e doveva parlargli. Ma non poteva farlo in quella casa, era troppo rischioso: sarebbe andato il giorno dopo al convento.

Il padre Cristoforo capì che don Rodrigo progettava qualche malefatta delle sue, ma non poté saper nulla di preciso. Tuttavia si allontanò convinto che quell'esile filo di speranza era un segno: Dio non l'aveva abbandonato.

Così ruminando[69], alzò gli occhi verso l'occidente, vide il sole inclinato, che già toccava la cima del monte, e pensò che rimaneva ben poco del giorno. Allora, benché sentisse le ossa gravi e fiaccate da' vari strapazzi di quella giornata, pure studiò di più il passo, per poter riportare un avviso, qual si fosse, a' suoi protetti, e arrivar poi al convento, prima di notte: che era una delle leggi più precise, e più severamente mantenute del codice cappuccinesco.

Nuovo consiglio di Agnese

Intanto, nella casetta di Lucia, Renzo aveva raggiunto Lucia e Agnese, la quale, mentre sembrava tutta intenta a filare, stava maturando un piano.

E, quando le parve maturo, ruppe il silenzio in questi termini:

- Sentite, figliuoli! Se volete aver cuore e destrezza, quanto bisogna, se vi fidate di vostra madre, io m'impegno di cavarvi di quest'impiccio, meglio forse, e più presto del padre

Lessico e grammatica

cuore e destrezza
Coraggio (cuore) e abilità (destrezza) sono le due doti richieste da Agnese ai promessi sposi per portare a termine l'impresa del matrimonio a sorpresa. Come si vede, si tratta di "virtù" ben diverse da quelle a cui si ispira l'azione del padre Cristoforo, e cioè la giustizia e la carità. Ma Agnese, che si rende conto della propria debolezza e della propria ignoranza, pensa di ovviare a questa condizione con la furbizia e con il sotterfugio.

[69] ruminando: riflettendo fra sé.

Cristoforo, quantunque sia quell'uomo che è -. Lucia rimase lì, e la guardò con un volto ch'esprimeva più maraviglia che fiducia in una promessa tanto magnifica; e Renzo disse subitamente[70]: - cuore? destrezza? dite, dite pure quel che si può fare.

- Non è vero, - proseguì Agnese, - che, se foste maritati, si sarebbe già un pezzo avanti? E che a tutto il resto si troverebbe più facilmente ripiego?

- C'è dubbio? - disse Renzo: - maritati che fossimo... tutto il mondo è paese; e, a due passi di qui, sul bergamasco, chi lavora seta è ricevuto a braccia aperte. Sapete quante volte Bortolo mio cugino m'ha fatto sollecitare d'andar là a star con lui, che farei fortuna, com'ha fatto lui: e se non gli ho mai dato retta, gli è... che serve? perché il mio cuore era qui. Maritati, si va tutti insieme, si mette su casa là, si vive in santa pace, fuor dell'unghie di questo ribaldo, lontano dalla tentazione di fare uno sproposito. N'è vero, Lucia?

- Sì, - disse Lucia: - ma come...?

- Come ho detto io, - riprese la madre: - cuore e destrezza; e la cosa è facile.

- Facile! - dissero insieme que' due, per cui la cosa era divenuta tanto stranamente e dolorosamente difficile.

- Facile, a saperla fare, - replicò Agnese. - Ascoltatemi bene, che vedrò di farvela intendere. Io ho sentito dire da gente che sa, e anzi ne ho veduto io un caso, che, per fare un matrimonio, ci vuole bensì il curato, ma non è necessario che voglia; basta che ci sia.

- Come sta questa faccenda? - domandò Renzo.

Agnese spiegò, a modo suo, che a celebrare il matrimonio sono gli sposi, non il prete. È quindi sufficiente che il marito dica: signor curato, questa è mia moglie, e la moglie dica: signor curato, questo è mio marito - se i testimoni e il prete hanno sentito, il matrimonio è valido, come se l'avesse celebrato il Papa.

[70] subitamente: subito, d'un tratto; Renzo si conferma un carattere impulsivo, un po' superficiale, di contro alla meditata saggezza di Lucia.

Dubbi di Lucia

- Ma perché dunque, mamma, - disse Lucia, con quel suo contegno sommesso, - perché questa cosa non è venuta in mente al padre Cristoforo?

- In mente? - rispose Agnese: - pensa se non gli sarà venuta in mente! Ma non ne avrà voluto parlare.

- Perché? - domandarono a un tratto[71] i due giovani.

- Perché... perché, quando lo volete sapere, i religiosi dicono che veramente è cosa che non istà bene.

- Come può essere che non istia bene, e che sia ben fatta, quand'è fatta? - disse Renzo.

- Che volete ch'io vi dica? - rispose Agnese. - La legge l'hanno fatta loro, come gli è piaciuto; e noi poverelli non possiamo capir tutto.

- Se è cosa che non istà bene, - disse Lucia, - non bisogna farla.

- Che! - disse Agnese, - ti vorrei forse dare un parere contro il timor di Dio? Se fosse contro la volontà de' tuoi parenti, per prendere un rompicollo... ma, contenta me, e per prender questo figliuolo; e chi fa nascer tutte le difficoltà è un birbone; e il signor curato...

- L'è chiara, che l'intenderebbe ognuno, - disse Renzo.

- Non bisogna parlarne al padre Cristoforo, prima di far la cosa, - proseguì Agnese: - ma, fatta che sia, e ben riuscita, che pensi tu che ti dirà il padre? "Ah figliuola! è una scappata grossa; me l'avete fatta". I religiosi devon parlar così. Ma credi pure che, in cuor suo, sarà contento anche lui.

Lucia, senza trovar che rispondere a quel ragionamento, non ne sembrava però capacitata[72]: ma Renzo, tutto rincorato, disse: - quand'è così, la cosa è fatta.

Andò subito a trovare un amico di nome Tonio, che aveva un debito con don Abbondio, e gli promise di pagargli il debito se ac-

[71] a un tratto: insieme.

[72] capacitata: persuasa.

cettava di fargli da testimone e gli procurava un secondo testimone. Tonio, che si dibatteva nella miseria, acconsentì senza difficoltà e propose come secondo testimone suo fratello Gervaso, un povero sciocco che gli ubbidiva in tutto e per tutto. Renzo e Tonio si accordarono per cenare insieme l'indomani, prima dell'impresa, poi il promesso sposo tornò dalle due donne.

Fece il suo rapporto, e terminò con un *ahn?* interiezione che significa: sono o non sono un uomo io? si poteva trovar di meglio? vi sarebbe venuta in mente? e cento cose simili.

Lucia tentennava mollemente il capo; ma i due infervorati[73] le badavan poco, come si suol fare con un fanciullo, al quale non si spera di far intendere tutta la ragione d'una cosa, e che s'indurrà poi, con le preghiere e con l'autorità, a ciò che si vuol da lui.

- Va bene, - disse Agnese: - va bene; ma... non avete pensato a tutto.

- Cosa ci manca? - rispose Renzo.

- E Perpetua? non avete pensato a Perpetua. Tonio e suo fratello, li lascerà entrare; ma voi! voi due! pensate! avrà ordine di tenervi lontani, più che un ragazzo da un pero che ha le frutte mature.

- Come faremo? - disse Renzo, un po' imbrogliato.

- Ecco: ci ho pensato io. Verrò io con voi; e ho un segreto per attirarla, e per incantarla di maniera che non s'accorga di voi altri, e possiate entrare. La chiamerò io, e le toccherò una corda[74]... vedrete.

- Benedetta voi! - esclamò Renzo: - l'ho sempre detto che siete nostro aiuto in tutto.

- Ma tutto questo non serve a nulla, - disse Agnese, - se non si persuade costei, che si ostina a dire che è peccato.

Renzo mise in campo anche lui la sua eloquenza; ma Lucia non si lasciava smovere.

[73] infervorati: immersi nei loro discorsi, pieni di passione.

[74] le toccherò una corda: affronterò un argomento.

- Io non so che rispondere a queste vostre ragioni, - diceva: - ma vedo che, per far questa cosa, come dite voi, bisogna andar avanti a furia di sotterfugi, di bugie, di finzioni. Ah Renzo! non abbiam cominciato così. Io voglio esser vostra moglie, - e non c'era verso che potesse proferir quella parola, e spiegar quell'intenzione, senza fare il viso rosso: - io voglio esser vostra moglie, ma per la strada diritta, col timor di Dio, all'altare. Lasciamo fare a Quello lassù. Non volete che sappia trovar Lui il bandolo d'aiutarci, meglio che non possiamo far noi, con tutte codeste furberie? E perché far misteri al padre Cristoforo?

Il ritorno del padre Cristoforo

La discussione era ancora in corso quando arrivò il padre Cristoforo. Il suo atteggiamento era preoccupato, ma non scoraggiato.

- Non possiamo sperare niente da parte di don Rodrigo, - disse. - Ma la provvidenza mi ha messo nelle mani un filo che potrebbe rivelarsi importante. Non posso dirvi di più, per il momento, ma vi esorto ad avere fiducia in Dio.

Partito che fu il padre Cristoforo, Lucia si lasciò persuadere, benché controvoglia, a tentare il matrimonio di sorpresa l'indomani: le parole di speranza del padre Cristoforo non erano state sufficientemente chiare e Agnese e Renzo insistevano con forza perché lei desse il suo consenso. Così ebbe termine la giornata e Renzo se ne tornò a casa sua.

FOCUS

I cappuccini

L'ordine dei cappuccini nacque intorno al 1520, quando il frate francescano Matteo da Bascio, originario delle Marche, si convinse che i francescani del suo tempo non erano più fedeli ai precetti di solitudine e penitenza di Francesco d'Assisi. Matteo decise quindi di cambiare stile di vita, sostenendo che era necessario vivere nella povertà più assoluta e seguire alla lettera le regole dettate dal santo e adottate dai suoi primi seguaci. Il tentativo di riforma suscitò i sospetti delle autorità ecclesiastiche, che vedevano di mal occhio ogni innovazione, soprattutto se questa sottintendeva una critica alla Chiesa o ai suoi rappresentanti (in quegli anni si stava infatti affermando la Riforma protestante di Martin Lutero). Matteo e i suoi seguaci, inizialmente perseguitati, nel 1528 ottennero comunque l'approvazione del Papa Clemente VII, che concesse loro di vivere come eremiti e di predicare ai poveri.

Nel 1542 il nuovo movimento subì un duro colpo, perché il generale dell'Ordine, successore di Matteo, aderì alla Riforma protestante. Ma il movimento superò la crisi e alla fine del Cinquecento i cappuccini erano diventati i più importanti predicatori presso le classi popolari. Essi interpretavano bene anche la tendenza al rigore morale e alla povertà evangelica, che era una parte importante dello spirito della Controriforma cattolica e del Concilio di Trento.

Il Seicento fu l'epoca d'oro dei cappuccini: il numero dei frati crebbe enormemente e alla metà del secolo si calcola che vi fossero ben 34.000 cappuccini, divisi in 1700 conventi (oggi i cappuccini sono invece poco più di 10.000).

Naturalmente, il nome cappuccino deriva dal caratteristico cappuccio che questi frati aggiunsero al saio francescano. La nota bevanda a base di caffè e latte è detta cappuccino per il colore, che ricorda quello del saio dei frati.

Riflessioni e approfondimenti

- Perché inizialmente la Chiesa guardò con sospetto Matteo da Bascio e i suoi cappuccini?
- Perché dopo il Concilio di Trento la Chiesa appoggiò invece la diffusione dell'ordine cappuccino?

IL CAPITOLO IN SINTESI

- i tempi: 9 novembre 1628
- i luoghi: il convento di Pescarenico, la casa di Lucia a Olate, il palazzotto di don Rodrigo a una certa distanza dal paese
- i personaggi: fra Cristoforo/Lodovico, il padre di Lodovico, il nobile avversario di Lodovico, Cristoforo, vari frati, don Rodrigo, gli invitati di don Rodrigo, i bravi di don Rodrigo, un vecchio servitore di don Rodrigo, Renzo, Lucia, Agnese, Tonio
- le sequenze principali:

1 **presentazione del padre Cristoforo:** il padre Cristoforo si avvia alla casa di Lucia, attraversando una campagna segnata dalla carestia; in gioventù, il padre Cristoforo si chiamava Lodovico ed era figlio di un ricchissimo mercante, educato secondo il costume nobiliare e dotato di un carattere nobile e impulsivo nello stesso tempo;

2 **il duello:** inimicatosi i nobili della sua città, che lo tenevano a distanza per le sue origini plebee, un giorno Lodovico ha uno scontro con un avversario per una banale questione di puntiglio, e lo uccide in duello;

3 **la conversione:** rifugiatosi in un convento per sfuggire alla giustizia e alla vendetta, Lodovico sente rinascere in sé una vocazione religiosa a cui aveva già pensato in precedenza e decide di farsi frate; la sua richiesta viene accolta e Lodovico diventa cappuccino col nome di fra Cristoforo;

4 **il piano del padre Cristoforo:** arrivato dunque a casa di Lucia, il cappuccino decide di andare a parlare personalmente con don Rodrigo nel suo palazzo;

5 **il palazzotto di don Rodrigo:** il padre Cristoforo arriva al palazzo di don Rodrigo e viene fatto entrare;

6 **discorsi durante il banchetto: la guerra:** don Rodrigo è a pranzo con un gruppo di amici, tra cui il cugino Attilio, il podestà e il dottor Azzecca-garbugli; Attilio e il podestà discutono vivacemente della guerra in corso;

7 **discorsi durante il banchetto: la carestia:** quando don Rodrigo offre un ottimo vino, il discorso si sposta sulla carestia, che i suoi ospiti pensano sia dovuta ai fornai che fanno incetta di grano per speculare sul prezzo;

8 **fra Cristoforo e don Rodrigo:** il colloquio fra il padre Cristoforo e don Rodrigo si risolve in un duello inutile: il gentiluomo provoca il frate, che alla fine reagisce con sdegno e viene cacciato in malo modo;

9 **un filo di speranza:** l'anziano servitore di don Rodrigo che aveva accolto il frate al suo arrivo al palazzo rivela al padre Cristoforo che si sta preparando qualcosa e promette di indagare e di andare a trovarlo in convento il giorno dopo;

10 **nuovo consiglio di Agnese:** nel frattempo, Agnese dà ai due fidanzati un nuovo consiglio: a celebrare il matrimonio sono gli sposi, e non il prete; quindi, se Renzo trovasse due testimoni, si potrebbe cercare di sorprendere don Abbondio...;

11 **dubbi di Lucia:** Renzo, entusiasta della proposta, va subito a cercare l'amico Tonio e gli propone di fare da testimone in cambio di qualche soldo; Lucia, invece, non è convinta, soprattutto perché bisogna tener nascosto il piano al padre Cristoforo;

12 **il ritorno del padre Cristoforo:** il padre Cristoforo torna alla casa di Lucia per raccontare com'è andato il suo incontro con don Rodrigo e dice di avere un filo di speranza, ma senza spiegarsi meglio; Lucia si lascia persuadere a tentare il matrimonio a sorpresa.

ATTIVITÀ

Hai capito bene?

Scegli fra le risposte fornite quella corretta.

1 Quanto durano gli avvenimenti narrati in questo capitolo?
- ☐ Due o tre ore
- ☐ Mezza giornata circa
- ☐ Una giornata intera, dall'alba al tramonto
- ☐ Due giorni

2 Chi è il duca di Wallenstein, nominato dagli invitati di don Rodrigo durante il pranzo?
- ☐ Un generale al servizio dell'imperatore
- ☐ Un generale al servizio del re di Francia
- ☐ Un generale al servizio del re di Spagna
- ☐ Un generale al servizio del ducato di Milano

3 Qual è l'avvenimento che spinge Lodovico a diventare frate?
- ☐ L'eccessiva ricchezza di suo padre
- ☐ I cattivi rapporti con i nobili suoi coetanei
- ☐ L'orrore per la morte del suo servitore Lodovico
- ☐ Il pentimento per aver ucciso un nemico in duello

Il gioco dei perché

Rispondi alle domande seguenti usando le parole indicate fra parentesi.

4 Perché il padre di Lodovico fa studiare il figlio come un aristocratico?
(vergogna, mercante, nobile)

5 Perché fra Cristoforo decide di andare a parlare con don Rodrigo?
(speranza, conversione, capire, malvagio)

6 Perché Lucia non vorrebbe seguire il nuovo consiglio di sua madre Agnese?
(padre Cristoforo, imbrogli, fiducia in Dio)

Riflettiamo insieme

Esponi la tua opinione facendo riferimento al testo letto.

7 Il carattere di fra Cristoforo è un misto di orgoglio e umiltà, impulsività e senso della giustizia. Secondo te:
- In che modo si manifestano questi aspetti del carattere prima della conversione?
- In che modo si manifestano dopo la conversione?

8 Nel corso di questo capitolo viene descritto un duello. Secondo te:
- A chi dà ragione Manzoni, tra Lodovico e il suo avversario?
- È possibile considerare anche il colloquio tra il padre Cristoforo e don Rodrigo una specie di "duello verbale"? Chi ha ragione, in questo caso? Chi vince?

9 Dopo aver consigliato la visita al dottor Azzecca-garbugli, Agnese offre un nuovo consiglio ai due fidanzati. Secondo te:
- È un buon consiglio o no?
- Perché Renzo accetta subito con entusiasmo e si dà da fare per metterlo in pratica?
- Perché Lucia resta dubbiosa e non si persuade che sia una buona idea?

Lettori detective... della lingua

10 Per elogiare il vino offerto da don Rodrigo, i suoi ospiti lo definiscono ***ambrosia***. Svolgi una breve ricerca, utilizzando il dizionario e una buona enciclopedia, e spiega il significato di questo termine.

11 Avrai sicuramente notato che ***fra Cristoforo*** si scrive senza apostrofo: è infatti un troncamento e non un'elisione. Usando la tua grammatica italiana, spiega qual è la differenza tra i due fenomeni, poi leggi le seguenti espressioni e aggiungi l'apostrofo nei casi dove è necessario:

un anatra - un asino - buon uomo - ben arrivato - san Domenico - suor Anna - nessun altro - nessun altra - altr anno

Siamo tutti scrittori?

Scrivi un testo di 12-15 righe (o 500 caratteri).

12 Fra Cristoforo e don Abbondio
La vicenda di fra Cristoforo si contrappone nettamente a quella di don Abbondio: opposto il carattere dei due personaggi, opposte le motivazioni in base a cui hanno scelto la vita religiosa, opposto infine il ruolo che giocano rispetto ai due fidanzati. Sviluppa queste riflessioni in un breve testo scritto.

Capitolo 3

La notte degli imbrogli

La fuga dei promessi dopo il fallimento del matrimonio di sorpresa. Litografia popolare.

Vari preparativi

Il giorno seguente, Renzo e Agnese misero a punto i dettagli del piano. Renzo non volle andare al convento di Pescarenico, perché temeva che il frate gli leggesse in viso che c'era qualcosa per aria e gli facesse domande imbarazzanti. - Manderò Menico, - disse Agnese, e andò subito a cercarlo. Menico era un ragazzino sui dodici anni, suo lontano parente, e accettò ben volentieri di fare una corsa a Pescarenico a parlare col padre Cristoforo in cambio di due belle monete nuove.

Nel corso della mattinata accaddero alcuni fatti inquietanti: un mendicante, con l'aria losca, e tutt'altro che magro e affamato come i suoi simili, entrò in casa di Lucia a chiedere l'elemosina e si guardò intorno con curiosità, molto più a lungo del necessario. Altri strani viandanti passarono, nelle ore successive, e si fermarono ora con una scusa ora con l'altra, osservando la povera casetta e lasciando alle due donne un senso di paura indefinibile.

Per capire chi erano quel mendicante e quei viandanti, bisogna fare un passo indietro e tornare a don Rodrigo, che abbiamo lasciato il giorno prima nel suo palazzo, dopo il colloquio con il padre Cristoforo.

OSSERVAZIONI

il giorno prima
Manzoni adotta la tecnica detta flashback o retrospezione, che consiste nell'interrompere l'ordine normale degli avvenimenti per tornare indietro e raccontare qualcosa che è accaduto in precedenza. In questo caso, il flashback serve a spiegare da quali sentimenti nasce il piano di don Rodrigo.

Il piano di don Rodrigo

Don Rodrigo, come abbiam detto, misurava innanzi e indietro, a passi lunghi, quella sala, dalle pareti della quale pendevano ritratti di famiglia, di varie generazioni. Quando si trovava col viso a una parete, e voltava, si vedeva in faccia un suo antenato guerriero, terrore de' nemici e de' suoi soldati, torvo nella guardatura[1],

[1] nella guardatura: nello sguardo.

co' capelli corti e ritti, co' baffi tirati e a punta, che sporgevan dalle guance, col mento obliquo: ritto in piedi l'eroe, con le gambiere, co' cosciali, con la corazza, co' bracciali, co' guanti[2], tutto di ferro; con la destra sul fianco, e la sinistra sul pomo della spada. Don Rodrigo lo guardava; e quando gli era arrivato sotto, e voltava, ecco in faccia un altro antenato, magistrato, terrore de' litiganti e degli avvocati, a sedere sur una gran seggiola coperta di velluto rosso, ravvolto in un'ampia toga nera; tutto nero, fuorché un collare bianco, con due larghe facciole[3], e una fodera di zibellino arrovesciata (era il distintivo de' senatori, e non lo portavan che l'inverno, ragion per cui non si troverà mai un ritratto di senatore vestito d'estate); macilento[4], con le ciglia aggrottate: teneva in mano una supplica, e pareva che dicesse: vedremo. Di qua una matrona, terrore delle sue cameriere; di là un abate, terrore de' suoi monaci: tutta gente in somma che aveva fatto terrore[5], e lo spirava ancora dalle tele. Alla presenza di tali memorie, don Rodrigo tanto più s'arrovellava, si vergognava, non poteva darsi pace, che un frate avesse osato venirgli addosso, con la prosopopea di Nathan[6].

Per farsi passare la rabbia, don Rodrigo decise di fare una passeggiata. Fece avvertire i suoi ospiti, ordinò cappello, cappa e spada, prese con sé sei bravi e uscì, più burbero e accigliato del solito. Quando tornò a casa, era l'ora di cena. Don Rodrigo si mise a tavola con Attilio, che lo prese in giro, stuzzicandolo per la scommessa a proposito di Lucia. Don Rodrigo, senza rispondere alle provoca-

2 gambiere... cosciali... corazza... bracciali... guanti: parti dell'armatura tipica dei cavalieri.

3 facciole: le due strisce bianche, antenate della moderna cravatta, che pendevano sul petto, sotto al collare; i grandi collari inamidati erano tipici della moda seicentesca.

4 macilento: con l'aria sofferente (per le grandi preoccupazioni che derivavano dal suo incarico).

5 aveva fatto terrore: la parola, ripetuta cinque volte in poche righe, assume valore tematico: gli antenati di don Rodrigo erano potenti, ma il loro potere si manifestava solo come capacità di incutere terrore.

6 con la prosopopea di Nathan: con atteggiamento da profeta; Nathan è un personaggio biblico, famoso per aver criticato il re David, rinfacciandogli i suoi peccati.

Gli antenati di don Rodrigo

Il conte duca de Olivares.
Olio su tela di Diego Velázquez.

La descrizione degli antenati di don Rodrigo è un passo giustamente famoso.
Nota innanzitutto che l'elenco comprende quattro ritratti, dedicati rispettivamente a un cavaliere, un magistrato, una matrona e un abate. È chiara l'intenzione dell'autore di attribuire a questi personaggi un valore emblematico, rappresentando diversi aspetti della stessa classe sociale, l'aristocrazia.
Manzoni ricorre spesso alle ripetizioni, per sottolineare le riflessioni di don Rodrigo di fronte a questi ritratti: "terrore de' nemici e de' suoi soldati... terrore de' litiganti e degli avvocati... terrore delle sue cameriere... terrore de' suoi monaci..."; e ancora: "tutto di ferro... tutto nero". La descrizione del cavaliere procede attraverso un crescendo di complementi introdotti da "con": "co' capelli... co' baffi... col mento... con le gambiere, co' cosciali, con la corazza, co' bracciali, co' guanti"; la descrizione del magistrato si basa su aggettivi indicanti grandezza: "una gran seggiola... un'ampia toga... due larghe facciole".
Senza dubbio, Manzoni in queste descrizioni si ispira ai ritratti del Seicento, che per gli aristocratici erano diventati una vera e propria mania; ma inserisce un elemento di ironia, che segnala il suo distacco e la sua critica.

Riflessioni e approfondimenti
- Individua almeno due momenti in cui emerge l'ironia dello scrittore.
- Che sentimenti suscita in don Rodrigo la vista di questi ritratti? Che sentimenti vuole suscitare invece Manzoni nei suoi lettori?

zioni, propose di raddoppiare la somma in gioco: per quanto fosse ancora turbato, nella sua mente incominciava a prender forma un piano...

La mattina seguente, don Rodrigo si destò don Rodrigo[7]. L'apprensione che quel *verrà un giorno*[8] gli aveva messa in corpo, era svanita del tutto, co' sogni della notte; e gli rimaneva la rabbia sola, esacerbata anche dalla vergogna di quella debolezza passeggiera.

Appena alzato, fece chiamare il Griso. "Cose grosse", disse tra sé il servitore a cui fu dato l'ordine; perché l'uomo che aveva quel soprannome[9], non era niente meno che il capo de' bravi, quello a cui s'imponevano[10] le imprese più rischiose e più inique, il fidatissimo del padrone, l'uomo tutto suo, per gratitudine e per interesse. Dopo aver ammazzato uno, di giorno, in piazza, era andato ad implorar la protezione di don Rodrigo; e questo, vestendolo della sua livrea, l'aveva messo al coperto da ogni ricerca della giustizia[11].

- Griso! - disse don Rodrigo: - in questa congiuntura, si vedrà quel che tu vali. Prima di domani, quella Lucia deve trovarsi in questo palazzo.

- Non si dirà mai che il Griso si sia ritirato da un comando dell'illustrissimo signor padrone.

Qui, il Griso a proporre, don Rodrigo a discutere, finché d'accordo ebbero concertata la maniera di condurre a fine l'impresa, senza che rimanesse traccia degli autori, la maniera anche di rivolgere, con falsi indizi, i sospetti altrove, d'impor silenzio alla povera Agnese, d'incutere a Renzo tale spavento, da fargli passare il dolore, e il pensiero di ricorrere alla giustizia, e anche la volontà

[7] si destò don Rodrigo: si risvegliò liberato dal turbamento in cui l'aveva gettato il colloquio col padre Cristoforo.

[8] *verrà un giorno*: le parole con cui fra Cristoforo aveva intonato la profezia, subito interrotto da don Rodrigo.

[9] quel soprannome: Griso significa "grigio" in dialetto lombardo.

[10] s'imponevano: si ordinavano, si affidavano.

[11] della giustizia: da parte delle forze dell'ordine (birri e giudici).

di lagnarsi[12]; e tutte l'altre bricconerie necessarie alla riuscita della bricconeria principale.

- Lasci fare a me, - disse finalmente il Griso, inchinandosi, con un atto d'ossequio e di millanteria[13]; e se n'andò. La mattina fu spesa in giri, per riconoscere[14] il paese. Quel falso pezzente che s'era inoltrato a quel modo nella povera casetta, non era altro che il Griso, il quale veniva per levarne a occhio la pianta[15]: i falsi viandanti eran suoi ribaldi, ai quali, per operare sotto i suoi ordini, bastava una cognizione più superficiale del luogo.

Altri preparativi

La preparazione del rapimento non passò tuttavia inosservata all'interno del palazzotto di don Rodrigo: quel vecchio servitore[16]*, che stava a occhi aperti e a orecchi tesi, s'accorse che si preparava qualcosa di grosso e a forza di osservare, fare mezze domande, interpretare fatti e parole, capì che cosa si stava macchinando*[17]*.*

Quando ebbe chiarita ogni cosa era però pomeriggio inoltrato. Ciò nonostante, il vecchio uscì e, come aveva promesso, si affrettò verso il convento di Pescarenico, per avvertire il padre Cristoforo. Anche i bravi uscirono: un gruppo, ai comandi del Griso, andò ad appostarsi in un casolare diroccato a poca distanza dal paese; tre uomini, invece, andarono all'osteria, per osservare più da vicino la situazione.

Mentre il vecchio servitore correva a Pescarenico e i bravi prendevano posto, Renzo arrivò a casa di Lucia e disse: - È tutto pronto. Vado all'osteria a cenare con Tonio e Gervaso. Quando suonerà l'ave maria[18]*, verremo a prendervi. Coraggio, Lucia!*

12 lagnarsi: lamentarsi.
13 millanteria: vanteria, orgoglio.
14 riconoscere: esplorare, studiare.
15 per levarne a occhio la pianta: per capire all'ingrosso com'era fatta, per capirne la struttura.
16 quel vecchio servitore: quello che proprio quel giorno aveva appuntamento al convento con fra Cristoforo.
17 si stava macchinando: si organizzava.
18 l'ave maria: detto anche "angelus", era il suono che invitava i fedeli alla preghiera al momento del tramonto.

Arrivando all'osteria, Renzo fu colpito dalla presenza dei tre bravi, gli unici altri avventori, che lo osservavano in maniera inquietante. Ma l'oste, a cui chiese chi erano quegli uomini, non seppe dirgli niente di utile. Finita la cena, i tre amici se ne andarono, mentre i tre bravi li osservavano con atteggiamento provocante. Tutti aspettavano che gli altri abitanti del paese se ne andassero a dormire, lasciando le vie deserte.

C'era in fatti quel brulichìo, quel ronzìo che si sente in un villaggio, sulla sera, e che, dopo pochi momenti, dà luogo alla quiete solenne della notte. Le donne venivan dal campo, portandosi in collo i bambini, e tenendo per la mano i ragazzi più grandini, ai quali facevan dire le divozioni[19] della sera; venivan gli uomini, con le vanghe, e con le zappe sulle spalle. All'aprirsi degli usci, si vedevan luccicare qua e là i fuochi accesi per le povere cene: si sentiva nella strada barattare[20] i saluti, e qualche parola, sulla scarsità della raccolta, e sulla miseria dell'annata; e più delle parole, si sentivano i tocchi misurati e sonori della campana[21], che annunziava il finir del giorno. Renzo continuò la sua strada nelle tenebre crescenti, dando sottovoce ora un ricordo[22], ora un altro, ora all'uno, ora all'altro fratello. Arrivarono alla casetta di Lucia, ch'era già notte.

L'impresa ha inizio

Al picchiare sommesso di Renzo, Lucia fu assalita da tanto terrore, che risolvette, in quel momento, di soffrire[23] ogni cosa, di star sempre divisa da lui, piuttosto ch'eseguire quella risoluzione; ma quando si fu fatto vedere, ed ebbe detto: - son qui, andiamo -; quando tutti si mostraron pronti ad avviarsi, senza esitazione,

[19] le divozioni: le preghiere.
[20] barattare: scambiarsi.
[21] della campana: quella che battendo l'ave maria dà a Renzo il segnale che è tempo di tornare a casa di Lucia.
[22] un ricordo: un avvertimento.
[23] di soffrire: di sopportare.

Come si mangiava nel Seicento

Il Mangiafagioli di Annibale Carracci.

Manzoni mostra spesso i suoi personaggi a tavola, in casa o all'osteria. Ma che cosa si mangiava, in genere, nella Lombardia del Seicento?

Diciamo innanzitutto che la crisi economica, a partire dagli ultimi decenni del Cinquecento, provoca una netta riduzione del consumo di carne, soprattutto presso le classi più povere. Il consumo di carne diminuisce anche per ragioni religiose: dopo il Concilio di Trento, la Chiesa è più severa nel far rispettare i giorni di magro (circa uno su tre, nel corso dell'anno).

La riduzione del consumo di carne è controbilanciata da un grande aumento del consumo di pane e di altri cereali (si calcola che il consumo quotidiano di pane, all'epoca, si aggirasse intorno ai 700-900 grammi a testa). Nei primi anni del Seicento la situazione agricola ed economica peggiora ulteriormente e il pane di grano (più ricco di proteine) lascia il posto in molti casi al pane di farro o di segale (cereali meno ricchi dal punto di vista nutritivo), o a quello fatto con farina di castagne o di legumi.

La dieta dei contadini e dei cittadini più poveri, nel complesso, subisce quindi un peggioramento. I prodotti giunti dalle Americhe, come mais, patate, pomodori, cacao e caffè, sono ancora guardati con sospetto oppure vengono considerati raffinatezze a uso esclusivo delle classi benestanti; la loro diffusione si avrà solo nel corso del Settecento.

Naturalmente, invece, i nobili e i ricchi conservano le abitudini dell'epoca rinascimentale e godono di una dieta molto varia e ricca. I gusti subiscono però un notevole cambiamento anche presso queste classi sociali. Per esempio, fino alla metà del Cinquecento, i sapori aspri e quelli dolci si trovavano regolarmente mescolati, mentre dal Seicento in poi si tende (come oggi) a separarli in maniera piuttosto netta. Le spezie (pepe, cannella, zenzero ecc.) erano apprezzatissime fino alla metà del Cinquecento, a causa della loro rarità, ma con l'abbondanza dovuta alla conquista delle Americhe e all'apertura di nuove rotte commerciali con l'Oriente, questi prodotti persero gran parte del loro appeal e furono sostituiti da nuove prelibatezze come i funghi, i capperi, le erbe aromatiche, e soprattutto le salse a base di olio e di burro, che sono tipiche del Seicento.

Riflessioni e approfondimenti

- Sai indicare qualche altro prodotto alimentare giunto dalle Americhe, oltre a quelli che abbiamo già ricordato?
- Confronta la tua dieta con quella di un contadino del Seicento: qual è più varia? Perché?

come a cosa stabilita, irrevocabile; Lucia non ebbe tempo né forza di far difficoltà, e, come strascinata, prese tremando un braccio della madre, un braccio del promesso sposo, e si mosse.

Zitti zitti, nelle tenebre, a passo misurato, usciron dalla casetta, e preser la strada fuori del paese. La più corta sarebbe stata d'attraversarlo: che s'andava diritto alla casa di don Abbondio; ma scelsero quella, per non esser visti. Per viottole, tra gli orti e i campi, arrivaron vicino a quella casa, e lì si divisero. I due promessi rimaser nascosti dietro l'angolo di essa; Agnese con loro, ma un po' più innanzi, per accorrere in tempo a fermar Perpetua, e a impadronirsene; Tonio, con lo scempiato[24] di Gervaso, che non sapeva far nulla da sé, e senza il quale non si poteva far nulla, s'affacciaron bravamente[25] alla porta, e picchiarono.

- Chi è, a quest'ora? - gridò una voce dalla finestra, che s'aprì in quel momento: era la voce di Perpetua. - Ammalati non ce n'è, ch'io sappia. È forse accaduta qualche disgrazia[26]?

- Son io, - rispose Tonio, - con mio fratello, che abbiam bisogno di parlare al signor curato.

- È ora da cristiani questa? - disse bruscamente Perpetua. - Tornate domani.

- Sentite: tornerò o non tornerò: ho riscosso non so che danari, e venivo a saldar quel debituccio che sapete: ma se non si può, pazienza: questi, so come spenderli, e tornerò quando n'abbia messi insieme degli altri.

- No, no, aspettate un momento: torno con la risposta. Così dicendo, richiuse la finestra. A questo punto, Agnese si staccò dai promessi, e, detto sottovoce a Lucia: - coraggio; è un momento; è come farsi cavar un dente, - si riunì ai due fratelli, davanti all'uscio; e si mise a ciarlare[27] con Tonio, in maniera che Perpetua, venendo

[24] lo scempiato: quello sciocco.

[25] bravamente: coraggiosamente, ma anche: con faccia tosta.

[26] ammalati... disgrazia: Perpetua pensa che, a quell'ora di notte, sia qualcuno che chiama il prete per benedire un moribondo.

[27] ciarlare: chiacchierare del più e del meno.

ad aprire, dovesse credere che si fosse abbattuta[28] lì a caso, e che Tonio l'avesse trattenuta un momento.

A casa di don Abbondio

Don Abbondio stava leggendo un panegirico[29] in onore di san Carlo Borromeo, quando Perpetua entrò ad annunziare la visita di Tonio.

- A quest'ora? - disse anche don Abbondio, com'era naturale.

- Cosa vuole? Non hanno discrezione[30]: ma se non lo piglia al volo...

- Già: se non lo piglio ora, chi sa quando lo potrò pigliare! Fatelo venire... Ehi! ehi! siete poi ben sicura che sia proprio lui?

- Diavolo! - rispose Perpetua, e scese; aprì l'uscio, e disse: - dove siete? - Tonio si fece vedere; e, nello stesso tempo, venne avanti anche Agnese, e salutò Perpetua per nome.

- Buona sera, Agnese, - disse Perpetua: - di dove si viene, a quest'ora?

- Vengo da... - e nominò un paesetto vicino. - E se sapeste... - continuò: - mi son fermata di più, appunto in grazia vostra[31].

- Oh perché? - domandò Perpetua; e voltandosi a' due fratelli, - entrate, - disse, - che vengo anch'io.

- Perché, - rispose Agnese, - una donna di quelle che non sanno le cose, e voglion parlare... credereste? s'ostinava a dire che voi non vi siete maritata con Beppe Suolavecchia, né con Anselmo Lunghigna, perché non v'hanno voluta. Io sostenevo che siete stata voi che gli avete rifiutati, l'uno e l'altro...

- Sicuro. Oh la bugiarda! la bugiardona! Chi è costei?

- Non me lo domandate, che non mi piace metter male[32].

- Me lo direte, me l'avete a dire[33]: oh la bugiarda!

- Basta... ma non potete credere quanto mi sia dispiaciuto di non saper bene tutta la storia, per confonder colei.

[28] si fosse abbattuta: fosse capitata.
[29] panegirico: elogio, esaltazione.
[30] discrezione: buon senso, rispetto delle convenienze.
[31] in grazia vostra: per voi.
[32] metter male: provocare litigi, suscitare inimicizie.
[33] me l'avete a dire: me lo dovete dire.

- Guardate se si può inventare, a questo modo! - esclamò di nuovo Perpetua; e riprese subito: - in quanto a Beppe, tutti sanno, e hanno potuto vedere... Ehi, Tonio! accostate l'uscio, e salite pure, che vengo -. Tonio, di dentro, rispose di sì; e Perpetua continuò la sua narrazione appassionata.

In faccia all'uscio di don Abbondio, s'apriva, tra due casipole[34], una stradetta, che, finite quelle, voltava in un campo. Agnese vi s'avviò, come se volesse tirarsi alquanto in disparte, per parlar più liberamente; e Perpetua dietro. Quand'ebbero voltato, e furono in luogo, donde non si poteva più veder ciò che accadesse davanti alla casa di don Abbondio, Agnese tossì forte. Era il segnale: Renzo lo sentì, fece coraggio a Lucia, con una stretta di braccio; e tutt'e due, in punta di piedi, vennero avanti, rasentando il muro, zitti zitti; arrivarono all'uscio, lo spinsero adagino adagino; entraron nell'andito[35], dov'erano i due fratelli ad aspettarli. Renzo accostò di nuovo l'uscio pian piano; e tutt'e quattro su per le scale, non facendo rumore neppur per uno. Giunti sul pianerottolo, i due fratelli s'avvicinarono all'uscio della stanza, ch'era di fianco alla scala; gli sposi si strinsero al muro.

- *Deo gratias*[36], - disse Tonio, a voce chiara.

- Tonio, eh? Entrate, - rispose la voce di dentro.

Il matrimonio a sorpresa

Don Abbondio stava sur una vecchia seggiola, ravvolto in una vecchia zimarra[37], con in capo

Osservazioni

una vecchia seggiola

Don Abbondio presta denaro ai contadini del suo paese in cambio di un pegno (nel caso di Tonio, la collana della moglie); questa attività non fa di lui un usuraio, perché a quanto pare il parroco non chiede un interesse; ma la sua avarizia traspare da altri dettagli: tutto, intorno a lui, è vecchio; il lume della lucerna è scarso; il parroco teme che Tonio possa cambiare idea e ritardare il saldo del debito...

[34] casipole: casette.
[35] andito: corridoio d'ingresso.
[36] *Deo gratias*: in latino, grazie a Dio; era una formula di saluto comune quando ci si rivolgeva a un religioso come don Abbondio.
[37] zimarra: vestaglia.

Lessico e grammatica

prese una risoluzione
Le frasi che costituiscono questo periodo sono collegate per asindeto: esse sono cioè affiancate l'una all'altra, separate dalla virgola, e non legate da una congiunzione (come potrebbe essere "e"). L'asindeto dà alla frase una grande rapidità e crea un effetto incalzante: Manzoni lo usa in questo caso per rappresentare la velocità con cui don Abbondio reagisce alla situazione.

Don Abbondio vide confusamente, poi vide chiaro, si spaventò, si stupì, s'infuriò, pensò, prese una risoluzione: tutto questo nel tempo che Renzo mise a proferire le parole: - signor curato, in presenza di questi testimoni, quest'è mia moglie -. Le sue labbra non erano ancora tornate al posto, che don Abbondio, lasciando cader la carta, aveva già afferrata e alzata, con la mancina, la lucerna, ghermito, con la diritta, il tappeto del tavolino[53], e tiratolo a sé, con furia, buttando in terra libro, carta, calamaio e polverino[54]. Lucia, con quella sua voce soave, e allora tutta tremante, aveva appena potuto proferire: - e questo... - che don Abbondio le aveva buttato sgarbatamente il tappeto sulla testa e sul viso, per impedirle di pronunziare intera la formola. E subito, lasciata cader la lucerna che teneva nell'altra mano, s'aiutò anche con quella a imbacuccarla col tappeto, che quasi la soffogava; e intanto gridava quanto n'aveva in canna[55]: - Perpetua! Perpetua! tradimento! aiuto! - Lasciò la poveretta, e andò cercando a tastoni l'uscio che metteva a una stanza più interna; lo trovò, entrò in quella, si chiuse dentro, gridando tuttavia[56]: - Perpetua! tradimento! aiuto! fuori di questa casa! fuori di questa casa! -

Nell'altra stanza, tutto era confusione: Renzo, cercando di fermare il curato, e remando con le mani, come se facesse a mosca cieca, era arrivato all'uscio, e picchiava, gridando: - apra, apra; non faccia schiamazzo -. Lucia chiamava Renzo, con voce fioca, e diceva, pregando: - andiamo, andiamo, per l'amor di Dio -. Tonio,

[53] il tappeto del tavolino: la pesante tovaglia che si trovava sul tavolino.
[54] polverino: la polvere che veniva sparsa sul foglio, finito di scrivere, per asciugare l'inchiostro.
[55] quanto n'aveva in canna: con tutto il fiato che aveva in gola.
[56] gridando tuttavia: continuando a gridare.

carpone[57], andava spazzando con le mani il pavimento, per veder di raccapezzare[58] la sua ricevuta. Gervaso, spiritato[59], gridava e saltellava, cercando l'uscio di scala, per uscire a salvamento.

Campane a martello

Le grida di don Abbondio risvegliarono il sagrestano Ambrogio, che dormiva in una baracca attaccata alla chiesa, proprio dalla parte rivolta verso la casa parrocchiale. Ambrogio, ancora mezzo assonnato, pensò che non era prudente andarsi a mettere in chissà quale tafferuglio e si attaccò invece alla corda della campana più grossa, suonando a martello.

Ton, ton, ton, ton: i contadini balzano a sedere sul letto; i giovinetti sdraiati sul fenile[60], tendon l'orecchio, si rizzano. - Cos'è? Cos'è? Campana a martello! fuoco? ladri? banditi? - Molte donne consigliano, pregano i mariti, di non moversi, di lasciar correre gli altri: alcuni s'alzano, e vanno alla finestra: i poltroni, come se si arrendessero alle preghiere, ritornan sotto[61]: i più curiosi e più bravi[62] scendono a prender le forche e gli schioppi, per correre al rumore: altri stanno a vedere.

Ma, prima che quelli fossero all'ordine[63], prima anzi che fosser ben desti, il rumore era giunto agli orecchi d'altre persone che vegliavano, non lontano, ritte e vestite: i bravi in un luogo, Agnese e Perpetua in un altro.

I bravi, riunitisi sotto la guida del Griso, erano arrivati alla casa di Lucia. Due uomini erano entrati nel cortiletto, scavalcando il muro di cinta, e avevano sconficcato il paletto per far entrare

57 carpone: carponi, in ginocchio.
58 raccapezzare: ritrovare; don Abbondio, infatti, ha lasciato cadere il pezzo di carta su cui aveva scritto.
59 spiritato: agitatissimo, come indemoniato.
60 i giovinetti sdraiati sul fenile: i garzoni, i braccianti che lavoravano lontano da casa e quindi dormivano nei fienili.
61 ritornan sotto: si rimettono a letto.
62 più bravi: più coraggiosi.
63 all'ordine: pronti all'azione.

gli altri. Mentre due sentinelle restavano di guardia alla porta, il Griso in persona era penetrato nella casa, sconficcando un secondo paletto.

Lessico e grammatica

Avanti dunque

In questa sequenza, l'autore ci spinge spesso a identificarci con il punto di vista del Griso, riportando direttamente sulla pagina i suoi pensieri, senza le tradizionali virgolette e senza introdurli con verbi come "pensò", "si disse" ecc. Osserva per esempio, oltre alle parole evidenziate, espressioni come "que' mascalzoni", "qui giace la lepre", che sicuramente non appartengono a Manzoni, ma al personaggio.

Nessuno di dentro dice: chi va là?; nessuno si fa sentire: meglio non può andare. Avanti dunque. Cava fuori esca, pietra, acciarino e zolfanelli, accende un suo lanternino, entra nell'altra stanza più interna, per accertarsi che nessun ci sia: non c'è nessuno. Torna indietro, va all'uscio di scala, guarda, porge l'orecchio: solitudine e silenzio. Lascia due altre sentinelle a terreno, si fa venir dietro il Grignapoco, ch'era un bravo del contado di Bergamo, il quale solo doveva minacciare, acchetare[64], comandare, essere in somma il dicitore[65], affinché il suo linguaggio potesse far credere ad Agnese che la spedizione veniva da quella parte. Con costui al fianco, e gli altri dietro, il Griso sale adagio adagio, bestemmiando in cuor suo ogni scalino che scricchiolasse, ogni passo di que' mascalzoni che facesse rumore. Finalmente è in cima. Qui giace la lepre[66]. Spinge mollemente l'uscio che mette alla prima stanza; l'uscio cede, si fa spiraglio: vi mette l'occhio; è buio: vi mette l'orecchio, per sentire se qualcheduno russa, fiata, brulica[67] là dentro; niente. Dunque avanti: si mette la lanterna davanti al viso, per vedere, senza esser veduto, spalanca l'uscio, vede un letto; addosso: il letto è fatto e spianato, con la rimboccatura arrovesciata, e composta sul capezzale[68]. Si stringe nelle spalle,

[64] acchetare: zittire, imporre silenzio.
[65] il dicitore: quello che parlava.
[66] la lepre: la preda (cioè Lucia).
[67] brulica: si muove.
[68] sul capezzale: sul cuscino.

si volta alla compagnia, accenna loro che va a vedere nell'altra stanza, e che gli vengan dietro pian piano; entra, fa le stesse cerimonie, trova la stessa cosa. - Che diavolo è questo? - dice allora: - che qualche cane traditore abbia fatto la spia? - Si metton tutti, con men cautela, a guardare, a tastare per ogni canto[69], buttan sottosopra la casa.

Mentre costoro sono in tali faccende, i due che fan la guardia all'uscio di strada, sentono un calpestìo di passini frettolosi, che s'avvicinano in fretta; s'immaginano che, chiunque sia, passerà diritto; stan quieti, e, a buon conto, si mettono all'erta. In fatti, il calpestìo si ferma appunto all'uscio. Era Menico che veniva di corsa, mandato dal padre Cristoforo ad avvisar le due donne che, per l'amor del cielo, scappassero subito di casa, e si rifugiassero al convento, perché... il perché lo sapete. Prende la maniglia del paletto, per picchiare, e se lo sente tentennare in mano, schiodato e sconficcato. "Che è questo?" pensa; e spinge l'uscio con paura: quello s'apre. Menico mette il piede dentro, in gran sospetto, e si sente a un punto acchiappar per le braccia, e due voci sommesse, a destra e a sinistra, che dicono, in tono minaccioso: - zitto! o sei morto -. Lui in vece caccia un urlo: uno di que' malandrini gli mette una mano alla bocca; l'altro tira fuori un coltellaccio, per fargli paura. Il garzoncello[70] trema come una foglia, e non tenta neppur di gridare; ma, tutt'a un tratto, in vece di lui, e con ben altro tono, si fa sentir quel primo tocco di campana così fatto, e dietro una tempesta di rintocchi in fila.

Al suono della campana, i bravi fuggirono in preda al panico, lasciando andare Menico, che corse verso la chiesa. Davanti alla casa di don Abbondio incontrò Agnese e Perpetua, che tornavano di gran carriera. Sulla soglia comparvero Tonio, Gervaso, Renzo e Lucia, che correvano anche loro a mettersi in salvo.

[69] per ogni canto: per tutti gli angoli.

[70] garzoncello: ragazzino.

Perpetua, stupefatta, capì che doveva aiutare innanzitutto il suo padrone e si precipitò su per le scale. Renzo, Lucia e Agnese stavano per scappare verso casa, prima che arrivasse gente, ma Menico li fermò e disse: - Dove andate? C'è il diavolo, in casa vostra! Per di qua! Al convento, bisogna scappare!

E si avviò per i campi, seguito dai tre adulti spaventati quanto lui.

Al convento di Pescarenico

Osservazioni

il pericolo era cessato

Il fallimento del matrimonio a sorpresa offre a Manzoni lo spunto per una celebre e amara riflessione: Renzo sembra il prepotente, in questa scena, e in realtà è la vittima di un sopruso; don Abbondio sembra una vittima, e in realtà è complice della prepotenza. Così va il mondo, commenta l'autore, anzi, si corregge ironicamente, così andava nel Seicento.

Mentre la folla dei paesani arrivava in piazza e don Abbondio, ormai rassicurato, li rimandava a casa con molti ringraziamenti, spiegando che ormai il pericolo era cessato, i nostri fuggiaschi correvano in preda al batticuore, inseguiti ancora dai rintocchi della campana, verso Pescarenico. Quando rallentarono il passo, Agnese chiese spiegazioni: Renzo raccontò com'era fallito il tentativo di sorprendere don Abbondio, Menico disse ciò che aveva ordinato di fare il padre Cristoforo e fu rimandato a casa, con un premio, molte carezze e molte raccomandazioni di non raccontare nulla a nessuno.

Gli altri tre continuarono in silenzio la loro strada e finalmente sbucarono davanti al convento dei cappuccini. Il padre Cristoforo li aspettava e, all'incerto chiarore della lampada che ardeva davanti all'altare, si mise a spiegare ciò che aveva fatto accennare da Menico: naturalmente supponeva che Menico li avesse trovati tranquilli in casa, prima che arrivassero i malandrini - e nessuno lo disingannò, nemmeno Lucia, la quale però sentiva un segreto rimorso; ma quella era la notte degli imbrogli e dei sotterfugi.

- Vedete bene, figliuoli, - disse a questo punto il frate - che questo paese non è più sicuro per voi. Io ho pensato a trovarvi un rifugio, per questi primi momenti. Voi - e si rivolse alle due donne - potrete andare a Monza: cercate il convento dei cappuccini e consegnate questa lettera al padre guardiano, che vi aiuterà. Tu, Renzo, porta questa lettera al padre Bonaventura, a Milano. E adesso andiamo a pregare.

Renzo e Agnese consegnarono al padre Cristoforo le chiavi delle loro case. Poi, seguendo le sue indicazioni, arrivarono sulla riva del lago, dove li aspettava un barcaiolo, pronto a traghettarli sull'altra riva.

L'addio ai monti

Il barcaiolo, puntando un remo alla proda[71], se ne staccò; afferrato poi l'altro remo, e vogando a due braccia, prese il largo, verso la spiaggia opposta. Non tirava un alito di vento; il lago giaceva liscio e piano, e sarebbe parso immobile, se non fosse stato il tremolare e l'ondeggiar leggiero della luna, che vi si specchiava da mezzo il cielo. I passeggieri silenziosi, con la testa voltata indietro, guardavano i monti, e il paese[72] rischiarato dalla luna, e variato[73] qua e là di grand'ombre. Si distinguevano i villaggi, le case, le capanne: il palazzotto di don Rodrigo, con la sua torre piatta, elevato sopra le casucce ammucchiate alla falda del promontorio, pareva un feroce che, ritto nelle tenebre, in mezzo a una compagnia d'addormentati, vegliasse, meditando un delitto. Lucia lo vide, e rabbrividì; scese con l'occhio giù giù per la china, fino al suo paesello, guardò fisso all'estremità, scoprì la sua casetta, scoprì la chioma folta del fico che sopravanzava il muro del cortile, scoprì la finestra della sua camera; e, seduta, com'era, nel fondo della barca, posò il braccio sulla sponda, posò sul braccio la fronte, come per dormire, e pianse segretamente.

[71] alla proda: contro la riva.
[72] il paese: il paesaggio.
[73] variato: segnato.

Osservazioni

Addio, monti sorgenti dall'acque

Queste parole costituiscono un endecasillabo, il verso più importante della tradizione lirica italiana; "ed elevati al cielo", che conclude la frase, è un perfetto settenario. Manzoni sottolinea così, con un artificio tecnico (il verso "nascosto" nella prosa, che le conferisce una musicalità particolare) l'intensità del momento: l'addio al paese natale segna infatti, per i personaggi, il passaggio dalla giovinezza alla maturità.

Addio, monti sorgenti dall'acque[74], ed elevati al cielo; cime inuguali, note a chi è cresciuto tra voi, e impresse nella sua mente, non meno che lo sia l'aspetto de' suoi più familiari[75]; torrenti, de' quali distingue lo scroscio, come il suono delle voci domestiche; ville[76] sparse e biancheggianti sul pendìo, come branchi di pecore pascenti[77]; addio! Quanto è tristo il passo di chi, cresciuto tra voi, se ne allontana! Addio, casa natìa, dove, sedendo, con un pensiero occulto[78], s'imparò a distinguere dal rumore de' passi comuni il rumore d'un passo aspettato[79] con un misterioso timore. Addio, casa ancora straniera[80], casa sogguardata tante volte alla sfuggita, passando, e non senza rossore; nella quale la mente si figurava un soggiorno tranquillo e perpetuo di sposa. Addio, chiesa, dove l'animo tornò tante volte sereno, cantando le lodi del Signore; dov'era promesso, preparato un rito[81]; dove il sospiro segreto del cuore[82] doveva essere solennemente benedetto, e l'amore venir comandato, e chiamarsi santo; addio! Chi dava a voi tanta giocondità è per tutto[83]; e non turba mai la gioia de' suoi figli, se non per prepararne loro una più certa e più grande.

Di tal genere, se non tali appunto, erano i pensieri di Lucia, e poco diversi i pensieri degli altri due pellegrini, mentre la barca gli andava avvicinando alla riva destra dell'Adda.

74 sorgenti dall'acque: che sembrano sbucare direttamente dalle acque del lago.
75 de' suoi più familiari: delle persone che conosce meglio.
76 ville: villaggi.
77 pascenti: al pascolo.
78 occulto: nascosto; è il pensiero dell'amore per Renzo.
79 un passo aspettato: quello di Renzo.
80 casa ancora straniera: quella di Renzo.
81 un rito: il matrimonio.
82 il sospiro segreto del cuore: l'amore.
83 Chi... è per tutto: Dio, che rendeva tutte queste cose fonte di felicità, è dappertutto.

IL CAPITOLO IN SINTESI

- il tempo: 10 novembre 1628
- i luoghi: casa di Lucia, palazzotto di don Rodrigo, osteria di Olate, casa di don Abbondio, convento di Pescarenico
- i personaggi: fra Cristoforo, Renzo, Lucia, Agnese, Menico, don Rodrigo, Attilio, il Griso e altri bravi, il vecchio servitore di don Rodrigo, Tonio e Gervaso, l'oste del paese, don Abbondio, Perpetua
- le sequenze principali:

1 **vari preparativi**: Agnese manda il piccolo Menico al convento dei cappuccini per ricevere notizie da fra Cristoforo; intanto strani pellegrini e vagabondi passano davanti alla casa di Lucia, evidentemente per spiarla;

2 **il piano di don Rodrigo**: don Rodrigo, infatti, quella mattina stessa aveva chiamato il fedele capo dei suoi bravi, il Griso, e l'aveva incaricato di rapire Lucia; il mendicante e i pellegrini volevano quindi studiare la pianta della casa in vista del "colpo" da fare quella notte;

3 **altri preparativi**: il vecchio servitore di don Rodrigo, che ha capito quello che si prepara, corre ad avvertire fra Cristoforo; intanto, Renzo porta Tonio e Gervaso a cenare all'osteria, dove si trovano anche tre bravi incaricati di tener d'occhio la situazione;

4 **l'impresa ha inizio**: al calare delle tenebre, mentre il paese si addormenta, i bravi si riuniscono intorno al Griso, Renzo con i testimoni raggiunge Lucia e Agnese e tutti insieme si avviano verso la casa di don Abbondio;

5 **a casa di don Abbondio**: Don Abbondio sta leggendo tranquillamente quando Perpetua gli annuncia l'arrivo di Tonio e Gervaso; il curato li accoglie mentre Perpetua si lascia distrarre da Agnese e lascia campo libero a Renzo e Lucia;

6 **il matrimonio a sorpresa**: grazie a Tonio e Gervaso, Renzo e Lucia entrano nella stanza di don Abbondio; Renzo pronuncia la formula, ma al momento buono Lucia esita e don Abbondio riesce a bloccarla, a fuggire e a chiamare aiuto;

7 **campane a martello**: le grida di don Abbondio svegliano il sagrestano, che suona le campane; i bravi di don Rodrigo, che sono penetrati nella casa di Lucia, si spaventano e fuggono, lasciando scappare Menico, appena tornato da Pescarenico, dove fra Cristoforo ha saputo che i bravi tenteranno di rapire Lucia; anche Perpetua torna di corsa alla casa di don Abbondio, mentre Agnese, Renzo e Lucia sono raggiunti da Menico;

8 **al convento di Pescarenico**: i due promessi, con Agnese e Menico, corrono a Pescarenico, dove fra Cristoforo li aspetta, senza sapere del loro tentativo di matrimonio a sorpresa, pensando che siano fuggiti dai bravi di don Rodrigo;

9 **l'addio ai monti**: seguendo le istruzioni del frate, i due promessi e Agnese si allontanano da Lecco, attraversando il lago su una barca a remi in piena notte; essi sono colmi di angoscia per il futuro che li attende, ma anche di fiducia in Dio.

ATTIVITÀ

Hai capito bene?

Scegli fra le risposte fornite quella corretta.

1 Quand'è che don Rodrigo incarica il Griso di rapire Lucia?
- ☐ Subito dopo il colloquio con fra Cristoforo
- ☐ La mattina dopo il colloquio con fra Cristoforo
- ☐ Prima del colloquio con fra Cristoforo
- ☐ Mentre i due fidanzati tentano il matrimonio a sorpresa

2 Dove si trova fra Cristoforo la mattina del giorno 10 novembre?
- ☐ Nel suo convento, in attesa del vecchio servitore di don Rodrigo
- ☐ Nel suo convento, in attesa di Renzo e Lucia
- ☐ Nel palazzotto di don Rodrigo, per parlare con don Rodrigo stesso
- ☐ Nel palazzotto di don Rodrigo, per parlare con il vecchio servitore

3 Perché Menico viene mandato da Agnese a Pescarenico?
- ☐ Per spiare il colloquio tra il padre Cristoforo e il vecchio servitore
- ☐ Perché fra Cristoforo ha chiesto di mandare qualcuno
- ☐ Per allontanarlo dai bravi, che potrebbero fargli del male
- ☐ Per non fargli sapere che Renzo e Lucia tentano di sposarsi a sorpresa

Il gioco dei perché

Rispondi alle domande seguenti usando le parole indicate fra parentesi.

4 Perché don Rodrigo decide di far rapire Lucia?
(scommessa, cugino, fra Cristoforo)

5 Perché Tonio accetta di fare da testimone a Renzo e Lucia?
(debito, don Abbondio, Renzo, berlinghe)

6 Perché don Abbondio getta il tappeto del tavolino sulla testa di Lucia?
(formula, matrimonio, esitazione, paura)

Riflettiamo insieme

Esponi la tua opinione facendo riferimento al testo letto.

7 In questo capitolo il personaggio di don Rodrigo viene approfondito psicologicamente.
- Che cosa capiamo del suo carattere nella scena in cui passeggia accanto ai ritratti dei suoi antenati?
- Nel complesso, don Rodrigo ha un carattere forte o debole? Da che cosa lo capisci?

8 Il matrimonio a sorpresa fallisce per due ragioni diverse: per la prontezza con cui don Abbondio reagisce quando si vede di fronte i due fidanzati e per la goffaggine di Lucia, che stenta a pronunciare la formula.
- Qual è il sentimento che rende don Abbondio rapido ed efficace, nella sua reazione?
- Come si spiega l'esitazione di Lucia?

9 Nella parte finale del capitolo, la fuga dal paese segna una svolta fondamentale e drammatica nella vita dei personaggi. Lucia affronta questa prova con dolore, ma anche con speranza.
- Perché Lucia piange, manifestando così il proprio dolore?
- Perché il dolore di Lucia non è disperato?

Lettori detective... della lingua

10 Rileggi attentamente le seguenti parole e individua la similitudine che vi si trova, poi completa lo schema sottostante:

Due folte ciocche di capelli, che gli scappavano fuor della papalina, due folti sopraccigli, due folti baffi, un folto pizzo, tutti canuti, e sparsi su quella faccia bruna e rugosa, potevano assomigliarsi a cespugli coperti di neve, sporgenti da un dirupo, al chiaro di luna.

Primo termine del paragone	Secondo termine del paragone

Siamo tutti scrittori?

Scrivi un testo di 12-15 righe (o 500 caratteri).

11 La giornata di Renzo
Ricostruisci la giornata di Renzo (il 10 novembre), ricercando nel testo le varie azioni che compie questo personaggio. Poi raccontala per iscritto.

12 La giornata del Griso
Fai lo stesso lavoro dell'es. 11 per quanto riguarda il personaggio del Griso.

Capitolo 4

La monaca di Monza

La monaca di Monza. Dipinto di Giuseppe Molteni, 1847.

Lucia e Agnese arrivano al convento

Renzo, Lucia e Agnese arrivarono a Monza senza incidenti poco prima dell'alba; e, seguendo il consiglio del padre Cristoforo, si separarono subito, non senza dolore e lacrime: Renzo proseguì il viaggio verso Milano, mentre le due donne vennero accompagnate al convento dei cappuccini.

Il padre guardiano[1] *lesse la lettera di fra Cristoforo e, dopo aver riflettuto brevemente, disse: - Non c'è che la signora - e condusse Lucia e Agnese al convento delle monache.*

La signora era infatti una suora di clausura: non era la badessa, anzi era una delle monache più giovani, ma era detta la signora perché proveniva da una famiglia aristocratica, antica e potentissima. Il padre, che viveva a Milano, era un principe e a Monza era la persona più importante che vi fosse. Di riflesso, anche sua figlia era quindi potente e, se avesse accettato di aiutare Lucia, questa poteva considerarsi del tutto al sicuro.

Il padre guardiano, arrivato al convento delle monache, che sorgeva appena fuori del paese, lasciò le due donne in una stanza all'ingresso e andò a parlare da solo con la signora. Tornò poco dopo, tutto soddisfatto, e fece venire avanti Lucia e Agnese: la signora aveva accettato di ospitarle.

Lucia, che non aveva mai visto un monastero, quando fu nel parlatorio[2], guardò in giro dove fosse la signora a cui fare il suo inchino, e, non iscorgendo persona, stava come incantata; quando, visto il padre e Agnese andar verso un angolo, guardò da quella parte, e vide una finestra d'una forma singolare, con due grosse e fitte grate di ferro, distanti l'una dall'altra un palmo; e dietro quelle una monaca ritta[3].

Il suo aspetto, che poteva dimostrar venticinque anni, faceva

[1] padre guardiano: il capo del convento.
[2] parlatorio: la stanza in cui le monache potevano parlare con le persone estranee al convento.
[3] ritta: in piedi.

a prima vista un'impressione di bellezza, ma d'una bellezza sbattuta, sfiorita e, direi quasi, scomposta[4]. Un velo nero, sospeso e stirato orizzontalmente sulla testa, cadeva dalle due parti, discosto alquanto dal viso; sotto il velo, una bianchissima benda di lino cingeva, fino al mezzo, una fronte di diversa, ma non d'inferiore bianchezza; un'altra benda a pieghe circondava il viso, e terminava sotto il mento in un soggolo[5], che si stendeva alquanto sul petto, a coprire lo scollo d'un nero saio[6]. Ma quella fronte si raggrinzava spesso, come per una contrazione dolorosa; e allora due sopraccigli neri si ravvicinavano, con un rapido movimento. Due occhi, neri neri anch'essi, si fissavano talora in viso alle persone, con un'investigazione superba[7]; talora si chinavano in fretta, come per cercare un nascondiglio; in certi momenti, un attento osservatore avrebbe argomentato[8] che chiedessero affetto, corrispondenza, pietà; altre volte avrebbe creduto coglierci la rivelazione istantanea d'un odio inveterato e compresso[9]. La grandezza ben formata della persona scompariva in un certo abbandono[10] del portamento, o compariva sfigurata in certe mosse repentine, irregolari e troppo risolute per una donna, non che per una monaca. Nel vestire stesso c'era qua e là qualcosa di studiato o di negletto[11], che annunziava una monaca singolare: la vita era attillata con una certa cura secolaresca[12], e dalla benda usciva sur una tempia una ciocchettina di neri capelli; cosa che dimostrava o dimenticanza o disprezzo della regola che prescriveva di tenerli sempre corti, da quando erano stati tagliati, nella cerimonia solenne del vestimento[13].

[4] scomposta: disordinata, disarmonica.
[5] soggolo: sottogola.
[6] saio: l'abito tipico dei monaci e dei frati.
[7] con un'investigazione superba: uno sguardo indagatore, curioso, e nello stesso tempo superbo, altero.
[8] argomentato: pensato, desunto dai loro movimenti e dal loro aspetto.
[9] inveterato e compresso: antico, covato per molto tempo, e represso, tenuto nascosto a forza.
[10] abbandono: rilassatezza, mollezza.
[11] di studiato o di negletto: di troppo curato o al contrario di trasandato, di sciatto.
[12] secolaresca: propria del secolo, cioè della vita non religiosa.
[13] del vestimento: della vestizione.

Era essa, in quel momento, come abbiam detto, ritta vicino alla grata, con una mano appoggiata languidamente a quella, e le bianchissime dita intrecciate ne' vòti[14]; e guardava fisso Lucia, che veniva avanti esitando.

- Questa giovine, signora illustrissima, mi vien raccomandata, come le ho detto, da un mio confratello - disse il padre guardiano. - Essa ha dovuto partir di nascosto dal suo paese, per sottrarsi a de' gravi pericoli; e ha bisogno, per qualche tempo, d'un asilo nel quale possa vivere sconosciuta, e dove nessuno ardisca[15] venire a disturbarla, quand'anche...

- Quali pericoli? - interruppe la signora. - Di grazia[16], padre guardiano, non mi dica la cosa così in enimma[17]. Lei sa che noi altre monache, ci piace di sentir le storie per minuto[18].

- Sono pericoli, - rispose il guardiano, - che all'orecchie purissime della reverenda madre devon essere appena leggermente accennati... Basterà dire che un cavalier prepotente... non tutti i grandi del mondo si servono dei doni di Dio[19], a gloria sua, e in vantaggio del prossimo, come vossignoria illustrissima: un cavalier prepotente, dopo aver perseguitata qualche tempo questa creatura con indegne lusinghe[20], vedendo ch'erano inutili, ebbe cuore di perseguitarla apertamente con la forza, di modo che la poveretta è stata ridotta a fuggir da casa sua.

- Accostatevi, quella giovine, - disse la signora a Lucia, facendole cenno col dito. - So che il padre guardiano è la bocca della verità; ma

Lessico e grammatica

noi altre monache, ci piace

La frase è un esempio di anacoluto, cioè un errore grammaticale: il soggetto "noi altre monache" non è seguito dal verbo, perché la frase cambia improvvisamente struttura, e resta in sospeso; la forma corretta sarebbe "a noi altre monache piace" ecc.: ma l'autore usa volutamente un modo di esprimersi tipico della lingua parlata, per riprodurne la vivacità.

14 ne' vòti: negli spazi vuoti della grata.
15 ardisca: osi.
16 Di grazia: per favore, la prego.
17 in enimma: in modo enigmatico, misterioso.
18 per minuto: nei particolari, con tutti i dettagli.
19 doni di Dio: ricchezze e potere, ciò insomma che rende "grandi" nel mondo.
20 indegne lusinghe: proposte disoneste.

nessuno può esser meglio informato di voi, in quest'affare. Tocca a voi a dirci se questo cavaliere era un persecutore odioso -. In quanto all'accostarsi, Lucia ubbidì subito; ma rispondere era un'altra faccenda[21]. Agnese, come quella che, dopo di lei, era certamente la meglio informata, si credé autorizzata a venirle in aiuto. - Illustrissima signora, - disse, - io posso far testimonianza che questa mia figlia aveva in odio quel cavaliere, come il diavolo l'acqua santa: voglio dire, il diavolo era lui; ma mi perdonerà se parlo male, perché noi siam gente alla buona. Il fatto sta che questa povera ragazza era promessa a un giovine nostro pari[22], timorato di Dio, e ben avviato[23]; e se il signor curato fosse stato un po' più un uomo di quelli che m'intendo io... so che parlo d'un religioso, ma il padre Cristoforo, amico qui del padre guardiano, è religioso al par di lui, e quello è un uomo pieno di carità, e, se fosse qui, potrebbe attestare[24]...

- Siete ben pronta a parlare senz'essere interrogata, - interruppe la signora, con un atto altero e iracondo, che la fece quasi parer brutta. - State zitta voi: già lo so che i parenti[25] hanno sempre una risposta da dare in nome de' loro figliuoli!

Agnese mortificata diede a Lucia una occhiata che voleva dire: vedi quel che mi tocca, per esser tu tanto impicciata. Anche il guardiano accennava alla giovine, dandole d'occhio e tentennando il capo, che quello era il momento di sgranchirsi[26], e di non lasciare in secco la povera mamma.

Lessico e grammatica

potrebbe attestare

Il discorso di Agnese è molto confuso, quale può essere quello di una persona incolta - e anche molto emozionata!: la povera donna usa similitudini a sproposito ("il diavolo e l'acqua santa"), allusioni lasciate in sospeso ("di quelli che m'intendo io..."), parentesi su argomenti non essenziali ("so che parlo d'un religioso, ma..."); il risultato è che il suo discorso risulta del tutto incomprensibile per la monaca di Monza.

21 un'altra faccenda: cosa più dfficile, a causa della timidezza.

22 nostro pari: della stessa condizione sociale.

23 ben avviato: in possesso di una professione, di un mestiere.

24 attestare: confermare.

25 i parenti: i genitori.

26 sgranchirsi: sciogliersi, farsi coraggio, darsi una mossa.

- Reverenda signora, - disse Lucia, - quanto le ha detto mia madre è la pura verità. Il giovine che mi discorreva[27], - e qui diventò rossa rossa, - lo prendevo io di mia volontà. Mi scusi se parlo da sfacciata, ma è per non lasciar pensar male di mia madre. E in quanto a quel signore (Dio gli perdoni!) vorrei piuttosto morire, che cader nelle sue mani. E se lei fa questa carità di metterci al sicuro, sia certa, signora, che nessuno potrà pregare per lei più di cuore che noi povere donne.

- A voi credo, - disse la signora con voce raddolcita. - Ma avrò piacere di sentirvi da solo a solo.

Lucia e Agnese rimasero dunque al convento. La signora chiamava spesso Lucia nel parlatorio e i suoi discorsi assunsero a poco a poco un carattere sempre più strano e inquietante. Per capire la ragione di questa stranezza, bisogna conoscere la sua storia.

Infanzia di Gertrude

La signora si chiamava Gertrude ed era l'ultima figlia di un principe, uno dei nobili più ricchi di Milano. Ma l'alta opinione che aveva del suo titolo faceva sì che il suo patrimonio gli sembrasse appena sufficiente, se non addirittura scarso. E perciò aveva costretto tutti i figli, tranne il primogenito, a farsi frati o monache, per non dover dividere l'eredità in futuro. Quando la piccola Gertrude nacque, il suo destino sembrava già segnato.

Bambole vestite da monaca furono i primi balocchi che le si diedero in mano; poi santini[28] che rappresentavan monache; e que' regali eran sempre accompagnati con gran raccomandazioni di tenerli ben di conto, come cosa preziosa, e con quell'interrogare affermativo[29]: - bello eh? - Quando il principe, o la principessa

[27] che mi discorreva: con cui ero fidanzata, che mi faceva la corte.

[28] santini: immaginette sacre.

[29] interrogare affermativo: domanda che non ammette una risposta negativa.

o il principino[30], che solo de' maschi veniva allevato in casa, volevano lodar l'aspetto prosperoso[31] della fanciullina, pareva che non trovasser modo d'esprimer bene la loro idea, se non con le parole: - che madre badessa! - Nessuno però le disse mai direttamente: tu devi farti monaca. Era un'idea sottintesa. Se qualche volta la Gertrudina trascorreva[32] a qualche atto un po' arrogante e imperioso, al che la sua indole la portava molto facilmente, - tu sei una ragazzina, - le si diceva: - queste maniere non ti convengono: quando sarai madre badessa, allora comanderai a bacchetta, farai alto e basso -.

Tutte le parole di questo genere stampavano nel cervello della fanciullina l'idea che già lei doveva esser monaca; ma quelle che venivan dalla bocca del padre, facevan più effetto di tutte l'altre insieme. Il contegno del principe era abitualmente quello d'un padrone austero; ma quando si trattava dello stato[33] futuro de' suoi figli, dal suo volto e da ogni sua parola traspariva un'immobilità di risoluzione, una ombrosa gelosia di comando, che imprimeva il sentimento d'una necessità fatale[34].

Osservazioni

dalla bocca del padre

Il padre di Gertrude, che l'autore lascia non a caso senza nome, chiamandolo ora "principe" ora "padre", è una delle figure più negative del romanzo e Manzoni lo giudica impietosamente, mostrandone tutta la falsità e la perfidia: le motivazioni del suo agire (mantenere unito il patrimonio di famiglia) non sono tali da giustificare neppure la più piccola delle cattiverie che commette nei confronti della figlia.

A sei anni, Gertrude fu mandata in convento, per essere istruita dalle monache, ma soprattutto perché le monache la spingessero a prendere i voti e a farsi monaca lei stessa. Per il convento, naturalmente, la protezione del principe sarebbe stata un vantaggio; e Gertrude fu perciò trattata con ogni riguardo e con tutte le distinzioni necessarie per farla sentire una privilegiata.

30 il principino: il figlio primogenito del principe.
31 prosperoso: florido, bello e sano.
32 trascorreva: si abbandonava.
33 stato: condizione.
34 fatale: prestabilita dal destino, immodificabile.

Il piano del principe sarebbe stato perfetto se Gertrude fosse stata la sola ragazza in quel monastero. Ma, tra le sue compagne d'educazione, ce n'erano alcune che sapevano d'esser destinate al matrimonio. Gertrude, abituata a sentirsi superiore e desiderosa di suscitare invidia, si vantava spesso del proprio futuro di madre badessa, e rimase meravigliata nello scoprire che alcune compagne erano del tutto indifferenti a quel tipo di superiorità e sognavano un futuro completamente diverso. Nel cervello di Gertrude si insinuarono così nuove immagini: immagini di nozze, di pranzi, di conversazioni, di feste, di villeggiature, di vestiti, di carrozze... Per la prima volta, la bambina rifletté sul proprio destino e si rese conto che, se avesse voluto, avrebbe potuto rifiutare di farsi monaca.

L'idea della necessità del suo consenso, idea che, fino a quel tempo, era stata come inosservata e rannicchiata in un angolo della sua mente, si sviluppò allora, e si manifestò, con tutta la sua importanza. Dietro questa idea però, ne compariva sempre infallibilmente un'altra: che quel consenso si trattava di negarlo al principe padre, il quale lo teneva già, o mostrava di tenerlo[35] per dato.

Adolescenza di Gertrude

In preda a profondi conflitti, Gertrude uscì dall'infanzia ed entrò nell'età più difficile, quella in cui tutto il nostro animo sembra subire una rivoluzione improvvisa. Fino a quel momento, Gertrude aveva apprezzato dei suoi sogni soprattutto il lusso e lo splendore; adesso nelle sue fantasie entrò invece qualcosa di tenero, di dolce, di affettuoso.

S'era fatto, nella parte più riposta della mente, come uno splendido ritiro: ivi si rifugiava dagli oggetti presenti, ivi accoglieva

[35] lo teneva, o mostrava di tenerlo: lo considerava, o fingeva di considerarlo.

certi personaggi stranamente composti di confuse memorie della puerizia, di quel poco che poteva vedere del mondo esteriore, di ciò che aveva imparato dai discorsi delle compagne; si tratteneva con essi, parlava loro, e si rispondeva in loro nome; ivi dava ordini, e riceveva omaggi d'ogni genere. Di quando in quando, i pensieri della religione venivano a disturbare quelle feste brillanti e faticose. Ma la religione, come l'avevano insegnata alla nostra poveretta, e come essa l'aveva ricevuta, non bandiva l'orgoglio, anzi lo santificava e lo proponeva come un mezzo per ottenere una felicità terrena. Privata così della sua essenza, non era più la religione, ma una larva[36] come l'altre.

Negl'intervalli in cui questa larva prendeva il primo posto, e grandeggiava nella fantasia di Gertrude, l'infelice, sopraffatta da terrori confusi, e compresa da una confusa idea di doveri, s'immaginava che la sua ripugnanza al chiostro, e la resistenza all'insinuazioni de' suoi maggiori[37], nella scelta dello stato, fossero una colpa; e prometteva in cuor suo d'espiarla, chiudendosi volontariamente nel chiostro.

La legge stabiliva che una giovane, prima di prendere i voti e farsi monaca, dovesse fare domanda scritta; dopo un anno, sarebbe stata esaminata da un prete, detto il vicario delle monache, il quale doveva controllare che la ragazza prendeva i voti liberamente, senza essere costretta da nessuno; e in ogni caso, prima di diventare monaca, la giovane doveva uscire dal convento e passare almeno un mese nel mondo, per mettere alla prova la sua decisione e conoscere concretamente ciò a cui rinunciava per sempre.

Gertrude, in un momento di debolezza come quelli di cui abbiamo parlato, fu convinta dalle monache a scrivere e a firmare la sua domanda. Gertrude se ne pentì immediatamente e, dopo molti mesi di esitazioni, si confidò con una compagna, la quale le suggerì di scrivere una bella lettera al principe suo padre, dichia-

[36] una larva: una illusione, un sogno, una fantasia.

[37] de' suoi maggiori: degli adulti, cioè dei genitori e delle suore.

rando che aveva cambiato idea. La lettera fu spedita, ma rimase senza risposta. Qualche giorno dopo, tuttavia, la badessa convocò Gertrude nella sua cella e la rimproverò per aver provocato nel principe una terribile collera, a cui poteva rimediare solo comportandosi bene da quel momento in avanti. Gertrude, che stava per tornare a casa dei genitori per un mese, come stabilito, capì.

Ritorno di Gertrude alla casa paterna

Venne finalmente il giorno tanto temuto e bramato[38]. Quantunque Gertrude sapesse che andava a un combattimento, pure l'uscir di monastero, il lasciar quelle mura nelle quali era stata ott'anni rinchiusa, lo scorrere[39] in carrozza per l'aperta campagna, il riveder la città, la casa, furon sensazioni piene d'una gioia tumultuosa. In quanto al combattimento, la poveretta aveva già prese le sue misure, e fatto, com'ora si direbbe, il suo piano. "O mi vorranno forzare", pensava, "e io starò dura; sarò umile, rispettosa, ma non acconsentirò: non si tratta che di non dire un altro sì; e non lo dirò. Ovvero mi prenderanno con le buone; e io sarò più buona di loro; piangerò, pregherò, li moverò a compassione: finalmente[40] non pretendo altro che di non esser sacrificata".

Ma, come accade spesso di simili previdenze[41], non avvenne né una cosa né l'altra. I giorni passavano, senza che il padre né altri le parlasse della supplica, né della ritrattazione, senza che le venisse fatta proposta nessuna, né con carezze[42], né con minacce. I parenti[43] eran seri, tristi, burberi con lei, senza mai dirne il perché. Nessuno le rivolgeva il discorso; e quando essa arrischiava timidamente qualche parola, che non fosse per cosa necessaria, o non attaccava[44], o veniva corrisposta con uno sguardo distratto, o sprezzante, o severo. Che se, non potendo più soffrire[45] una così

[38] bramato: desiderato ardentemente.
[39] lo scorrere: l'andare, il passare.
[40] finalmente: in fin dei conti.
[41] previdenze: previsioni.
[42] carezze: gentilezze, atteggiamenti amorevoli.
[43] parenti: genitori.
[44] non attaccava: non otteneva risposta.
[45] soffrire: sopportare.

amara e umiliante distinzione, insisteva, e tentava di famigliarizzarsi; se implorava un po' d'amore, si sentiva subito toccare, in maniera indiretta ma chiara, quel tasto della scelta dello stato[46]; le si faceva copertamente[47] sentire che c'era un mezzo di riacquistar l'affetto della famiglia. Allora Gertrude, che non l'avrebbe voluto a quella condizione, era costretta di tirarsi indietro, di rifiutar quasi i primi segni di benevolenza che aveva tanto desiderati, di rimettersi da sé al suo posto di scomunicata[48]; e per di più, vi rimaneva con una certa apparenza del torto.

A ogni annunzio d'una visita, Gertrude doveva salire all'ultimo piano, per chiudersi con alcune vecchie donne di servizio: e lì anche desinava, quando c'era invito[49]. I servitori s'uniformavano, nelle maniere e ne' discorsi, all'esempio e all'intenzioni de' padroni: e Gertrude, che, per sua inclinazione, avrebbe voluto trattarli con una famigliarità signorile, e che, nello stato in cui si trovava, avrebbe avuto di grazia[50] che le facessero qualche dimostrazione d'affetto, come a una loro pari, e scendeva anche a mendicarne, rimaneva poi umiliata, e sempre più afflitta di vedersi corrisposta con una noncuranza manifesta[51], benché accompagnata da un leggiero ossequio di formalità.

Dovette però accorgersi che un paggio[52], ben diverso da coloro, le portava un rispetto, e sentiva per lei una compassione d'un genere particolare[53]. Il contegno di quel ragazzotto era ciò che Gertrude aveva fino allora visto di più somigliante a quell'ordine di cose tanto contemplato nella sua immaginativa[54], al contegno di quelle sue creature ideali. A poco a poco si scoprì un non so che di nuovo nelle maniere della giovinetta: una tranquillità e un'inquietudine diversa dalla solita, un fare di chi ha trovato qualche

[46] scelta dello stato: la decisione se farsi suora oppure no.
[47] copertamente: indirettamente, misteriosamente.
[48] scomunicata: esclusa.
[49] desinava... invito: pranzava, quando c'erano ospiti.
[50] avrebbe avuto di grazia: avrebbe accettato come un piacere.
[51] manifesta: esplicita, aperta.
[52] paggio: servitore giovane.
[53] d'un genere particolare: cioè affettuosa, da innamorato.
[54] a quell'ordine di cose... immaginativa: all'amore dei suoi sogni di ragazza.

cosa che gli preme, che vorrebbe guardare ogni momento, e non lasciar vedere agli altri. Le furon tenuti gli occhi addosso più che mai: che è che non è, una mattina, fu sorpresa da una di quelle cameriere, mentre stava piegando alla sfuggita una carta, sulla quale avrebbe fatto meglio a non iscriver nulla. Dopo un breve tira tira, la carta rimase nelle mani della cameriera, e da queste passò in quelle del principe.

Il paggio venne immediatamente licenziato e minacciato affinché non parlasse mai dell'accaduto. Gertrude, in preda al terrore, venne rinchiusa dal padre in una stanza, insieme a una serva che la maltrattava, e tenuta a pane e acqua. Combattuta fra la vergogna e la rabbia, Gertrude sapeva bene che esisteva un modo per porre fine a quella tortura e riguadagnare l'affetto della famiglia; e un giorno, dopo l'ennesimo dispetto della sua guardiana, prese ancora una volta in mano la penna fatale e scrisse al padre una lettera piena d'entusiasmo e d'abbattimento, d'afflizione e di speranza, implorando il perdono e dichiarandosi pronta a fare qualsiasi cosa pur di ottenerlo.

Gertrude cede alle pressioni del padre

Al legger quella lettera, il principe vide subito lo spiraglio aperto alle sue antiche e costanti mire. Mandò a dire a Gertrude che venisse da lui; e aspettandola, si dispose a batter il ferro, mentre era caldo. Gertrude comparve, e, senza alzar gli occhi in viso al padre, gli si buttò in ginocchioni davanti, ed ebbe appena fiato di dire: - perdono! - Egli le fece cenno che s'alzasse; ma, con una voce poco atta a rincorare[55], le rispose che il perdono non bastava desiderarlo né chiederlo; ch'era cosa troppo agevole e troppo naturale a chiunque sia trovato in colpa, e tema la punizione; che

[55] poco atta a rincorare: poco adatta a rincuorare, a far coraggio.

Osservazioni

bisognava meritarlo

Le parole del principe stravolgono il valore del perdono (che secondo Gesù è un dono gratuito e infinito di Dio) e rivelano la sua sostanziale estraneità a ogni principio cristiano; non a caso, il padre Cristoforo, alla fine del romanzo, riassume la sua morale a Renzo e a Lucia con le parole "Perdonate! Perdonate sempre!", che sono l'esatto contrario di quelle del principe.

in somma bisognava meritarlo. Gertrude domandò, sommessamente e tremando, che cosa dovesse fare. Il principe (non ci regge il cuore di dargli in questo momento il titolo di padre) non rispose direttamente, ma cominciò a parlare a lungo del fallo di Gertrude: e quelle parole frizzavano[56] sull'animo della poveretta, come lo scorrere d'una mano ruvida sur una ferita. Continuò dicendo che, quand'anche... caso mai... avesse avuto prima qualche intenzione di collocarla nel secolo[57], lei stessa ci aveva messo ora un ostacolo insuperabile; giacché a un cavalier d'onore, com'era lui, non sarebbe mai bastato l'animo di regalare a un galantuomo una signorina che aveva dato un tal saggio di sé[58]. La misera ascoltatrice era annichilata[59]: allora il principe, raddolcendo a grado a grado la voce e le parole, proseguì dicendo che però a ogni fallo c'era rimedio e misericordia; che il suo era di quelli per i quali il rimedio è più chiaramente indicato: ch'essa doveva vedere, in questo tristo accidente, come un avviso che la vita del secolo era troppo piena di pericoli per lei...

- Ah sì! - esclamò Gertrude, scossa dal timore, preparata dalla vergogna, e mossa in quel punto da una tenerezza istantanea.

- Ah! lo capite anche voi, - riprese incontanente[60] il principe. - Ebbene, non si parli più del passato: tutto è cancellato. Avete preso il solo partito onorevole, conveniente, che vi rimanesse; ma

56 frizzavano: bruciavano.

57 collocarla nel secolo: lasciarla vivere in società.

58 non sarebbe mai bastato... di sé: non avrebbe mai avuto il coraggio di dare in sposa a un galantuomo una ragazza che si era comportata come Gertrude.

59 annichilata: annientata.

60 incontanente: subito, immediatamente; il principe approfitta dell'esclamazione sfuggita a Gertrude per portare a termine il suo piano: l'esclamazione della ragazza diventa un impegno solenne, a cui Gertrude non riuscirà più a sottrarsi.

perché l'avete preso di buona voglia, e con buona maniera, tocca a me a farvelo riuscir gradito in tutto e per tutto: tocca a me a farne tornare tutto il vantaggio e tutto il merito sopra di voi. Ne prendo io la cura[61]. Voglio che tutti comincin subito a trattarvi come si conviene. Avete sperimentato in parte il padre severo; ma da qui innanzi proverete tutto il padre amoroso.

A queste parole, Gertrude rimaneva come sbalordita. Ora ripensava come mai quel sì che le era scappato, avesse potuto significar tanto, ora cercava se ci fosse maniera di riprenderlo, di ristringerne il senso[62]; ma la persuasione del principe pareva così intera, la sua gioia così gelosa, la benignità così condizionata[63], che Gertrude non osò proferire una parola che potesse turbarle.

Il principe organizzò per l'indomani la gita a Monza, in modo che Gertrude si presentasse alla badessa e alle altre monache. Gertrude, travolta dagli avvenimenti, non aveva neanche il tempo per respirare e non riusciva a riflettere, si sentiva come trascinata da una forza esterna e irresistibile. Genitori e parenti non la lasciavano mai sola e continuavano a lodarla per la scelta fatta e a decantarle le gioie della vita monacale. Gertrude ebbe una notte inquieta e la mattina dopo, appena sveglia, le annunciarono che la carrozza era pronta.

Gl'impicci e le noie del mondo[64], e la vita beata del chiostro, principalmente per le giovani di sangue nobilissimo, furono il tema della conversazione, durante il tragitto. Al fermarsi della carrozza, davanti a quelle mura, davanti a quella porta, il cuore si strinse ancor più a Gertrude. Si smontò tra due ale di popolo, che i servitori facevano stare indietro. Tutti quegli occhi addosso alla

[61] Ne prendo io la cura: me ne incarico io.
[62] ristringerne il senso: limitarne il significato.
[63] la benignità così condizionata: la benevolenza così dipendente dal quel "sì", così pronta a trasformarsi di nuovo in freddezza e severità.
[64] del mondo: della vita mondana.

poveretta l'obbligavano a studiar continuamente il suo contegno: ma più di tutti quelli insieme, la tenevano in suggezione i due del padre, a' quali essa, quantunque ne avesse così gran paura, non poteva lasciar[65] di rivolgere i suoi, ogni momento. E quegli occhi governavano le sue mosse e il suo volto, come per mezzo di redini invisibili.

Giunsero alla porta; Gertrude si trovò a viso a viso con la madre badessa. Dopo i primi complimenti, questa, con una maniera tra il giulivo[66] e il solenne, le domandò cosa desiderasse in quel luogo, dove non c'era chi le potesse negar nulla. - Son qui..., - cominciò Gertrude; ma, al punto di proferir le parole che dovevano decider quasi irrevocabilmente del suo destino, esitò un momento, e rimase con gli occhi fissi sulla folla che le stava davanti: e già stava cercando una risposta qualunque, diversa da quella che le era stata dettata; quando, alzato lo sguardo alla faccia del padre, quasi per esperimentar[67] le sue forze, scorse su quella un'inquietudine così cupa, un'impazienza così minacevole, che, risoluta per paura, proseguì: - son qui a chiedere d'esser ammessa a vestir l'abito religioso, in questo monastero, dove sono stata allevata così amorevolmente -. S'alzò allora un frastono confuso di congratulazioni e d'acclamazioni. Vennero subito gran guantiere[68] colme di dolci, che furon presentati, prima alla sposina, e dopo ai parenti.

Mentre alcune monache facevano a rubarsela[69], la badessa fece pregare il principe che volesse venire alla grata del parlatorio, dove l'attendeva. Era accompagnata da due anziane; e quando lo vide comparire, - signor principe, - disse: - per ubbidire alle regole... per adempire una formalità indispensabile, sebbene in questo caso... pure devo dirle... che, ogni volta che una figlia chiede d'essere ammessa a vestir l'abito,... la superiora, quale io sono indegnamente,... è obbligata d'avvertire i genitori... che se, per caso...

[65] lasciar: smettere, fare a meno.
[66] giulivo: festoso.
[67] esprimentar: verificare, mettere alla prova.
[68] guantiere: vassoi.
[69] facevano a rubarsela: facevano a gara per starle vicine, se la rubavano l'una con l'altra.

forzassero la volontà della figlia, incorrerebbero nella scomunica. Mi scuserà...

- Benissimo, benissimo, reverenda madre. Lodo la sua esattezza: è troppo giusto... Ma lei non può dubitare...

- Oh! pensi, signor principe,... ho parlato per obbligo preciso,... del resto...

- Certo, certo, madre badessa.

Barattate queste poche parole, i due interlocutori s'inchinarono vicendevolmente, e si separarono, come se a tutt'e due pesasse di rimaner lì.

Lessico e grammatica

scomunica
La comunione è uno dei riti più importanti della religione cristiana: essa ripete infatti l'ultima cena tra Gesù e gli apostoli; partecipare alla comunione significa quindi far parte della Chiesa. La scomunica, cioè l'esclusione dalla comunione, e quindi dalla Chiesa, è una condanna severissima: il principe e la badessa sanno bene di meritarla e le loro esitazioni (segnalate dai puntini di sospensione) lo rivelano al lettore.

Il giorno dopo, Gertrude fu esaminata dal vicario delle monache, il quale era un uomo per bene, ma si era già fatto l'idea che la ragazza avesse una grande vocazione. Gertrude sapeva che, se avesse detto la verità, il vicario avrebbe potuto salvarla dal convento; ma lì si fermava il suo potere, e Gertrude sarebbe rimasta nelle mani del principe, vittima delle sue angherie e delle sue prepotenze per il resto della vita. Gertrude temeva anche che il principe rivelasse la storia del paggio, svergognandola di fronte a tutti. E così ingannò il buon vicario, rispondendo alle sue domande come se il pensiero di farsi monaca fosse sorto spontaneamente in lei e nessuno l'avesse spinta o costretta a prendere i voti.

Dopo altre cerimonie, Gertrude fu condotta al convento per il periodo di noviziato. Quando giunse il momento della professione[70]*, la giovane dovette scegliere per l'ultima volta tra dire un no più strano, più inaspettato, più scandaloso che mai, o ripetere un sì che aveva detto già tante volte; lo ripeté, e fu monaca per sempre.*

[70] professione: la pronuncia dei voti.

Gertrude nel convento: il delitto

In convento, Gertrude avrebbe potuto essere felice, per quanto vi fosse arrivata controvoglia. Ma per questo avrebbe dovuto accettare la propria condizione e far proprio il messaggio di amore del Vangelo. Invece, la poveretta si dibatteva sotto il giogo[71]*, e così ne sentiva più forte il peso: rimpiangeva la libertà perduta, coltivava desideri che non poteva soddisfare, ripensava continuamente al passato e accusava se stessa di stupidità, gli altri di tirannia e di perfidia. Le altre monache le erano odiose e nei loro confronti era dispettosa e sgarbata. Le educande affidate alle sue cure erano vittime delle sue continue cattiverie: quando pensava che molte di loro erano destinate a vivere in quel mondo dal quale essa era esclusa per sempre, provava un desiderio quasi di vendetta; e le bistrattava senza pietà.*

Così era vissuta alcuni anni, non avendo comodo, né occasione di far di più; quando la sua disgrazia volle che un'occasione si presentasse.

Tra l'altre distinzioni e privilegi che le erano stati concessi c'era anche quello di stare in un quartiere[72] a parte. Quel lato del monastero era contiguo[73] a una casa abitata da un giovine, scellerato[74] di professione, di nome Egidio. Costui, da una sua finestrina che dominava un cortiletto di quel quartiere, avendo veduta Gertrude qualche volta passare o girandolar lì, per ozio, allettato[75] anzi che atterrito dai pericoli e dall'empietà dell'impresa[76], un giorno osò rivolgerle il discorso. La sventurata rispose.

In que' primi momenti, provò una contentezza, non schietta al

Lessico e grammatica

La sventurata rispose

Questa frase è un celebre esempio di reticenza: Manzoni infatti non racconta la storia della relazione fra Gertrude e Egidio, ma la lascia alla fantasia del lettore. L'uso del termine "sventurata" (cioè sfortunata, disgraziata) esprime indirettamente un giudizio: Gertrude è più vittima che colpevole.

[71] sotto il giogo: sotto le regole imposte dalla sua nuova condizione.
[72] quartiere: appartamentino, parte del convento.
[73] contiguo: confinante, attaccato.
[74] scellerato: fuorilegge, delinquente.
[75] allettato: attratto, stuzzicato.
[76] dell'impresa: quella di sedurre una monaca.

certo[77], ma viva. Nel vòto uggioso[78] dell'animo suo s'era venuta a infondere un'occupazione forte, continua e, direi quasi, una vita potente. Si videro gran novità in tutta la sua condotta: divenne, tutt'a un tratto, più regolare, più tranquilla, smesse[79] gli scherni e il brontolìo, si mostrò anzi carezzevole e manierosa[80], dimodoché le suore si rallegravano a vicenda del cambiamento felice; lontane com'erano dall'immaginarne il vero motivo, e dal comprendere che quella nuova virtù non era altro che ipocrisia aggiunta all'antiche magagne[81]. Quell'apparenza però non durò gran tempo, almeno con quella continuità e uguaglianza: ben presto tornarono in campo i soliti dispetti e i soliti capricci, tornarono a farsi sentire l'imprecazioni e gli scherni contro la prigione claustrale, e talvolta espressi in un linguaggio insolito in quel luogo, e anche in quella bocca[82]. Però, ad ognuna di queste scappate veniva dietro un pentimento, una gran cura di farle dimenticare, a forza di moine[83] e buone parole. Le suore sopportavano alla meglio tutti questi alt'e bassi, e gli attribuivano all'indole bisbetica e leggiera della signora.

Per qualche tempo, non parve che nessuna pensasse più in là; ma un giorno che la signora, venuta a parole con una conversa[84], per non so che pettegolezzo, si lasciò andare a maltrattarla fuor di modo, e non la finiva più, la conversa, dopo aver sofferto[85], ed essersi morse le labbra un pezzo, scappatale finalmente la pazienza, buttò là una parola, che lei sapeva qualche cosa, e, che, a tempo e luogo, avrebbe parlato. Da quel momento in poi, la signora non ebbe più pace. Non passò però molto tempo, che la conversa fu aspettata in vano, una mattina, a' suoi ufizi consueti[86]: si va a veder nella sua cella, e non si trova: è chiamata ad alta voce; non risponde:

[77] non schietta al certo: non certo schietta, pura.
[78] vòto uggioso: vuoto pieno di noia.
[79] smesse: smise, lasciò perdere.
[80] carezzevole e manierosa: dolce e gentile.
[81] magagne: difetti.
[82] e anche in quella bocca: Gertrude, che è di famiglia nobile ed è stata educata in convento, diventa più volgare.
[83] moine: carinerie.
[84] conversa: serva addetta al servizio delle monache.
[85] sofferto: sopportato.
[86] a' suoi ufizi consueti: al lavoro che svolgeva di solito.

FOCUS

La vera storia della monaca di Monza

La vicenda della monaca di Monza si basa su avvenimenti reali, che Manzoni modificò in parte, per poter inserire il personaggio nel suo romanzo.
Il vero nome della monaca di Monza era Marianna de Leyva. Essa nacque a Milano nel 1576, da don Martino de Leyva, feudatario di Monza, di origine spagnola, e Virginia Marino, figlia a sua volta di un ricchissimo banchiere genovese.
A tredici anni (come era normale all'epoca per le ragazze di buona famiglia), Marianna venne mandata a studiare presso un convento, quello di Santa Margherita a Monza. Il convento apparteneva all'ordine delle umiliate di san Domenico. A quindici anni (probabilmente senza esservi costretta) Marianna pronunciò i voti solenni di povertà, castità e obbedienza e divenne monaca con il nome di Virginia Maria.
Nel 1597 (sei anni dopo la monacazione) si colloca l'incontro con Gian Paolo Osio, un aristocratico locale, venticinquenne, la cui proprietà confinava con il convento. L'inizio della relazione risale all'anno successivo, 1598, e sembra che sia stato favorito da un prete corrotto, Paolo Arrigone, e da quattro suore complici di Virginia Maria.
La clausura, nel Cinquecento, era meno stretta di quello che potremmo pensare: le monache conducevano spesso una vita intensa, e anche molto libera, sia sul piano sociale, sia su quello amoroso. Per esempio, a vent'anni suor Virginia esercitò per due anni il potere di feudatario in nome del padre, emanando gride, ordinando arresti, rimettendo le pene e così via. Di qui le venne l'appellativo di "Signora".
Nella seconda metà del Cinquecento, tuttavia, la Controriforma impose una maggiore severità. In questo nuovo contesto, la relazione tra suor Virginia e Paolo Osio diventava motivo di grave scandalo. Tanto più quando gli amanti, nel 1606, uccisero una conversa, Caterina da Meda, che minacciava di rivelare la loro relazione. Virginia rinchiuse la conversa nella legnaia, per convincerla a tacere; ma poiché la donna continuava a minacciare,

Gertrude bambina e suo padre.
Disegno di Francesco Gonin, 1840.

Gertrude punita dal padre.
Disegno di Francesco Gonin, 1840.

Paolo Osio la uccise e ne seppellì il corpo, poi fece aprire un varco nelle mura del convento per far credere che fosse fuggita.
Il cardinal Federigo Borromeo, a questo punto, ricevette delle informazioni e si insospettì. Quando vennero formulate accuse precise, Paolo Osio fuggì e, a quanto sembra, finì assassinato poco tempo dopo. Suor Virginia fu invece arrestata, insieme alle sue quattro complici e al prete Arrigone, e trasferita a Milano per essere processata.
Suor Virginia si difese come una furia, spezzando le corde che la legavano, abbattendo le guardie, afferrando una spada... Ripresa, tentò di lasciarsi morire di fame e durante il processo dichiarò di essere vittima di una stregoneria. Nel 1608 fu condannata alla reclusione nel convento di Santa Valeria, un'istituzione religiosa dove erano ospitate le prostitute pentite e povere. Suor Virginia venne messa in una cella completamente chiusa, senza porte e senza finestre, con un minuscolo pertugio da cui le passavano acqua e cibo, e in queste condizioni spaventose visse per quasi quattordici anni, fino al settembre del 1622, quando ottenne la grazia dal cardinale. Era ormai una vecchia curva e rattrappita, ma sinceramente pentita. Il cardinale le concesse il perdono e suor Virginia continuò a vivere nel convento di Santa Valeria fino alla morte, avvenuta nel 1650.

Riflessioni e approfondimenti

- Che cosa sai delle suore di clausura? Svolgi una breve ricerca, spiegando come e quando nasce questa pratica e perché riguarda soprattutto le donne.

cerca di qua, cerca di là, gira e rigira, dalla cima al fondo; non c'è in nessun luogo. E chi sa quali congetture si sarebber fatte, se, appunto nel cercare, non si fosse scoperto una buca nel muro dell'orto; la qual cosa fece pensare a tutte, che fosse sfrattata[87] di là. Si fecero gran ricerche in Monza e ne' contorni, e principalmente a Meda[88], di dov'era quella conversa; si scrisse in varie parti: non se n'ebbe mai la più piccola notizia. Forse se ne sarebbe potuto saper di più, se, in vece di cercar lontano, si fosse scavato[89] vicino.

Osservazioni

moltiplicava le domande

Gertrude, nel corso della sua vicenda, scrive parecchie lettere, ma parla pochissimo; nella sua lotta per la libertà, Gertrude è sconfitta perché non riesce a comunicare: chiusa nel suo orgoglioso silenzio, nel suo terrore muto, nel segreto del suo delitto, non riesce a stabilire un rapporto di confidenza con nessuno. Prova ora a farlo con Lucia, ma il seguito del romanzo rivelerà che è ormai troppo tardi.

Gertrude e Lucia

Era scorso circa un anno dopo quel fatto, quando Lucia fu presentata alla signora, ed ebbe con lei quel colloquio al quale siam rimasti col racconto. La signora moltiplicava le domande intorno alla persecuzione di don Rodrigo, e entrava in certi particolari, con una intrepidezza[90], che riuscì e doveva riuscire più che nuova a Lucia, la quale non aveva mai pensato che la curiosità delle monache potesse esercitarsi intorno a simili argomenti. I giudizi poi che quella frammischiava all'interrogazioni, o che lasciava trasparire, non eran meno strani. Pareva quasi che ridesse del gran ribrezzo che Lucia aveva sempre avuto di quel signore, e domandava se era un mostro, da far tanta paura. Avvedendosi poi d'aver troppo lasciata correr la lingua dietro agli svagamenti del cervello[91], cercò di correggere e d'interpretare in meglio quelle sue ciarle; ma non poté fare[92] che a Lucia non ne rimanesse uno stupore dispiacevole, e come un confuso spavento.

87 sfrattata: fuggita, uscita.
88 Meda: cittadina a nord di Milano, pochi chilometri a ovest di Monza.
89 scavato: la conversa era infatti stata uccisa e seppellita nel convento stesso.
90 intrepidezza: ardire, decisione.
91 agli svagamenti del cervello: ai pensieri incontrollati che le venivano in mente.
92 non poté fare: non poté evitare.

E appena poté trovarsi sola con la madre, se n'aprì con lei; ma Agnese, come più esperta, sciolse, con poche parole, tutti que' dubbi, e spiegò tutto il mistero. - Non te ne far maraviglia, - disse. - I signori, chi più, chi meno, chi per un verso, chi per un altro, han tutti un po' del matto. Del resto, se camperai, figliuola mia, e se t'accaderà ancora d'aver che fare con de' signori, ne sentirai, ne sentirai, ne sentirai...

IL CAPITOLO IN SINTESI

- il tempo: 11 novembre 1628
- i luoghi: Monza
- i personaggi: Renzo, Lucia, Agnese, il padre guardiano dei cappuccini, Gertrude, il principe, padre di Gertrude
- le sequenze principali:

1 **Lucia e Agnese arrivano al convento:** Renzo, Lucia e Agnese arrivano a Monza: Renzo prosegue per Milano, mentre il padre guardiano dei cappuccini accompagna Lucia e Agnese dalla signora, una monaca di nome Gertrude, che le accoglie e promette di proteggerle;

2 **infanzia di Gertrude:** nata in una famiglia nobile e ricca, Gertrude era destinata fin dalla nascita al chiostro, perché il padre non voleva dividere il patrimonio familiare destinato al figlio primogenito; a sei anni Gertrude viene quindi mandata a studiare in convento, ma qui la ragazza si confronta con le compagne destinate al matrimonio e incomincia a elaborare sogni diversi da quelli che le erano stati instillati;

3 **adolescenza di Gertrude:** Gertrude incomincia a coltivare sogni d'amore; ma li vive con un forte senso di colpa e di questo approfittano le monache per farle presentare la domanda per entrare in convento; quando Gertrude tenta di tornare sui suoi passi, si accorge dell'errore commesso;

4 **ritorno di Gertrude alla casa paterna:** Gertrude torna, come prescritto dalle regole, per un mese nella casa del padre, dove viene trattata con freddezza e distacco; quasi per reazione, la ragazza intreccia una relazione con un paggio, ma viene scoperta e, in preda alla disperazione, si dichiara pentita;

5 **Gertrude cede alle pressioni del padre:** il principe approfitta del turbamento di Gertrude e dichiara che la monacazione è l'unico modo per rimediare all'errore compiuto; Gertrude si lascia scappare un'esclamazione di assenso e il principe non le lascia più il tempo di rimangiarsi la parola: la porta a Monza a presentare domanda alla badessa, la fa esaminare dal vicario delle monache e alla fine ottiene il suo scopo;

6 **Gertrude nel convento: il delitto:** la vita del convento è per Gertrude un inferno: la giovane non accetta la sua condizione e si vendica sulle allieve che le vengono affidate e sulle altre suore; quando un mascalzone riesce a richiamare la sua attenzione, Gertrude diventa la sua amante; quando una conversa minaccia di rivelare tutto, i due la fanno sparire;

7 **Gertrude e Lucia:** la monacazione forzata e il delitto spiegano gli strani atteggiamenti della monaca, che stupiscono Lucia; ma la madre la tranquillizza, affermando che tali stranezze sono tipiche dei signori.

ATTIVITÀ

Hai capito bene?

Scegli fra le risposte fornite quella corretta.

1 Nel capitolo si trova un flashback che occupa
- ☐ Due sequenze
- ☐ Quattro sequenze
- ☐ Sei sequenze
- ☐ Otto sequenze

2 Dove si trova il palazzo del principe, padre di Gertrude?
- ☐ A Monza
- ☐ A Milano
- ☐ In un luogo imprecisato
- ☐ Poco fuori del paese

3 Chi è che presenta Lucia e Agnese a Gertrude?
- ☐ Il padre guardiano dei cappuccini di Monza
- ☐ Il padre guardiano dei cappuccini di Pescarenico
- ☐ Il padre della monaca di Monza
- ☐ Un padre, cioè un prete, amico di fra Cristoforo

Il gioco dei perché

Rispondi alle domande seguenti usando le parole indicate fra parentesi.

4 Perché il principe di Leyva voleva che Gertrude si facesse monaca?
(patrimonio, divisione, primogenito)

5 Perché l'infatuazione per il paggio si può considerare una conseguenza dell'atteggiamento dei familiari di Gertrude e della loro servitù?
(solitudine, maltrattamenti, tenerezza)

6 Perché Gertrude inganna il vicario delle monache e finge di prendere i voti liberamente?
(vergogna, paura, sfiducia, padre, paggio)

7 Perché Gertrude e Egidio uccidono la conversa?
(litigio, minaccia, rivelare, relazione)

Riflettiamo insieme

Esponi la tua opinione facendo riferimento al testo letto.

8 Nel ritratto di Gertrude, Manzoni rappresenta i violenti conflitti che lacerano l'animo del personaggio. Secondo te:
- Quali sono i colori che simboleggiano questi conflitti?
- Quali gesti e quali espressioni li rivelano?
- Su quale parte del volto si concentra soprattutto l'attenzione dell'autore?

9 Nel complesso, Gertrude ti sembra una donna di carattere forte o debole? Motiva la tua risposta facendo riferimento alla sua storia e discutine con i compagni.

Lettori detective... della lingua

10 I principali difetti del carattere di Gertrude, accuratamente coltivati dalla sua famiglia, sono la vanità e la superbia. A questi, a un certo punto, si aggiunge l'ipocrisia. Scrivi una breve definizione dei tre termini, con l'aiuto di un buon dizionario:

- vanità: ....
- superbia: ....
- ipocrisia: ....

Siamo tutti scrittori?

Scrivi un testo di 12-15 righe (o 500 caratteri).

11 Vittima o colpevole?
Nell'analizzare il carattere di Gertrude, Manzoni si attiene a un principio che era alla base della sua concezione morale: quello per cui è possibile *subire* il male senza volere, ma non è mai possibile *compierlo* senza volere. Gertrude è quindi nello stesso tempo vittima e colpevole. Approfondisci questa riflessione facendo riferimento alle pagine che hai letto.

12 Gertrude e Lucia
Nei *Promessi sposi*, Gertrude e Lucia rappresentano due modelli femminili contrapposti, negativo il primo e positivo il secondo. Spiega quali sono i vizi di Gertrude e le virtù di Lucia secondo Manzoni. Poi rifletti sulle ragioni per cui Gertrude si mostra affettuosa nei confronti di Lucia, mentre Lucia ha un atteggiamento sospettoso e inquieto nei confronti della monaca.

Capitolo 5

Renzo a Milano

La Milano seicentesca in cui si svolgono le avventure di Renzo era una città importante, ma molto, molto più piccola di quella attuale. All'interno delle "mura spagnole" (costruite nel Cinquecento) si trova oggi una sola delle nove zone in cui è divisa la città, mentre nel Seicento si trovavano ancora molti campi e spazi disabitati.

Arrivo di Renzo a Milano

Dopo la separazione da Lucia e Agnese, Renzo proseguì il viaggio da Monza a Milano. Poco prima di entrare in città, chiese informazioni a un viandante e seppe che stava arrivando a Milano da Porta Orientale[1] *e che il convento dei cappuccini si trovava poco distante.*

Entrando in città, Renzo rimase stupefatto nel vedere per terra, accanto a una colonna detta "croce di san Dionigi", delle lunghe strisce bianche. Non poteva essere neve... Si avvicinò, le toccò, e la sua sorpresa divenne ancora più grande: era farina! E a poca distanza c'erano dei pani abbandonati! Renzo ne prese uno, si guardò intorno, poiché non voleva rubare, poi lo addentò.

"Ma allora", pensò allontanandosi dopo essersi riempito le tasche di pane, "non è vero che c'è carestia dappertutto! Siamo noi montanari e contadini che soffriamo la fame, mentre i cittadini vivono nell'abbondanza!"

Appena mosso, vide spuntar gente che veniva dall'interno della città. Erano un uomo, una donna e, qualche passo indietro, un ragazzotto; tutt'e tre con un carico addosso, che pareva superiore alle loro forze, e tutt'e tre in una figura[2] strana. I vestiti o gli stracci infarinati; infarinati i visi, e di più stravolti e accesi; e andavano, non solo curvi, per il peso, ma sopra doglia[3], come se gli fossero state peste l'ossa. L'uomo reggeva a stento sulle spalle un gran sacco di farina, il quale, bucato qua e là, ne seminava un poco, a ogni intoppo[4], a ogni mossa disequilibrata. Ma più sconcia era la figura della donna: un pancione smisurato, che pareva tenuto a fatica da due braccia piegate: come una pentolaccia a due manichi; e di sotto a quel pancione uscivan due gambe, nude fin sopra il ginocchio, che venivano innanzi barcollando. Renzo guardò più attentamente, e vide che quel gran corpo era la sottana che la donna

1 Porta Orientale: l'attuale Porta Venezia.
2 figura: atteggiamento.
3 sopra doglia: dolorosamente, con il fare di chi soffre.
4 intoppo: fermata.

teneva per il lembo, con dentro farina quanta ce ne poteva stare, e un po' di più; dimodoché, quasi a ogni passo, ne volava via una ventata. Il ragazzotto teneva con tutt'e due le mani sul capo una paniera colma di pani; ma, per aver le gambe più corte de' suoi genitori, rimaneva a poco a poco indietro, e, allungando poi il passo ogni tanto, per raggiungerli, la paniera perdeva l'equilibrio, e qualche pane cadeva.

- Buttane via ancor un altro, buono a niente che sei, - disse la madre, digrignando i denti verso il ragazzo.

- Io non li butto via; cascan da sé: com'ho a fare? - rispose quello.

- Ih! buon per te, che ho le mani impicciate, - riprese la donna, dimenando i pugni, come se desse una buona scossa al povero ragazzo; e, con quel movimento, fece volar via più farina, di quel che ci sarebbe voluto per farne i due pani lasciati cadere allora dal ragazzo. - Via, via, - disse l'uomo: - torneremo indietro a raccoglierli, o qualcheduno li raccoglierà. Si stenta da tanto tempo: ora che viene un po' d'abbondanza, godiamola in santa pace.

Renzo cominciò a raccapezzarsi[5] ch'era arrivato in una città sollevata[6].

Osservazioni

prezzo

Manzoni conosceva bene la legge fondamentale dell'economia, quella della domanda e dell'offerta: il prezzo di un qualsiasi prodotto aumenta se il prodotto è scarso rispetto alla domanda, cioè alla richiesta di quel prodotto; il prezzo invece diminuisce se il prodotto è abbondante rispetto alla domanda. In periodi di carestia, il pane diventava più scarso, mentre la domanda di pane restava invariata - e quindi il prezzo aumentava.

Le cause della sommossa

I disordini avevano cause ben precise: quell'anno, il 1628, era il secondo di raccolta scarsa. La guerra che si combatteva per la successione di Mantova aveva aggravato il problema, provocando sprechi e rovinando parte dei campi e dei raccolti. Il prezzo *dei*

[5] raccapezzarsi: capire.

[6] sollevata: in cui era in corso una rivolta popolare.

generi alimentari, e del pane in particolare, era naturalmente cresciuto - e come sempre accade in questi casi si era diffusa la voce che la scarsità di grano e l'aumento dei prezzi fossero le conseguenze di una macchinazione: il grano c'era, si diceva, ma i contadini e i fornai lo tenevano nascosto, per aumentare i propri guadagni.

Il governatore di Milano, don Gonzalo, era impegnato nella guerra e affidò il governo della città al gran cancelliere Antonio Ferrer, spagnolo come lui. Costui prese il provvedimento apparentemente più semplice: stabilì per legge il prezzo del pane. La popolazione fu contenta, mentre i fornai, costretti a vendere il pane sottocosto, andavano in rovina. Ma nel giro di poco tempo il rimedio si rivelò inutile: nessun fornaio può fare del pane, a nessun prezzo, se manca la farina!

Ferrer non volle rinunciare al suo provvedimento, e lasciò che l'impopolare decisione di aumentare il prezzo del pane venisse presa dai cosiddetti decurioni, una specie di senato composto dagli aristocratici della città. Questo nuovo provvedimento era stato reso pubblico il giorno prima dell'arrivo di Renzo a Milano e aveva provocato nella popolazione un sentimento diffuso di rabbia. La mattina di quel giorno stesso, alcuni garzoni di fornaio erano stati aggrediti all'uscita dal negozio e il loro carico di pane e di farina era stato depredato.

L'assalto al forno delle grucce

Arrivato al convento dei cappuccini, Renzo domandò del padre Bonaventura, il frate a cui l'aveva indirizzato il padre Cristoforo. Ma costui non c'era e il portinaio non poté far entrare Renzo. - Andate ad aspettare in chiesa - gli disse. - Intanto potrete pregare. - Renzo stava per seguire il consiglio, ma siccome sentiva un ronzio lontano, volle prima dare un'occhiata al tumulto e si mise a guardare verso l'interno della città, dove il rumore era più forte.

Nella strada chiamata la Corsia de' Servi[7], c'era un forno, detto il forno delle grucce[8]. Quelli della bottega stavano interrogando il garzone tornato scarico, il quale, tutto sbigottito, riferiva balbettando la sua trista avventura; quando si sente un calpestìo e un urlìo insieme; cresce e s'avvicina; compariscono i forieri della masnada[9].

Serra, serra; presto, presto: uno corre a chiedere aiuto al capitano di giustizia[10]; gli altri chiudono in fretta la bottega, e appuntellano i battenti. La gente comincia a affollarsi di fuori, e a gridare: - pane! pane! aprite! aprite!

Pochi momenti dopo, arriva il capitano di giustizia, con una scorta d'alabardieri. - Largo, largo, figliuoli: a casa, a casa; fate luogo al capitano di giustizia, - grida lui e gli alabardieri. La gente, che non era ancor troppo fitta, fa un po' di luogo; il capitano picchia, ripicchia, urla che gli aprano: quelli di dentro vedono dalle finestre, scendon di corsa, aprono; il capitano entra, chiama gli alabardieri, che si ficcan dentro anch'essi l'un dopo l'altro, gli ultimi rattenendo la folla con l'alabarde. Quando sono entrati tutti, si mette tanto di catenaccio, si riappuntella; il capitano sale di corsa, e s'affaccia a una finestra. Uh, che formicolaio!

- Figliuoli, - grida: molti si voltano in su; - figliuoli, andate a casa. Perdono generale a chi torna subito a casa.

- Pane! pane! aprite! aprite! - eran le parole più distinte nell'urlìo orrendo, che la folla mandava in risposta.

- Giudizio, figliuoli! badate bene! siete ancora a tempo. Via, andate, tornate a casa. Pane, ne avrete; ma non è questa la maniera. Eh!... eh! che fate laggiù! Eh! a quella porta! Oibò oibò! Vedo, vedo: giudizio! badate bene! è un delitto grosso. Or ora vengo io. Eh! eh! smettete con que' ferri; giù quelle mani. Vergogna! Voi altri milanesi, che, per la bontà, siete nominati in tutto il mondo! Sentite,

---

7 Corsia de' Servi: l'attuale corso Vittorio Emanuele II.

8 grucce: pale (da fornaio); ma la parola oggi è usata esclusivamente per indicare stampelle e appendiabiti.

9 i forieri della masnada: i primi della banda.

10 capitano di giustizia: il capo delle guardie municipali.

sentite: siete sempre stati buoni fi... Ah canaglia!

Questa rapida mutazione di stile fu cagionata da una pietra che, uscita dalle mani d'uno di que' buoni figliuoli, venne a batter nella fronte del capitano. - Canaglia! canaglia! - continuava a gridare, chiudendo presto presto la finestra, e ritirandosi. Ma quantunque avesse gridato quanto n'aveva in canna, le sue parole, buone e cattive, s'eran tutte dileguate e disfatte a mezz'aria, nella tempesta delle grida che venivan di giù. Quello poi che diceva di vedere, era un gran lavorare di pietre, di ferri (i primi che coloro avevano potuto procacciarsi per la strada), che si faceva alla porta, per sfondarla, e alle finestre, per svellere l'inferriate: e già l'opera era molto avanzata.

Osservazioni

Ah, canaglia!

Nei *Promessi sposi*, la folla è sempre vista in termini negativi: l'autore ironizza sulla sua irrazionalità e mostra tutti i pericoli connessi alla violenza della moltitudine; laddove l'individuo è capace di ragionamento, analisi, scelte morali, la massa si muove sempre spinta da impulsi istintivi ed emozioni superficiali. In questo giudizio probabilmente giocava una parte il ricordo delle terribili violenze a cui Manzoni aveva assistito o di cui aveva sentito parlare.

Intanto, padroni e garzoni della bottega, ch'erano alle finestre de' piani di sopra, con una munizione di pietre (avranno probabilmente disselciato un cortile), urlavano e facevan versacci a quelli di giù, perché smettessero; facevan vedere le pietre, accennavano di volerle buttare. Visto ch'era tempo perso, cominciarono a buttarle davvero. Neppur una ne cadeva in fallo; giacché la calca era tale, che un granello di miglio, come si suol dire, non sarebbe andato in terra.

- Ah birboni! ah furfantoni! È questo il pane, che date alla povera gente? Ahi! Ahimè! Ohi! Ora, ora! - s'urlava di giù. Più d'uno fu conciato male; due ragazzi vi rimasero morti. Il furore accrebbe le forze della moltitudine: la porta fu sfondata, l'inferriate, svelte; e il torrente penetrò per tutti i varchi. Quelli di dentro, vedendo la mala parata, scapparono in soffitta: il capitano, gli alabardieri, e alcuni della casa stettero lì rannicchiati ne' cantucci; altri, uscendo per gli abbaini, andavano su pe' tetti, come i gatti.

L’assalto alla casa del vicario

Renzo giunse al forno delle grucce quando ormai il saccheggio era quasi finito e osservò il triste spettacolo del forno distrutto. “Questa non è una bella cosa”, disse tra sé: “se conciano così tutti i forni, dove vogliono fare il pane? Nei pozzi?”

Dalla porta del forno usciva gente che trasportava pezzi di mobili e di attrezzature. Renzo seguì la corrente e giunse in piazza del Duomo, dove la legna alimentava un gran falò. Tutt’intorno, la gente batteva le mani, gridava, rideva, imprecava. - Viva l’abbondanza! Morte agli affamatori! Abbasso la carestia! Crepi la Provvisione! Crepi la giunta! Viva il pane!

Quando il falò alimentato con gli attrezzi del forno delle grucce si spense, la gente incominciò a disperdersi. Ma una maledetta voce, senza ragione apparente, gridò tutt’a un tratto: -C’è qui vicino la casa del vicario di provvisione: andiamo a far giustizia, e a dare il sacco[11].

Osservazioni

il vicario di provvisione

Il vicario di provvisione di Milano nel 1628 era don Lodovico Melzi, esponente di una delle più importanti famiglie della nobiltà cittadina. Manzoni rappresenta Lodovico come un personaggio patetico, preda del terrore di fronte alla folla inferocita. In realtà, Lodovico Melzi era un buon amministratore. Prima di morire (nel 1649) ricoprì anche l’incarico di podestà, paragonabile a quello di sindaco attuale.

Il vicario di provvisione era la persona incaricata di assicurare alla città gli approvvigionamenti di cibo. Era diffusa quindi l’idea che costui fosse uno dei principali responsabili della carestia, e addirittura un complice degli accaparratori di grano.

- Dal vicario! dal vicario! - è il solo grido che si possa sentire. La turba si move, tutta insieme, verso la strada dov’era la casa nominata in un così cattivo punto.

Lo sventurato vicario, in quel momento, attendeva, con gran sospensione, come avesse a finire quella burrasca, lontano però

[11] dare il sacco: saccheggiarla.

dal sospettar che dovesse cader così spaventosamente addosso a lui. I servitori, attirati già dal rumore sulla porta, metton la stanga, metton puntelli, corrono a chiuder le finestre, come quando si vede venire avanti un tempo nero, e s'aspetta la grandine, da un momento all'altro. L'urlìo crescente, scendendo dall'alto come un tuono, rimbomba nel vòto cortile[12]; ogni buco della casa ne rintrona: e di mezzo al vasto e confuso strepito, si senton forti e fitti colpi di pietre alla porta.

- Il vicario! Il tiranno! L'affamatore! Lo vogliamo! vivo o morto!

Il meschino girava di stanza in stanza, pallido, senza fiato, battendo palma a palma[13], raccomandandosi a Dio, e a' suoi servitori, che tenessero fermo[14], che trovassero la maniera di farlo scappare. Ma come, e di dove? Salì in soffitta; da un pertugio, guardò ansiosamente nella strada, e la vide piena zeppa di furibondi; sentì le voci che chiedevan la sua morte; e più smarrito che mai, si ritirò, e andò a cercare il più sicuro e riposto nascondiglio.

Renzo, questa volta, si trovava nel forte[15] del tumulto. A quella prima proposta di sangue, aveva sentito il suo rimescolarsi tutto: in quanto al saccheggio, non avrebbe saputo dire se fosse bene o male in quel caso; ma l'idea dell'omicidio gli cagionò un orrore pretto[16] e immediato. E quantunque fosse persuasissimo che il vicario era la cagion principale della fame, il nemico de' poveri, pure, avendo, al primo moversi della turba, sentita a caso qualche parola che indicava la volontà di fare ogni sforzo per salvarlo, s'era subito

Osservazioni

nel forte del tumulto

Renzo si trova coinvolto nei disordini di Milano a poco a poco: il primo passo è legato alla curiosità (il giovane venuto dalla provincia vuole vedere cosa sta succedendo e osserva la scena da semplice spettatore); il secondo passo nasce invece da un sentimento di sdegno nei confronti della violenza e dell'ingiustizia (Renzo si impegna in prima persona per salvare il vicario, che pure ritiene colpevole).

12 nel vòto cortile: nel cortile interno della casa (vòto: vuoto).
13 battendo palma a palma: battendo le mani una contro l'altra.
14 che tenessero fermo: che resistessero.
15 nel forte: nel pieno, nel centro.
16 pretto: schietto, istintivo.

proposto d'aiutare anche lui un'opera tale; e, con quest'intenzione, s'era cacciato, quasi fino a quella porta, che veniva travagliata[17] in cento modi. Chi con ciottoli picchiava su' chiodi della serratura, per isconficcarla; altri, con pali e scarpelli e martelli, cercavano di lavorar più in regola: altri poi, con pietre, con coltelli spuntati, con chiodi, con bastoni, con l'unghie, non avendo altro, scalcinavano e sgretolavano il muro, e s'ingegnavano di levare i mattoni, e fare una breccia. Quelli che non potevano aiutare, facevan coraggio con gli urli; ma nello stesso tempo, con lo star lì a pigiare, impicciavan di più il lavoro già impicciato dalla gara disordinata de' lavoranti: giacché, per grazia del cielo, accade talvolta anche nel male quella cosa troppo frequente nel bene, che i fautori[18] più ardenti divengano un impedimento.

Spiccava tra questi, ed era lui stesso spettacolo, un vecchio mal vissuto, che, spalancando due occhi affossati e infocati, contraendo le grinze a un sogghigno di compiacenza diabolica, con le mani alzate sopra una canizie vituperosa[19], agitava in aria un martello, una corda, quattro gran chiodi, con che diceva di volere attaccare il vicario a un battente della sua porta, ammazzato che fosse.

- Oibò! vergogna! - scappò fuori Renzo, inorridito a quelle parole, alla vista di tant'altri visi che davan segno d'approvarle, e incoraggito dal vederne degli altri, sui quali, benché muti, traspariva lo stesso orrore del quale era compreso lui. - Vergogna!

Osservazioni

un vecchio mal vissuto

La figura ha tratti esplicitamente infernali: "due occhi affossati e infocati", "le grinze", "un sogghigno di compiacenza diabolica", "una canizie vituperosa"... Manzoni ha volutamente calcato la mano, come in una caricatura, per suscitare nel lettore un moto di disgusto nei confronti di questo personaggio. Solitamente, la vecchiaia è considerata da Manzoni degna di rispetto: in questo caso, lo scrittore ha fatto di questo vecchio un simbolo della violenza bestiale della folla.

17 travagliata: malmenata, maltrattata.

18 i fautori: i sostenitori.

19 canizie vituperosa: biancore (dei capelli) vergognoso (perché dovrebbe suscitare un sentimento di vergogna in chi lo guarda).

Vogliam noi rubare il mestiere al boia? assassinare un cristiano? Come volete che Dio ci dia del pane, se facciamo di queste atrocità? Ci manderà de' fulmini, e non del pane!

- Ah cane! ah traditor della patria! - gridò, voltandosi a Renzo, con un viso da indemoniato, un di coloro che avevan potuto sentire tra il frastono quelle sante parole. - Aspetta, aspetta! È un servitore del vicario, travestito da contadino: è una spia: dàlli[20], dàlli! - Cento voci si spargono all'intorno. - Cos'è? dov'è? chi è? Un servitore del vicario. Una spia. Il vicario travestito da contadino, che scappa. Dov'è? dov'è? dàlli, dàlli!

Renzo ammutolisce, diventa piccino piccino, vorrebbe sparire; alcuni suoi vicini lo prendono in mezzo; e con alte e diverse grida cercano di confondere quelle voci nemiche e omicide.

LESSICO E GRAMMATICA

ammutolisce
In questo capitolo, capita spesso che lo scrittore usi verbi al presente, anziché al passato (imperfetto, passato remoto ecc.): non si tratta di una svista o di un errore, ma di una tecnica, detta "presente storico". Il presente storico è usato dagli scrittori per dare vivacità alle scene più drammatiche del racconto: il presente infatti dà al lettore l'impressione di seguire gli avvenimenti in diretta, senza alcun distacco temporale.

L'arrivo di Antonio Ferrer

Tutt'a un tratto, un movimento straordinario cominciato a una estremità, si propaga per la folla, una voce si sparge, viene avanti di bocca in bocca: - Ferrer! Ferrer! - Una maraviglia, una gioia, una rabbia, un'inclinazione[21], una ripugnanza, scoppiano per tutto dove[22] arriva quel nome; chi lo grida, chi vuol soffogarlo; chi afferma, chi nega, chi benedice, chi bestemmia.

- È qui Ferrer! - Non è vero, non è vero! - Sì, sì; viva Ferrer! quello che ha messo il pane a buon mercato. - No, no! - È qui, è qui in carrozza. - Cosa importa? che c'entra lui? non vogliamo nessuno! - Ferrer! viva Ferrer! l'amico della povera gente! viene

[20] dàlli: dagli, addosso.
[21] un'inclinazione: una simpatia.
[22] per tutto dove: dovunque.

per condurre in prigione il vicario. - No, no: vogliamo far giustizia noi: indietro, indietro! - Sì, sì: Ferrer! venga Ferrer! in prigione il vicario!

In fatti, all'estremità della folla, era arrivato in carrozza Antonio Ferrer, il gran cancelliere; il quale, rimordendogli probabilmente la coscienza d'essere co' suoi spropositi[23] e con la sua ostinazione, stato causa, o almeno occasione di quella sommossa, veniva ora a cercar d'acquietarla, e d'impedirne almeno il più terribile e irreparabile effetto: veniva a spender bene una popolarità mal acquistata.

- È quel Ferrer che aiuta a far le gride? - domandò a un nuovo vicino il nostro Renzo.

- Già: il gran cancelliere - gli fu risposto.

- È un galantuomo, n'è vero?

- Eccome se è un galantuomo! è quello che aveva messo il pane a buon mercato; e gli altri non hanno voluto; e ora viene a condurre in prigione il vicario, che non ha fatto le cose giuste.

Non fa bisogno[24] di dire che Renzo fu subito per Ferrer. Volle andargli incontro addirittura: la cosa non era facile; ma con certe sue spinte e gomitate da alpigiano[25], riuscì a farsi far largo, e a arrivare in prima fila, proprio di fianco alla carrozza.

Era questa già un po' inoltrata nella folla; e in quel momento stava ferma, per uno di quegl'incagli inevitabili e frequenti, in un'andata di quella sorte[26]. Il vecchio Ferrer presentava ora all'uno, ora all'altro sportello, un viso tutto umile, tutto ridente, tutto amoroso. Parlava anche; ma il chiasso e il ronzìo di tante voci, gli evviva stessi che si facevano a lui, lasciavano ben poco e a ben pochi sentir le sue parole. S'aiutava dunque co' gesti, ora mettendo la punta delle mani sulle labbra, a prendere un bacio che le mani, separandosi subito, distribuivano a destra e a sinistra

[23] spropositi: decisioni sbagliate: Manzoni si riferisce ovviamente alla decisione di bloccare il prezzo del pane.

[24] Non fa bisogno: non c'è bisogno.

[25] alpigiano: montanaro, evidentemente più robusto e massiccio dei cittadini.

[26] in un'andata di quella sorte: in un viaggio di quel tipo.

FOCUS

Le istituzioni di Milano

Lo stato di Milano nel Seicento era organizzato in maniera piuttosto complessa. Ecco quali erano le principali figure del governo e dell'amministrazione pubblica dell'epoca, a cui Manzoni fa riferimento nei *Promessi sposi*.

Il governo

La massima autorità civile era il ***governatore*** (don Gonzalo), nominato direttamente dal re di Spagna ogni tre anni e scelto sempre fra la nobiltà spagnola.

Il governatore era affiancato da tre organismi, i cui membri erano tutti nominati dal governatore:

- il ***Consiglio segreto***, composto da tredici membri, che si occupava soprattutto delle questioni politiche e faceva le veci del governatore quando quest'ultimo era assente (vi appartiene lo zio di don Rodrigo e del conte Attilio, di cui si parlerà più avanti);
- il ***Senato***, composto da quindici membri della nobiltà milanese, che si occupava dell'applicazione delle leggi;
- il ***Consiglio dei decurioni***, composto da sessanta membri (dieci per ciascuna delle sei zone in cui era divisa la città), che si occupava dell'amministrazione.

Le forze dell'ordine

Nella Milano del Seicento erano presenti tre diverse forze dell'ordine:

- i ***gabellini*** o ***gabellieri***, cioè i doganieri, che sorvegliavano le porte della città e riscuotevano il dazio (la tassa che doveva pagare chi portava in città prodotti da vendere);
- i ***birri*** o ***bargelli***, cioè i poliziotti, incaricati di mantenere l'ordine pubblico, comandati da un ***capitano di giustizia*** (la loro sede era il palazzo di giustizia, alle spalle del Duomo);
- i ***micheletti***, cioè i soldati spagnoli, che affiancavano i birri nei casi più gravi, comandati da un ***castellano***, la massima autorità militare, sempre spagnolo come il governatore (la loro sede era il Castello Sforzesco).

Le altre magistrature

Tra le altre figure importanti, ricordiamo:

- il ***gran cancelliere*** (Antonio Ferrer), anch'egli spagnolo, responsabile delle questioni economiche e giuridiche (era di fatto il ministro più importante, una specie di vice-governatore);
- il ***vicario di provvisione***, incaricato degli approvvigionamenti della città; era assistito dal *Tribunale di provvisione*, composto da dodici membri;
- il ***magistrato di sanità***, che, come dice il nome stesso, si occupava delle questioni igieniche e sanitarie (se ne parlerà nel capitolo sulla peste);
- il ***podestà***, che si può paragonare al moderno sindaco, poiché era l'unico rappresentante politico eletto (naturalmente da una esigua minoranza di cittadini) e aveva il compito di farsi portavoce delle esigenze della popolazione presso le autorità.

Riflessioni e approfondimenti

- Conosci le istituzioni della tua città? Seguendo lo schema da noi proposto, elenca quelle che conosci e spiega quali sono i loro compiti:
  amministrazione: ______________________________
  forze dell'ordine: ______________________________
  altre istituzioni: ______________________________

in ringraziamento alla pubblica benevolenza; ora stendendole e movendole lentamente fuori d'uno sportello, per chiedere un po' di luogo[27]; ora abbassandole garbatamente, per chiedere un po' di silenzio. Quando n'aveva ottenuto un poco, i più vicini sentivano e ripetevano le sue parole: - pane, abbondanza: vengo a far giustizia: un po' di luogo di grazia -. Sopraffatto poi e come soffogato dal fracasso di tante voci, dalla vista di tanti visi, di tant'occhi addosso a lui, si tirava indietro un momento, gonfiava le gote, mandava un gran soffio, e diceva tra sé: "*por mi vida, que de gente*[28]*!*"

- Viva Ferrer! Non abbia paura. Lei è un galantuomo. Pane, pane!

- Sì; pane, pane, - rispondeva Ferrer: - abbondanza; lo prometto io, - e metteva la mano al petto. - Un po' di luogo, - aggiungeva subito: - vengo per condurlo in prigione, per dargli il giusto gastigo che si merita: - e soggiungeva sottovoce: - *si es culpable*[29]-. Chinandosi poi innanzi verso il cocchiere, gli diceva in fretta: - *adelante, Pedro, si puedes*[30].

Lessico e grammatica

si es culpable

Ferrer si esprime usando due diverse lingue: l'italiano, con cui si rivolge alla folla, e lo spagnolo con cui si rivolge a se stesso. L'uso delle due lingue rivela la doppiezza di Ferrer: di fronte alla folla il gran cancelliere indossa una maschera ingannevole, fatta di sorrisi, gesti amichevoli e buone parole; il suo vero aspetto è quello che emerge quando esprime i suoi sentimenti nella lingua madre, incomprensibile ai milanesi.

Il salvataggio del vicario

Renzo si mise con gli altri a far far largo; e non era certo de' meno attivi. Ferrer, in mezzo ai saluti che scialacquava[31] al pubblico in massa, ne faceva certi particolari di ringraziamento, con un sorriso d'intelligenza, a quelli che vedeva adoprarsi per lui: e

27 un po' di luogo: un po' di spazio.
28 *por mi vida, que de gente*: per la mia vita, quanta gente.
29 *si es culpable*: se è colpevole.
30 *adelante, Pedro, si puedes*: avanti, Pietro, se puoi.
31 scialacquava: distribuiva in abbondanza.

di questi sorrisi ne toccò più d'uno a Renzo, il quale per verità se li meritava, e serviva in quel giorno il gran cancelliere meglio che non avrebbe potuto fare il più bravo de' suoi segretari. Al giovane montanaro invaghito di quella buona grazia, pareva quasi d'aver fatto amicizia con Antonio Ferrer.

Il tragitto non era forse più che un tiro di schioppo; ma riguardo al tempo impiegatovi, avrebbe potuto parere un viaggetto. Tuttavia, tra le incessanti acclamazioni, tra qualche fremito anche d'opposizione, che si faceva sentire qua e là, ma era subito soffogato, ecco alla fine Ferrer arrivato alla casa.

Ferrer mise[32] un gran respiro, quando vide la porta ancor chiusa. Il vecchio mise fuori la testa, s'alzò, uscì, e scese sul predellino[33]. La folla, da una parte e dall'altra, stava tutta in punta di piedi per vedere: mille visi, mille barbe in aria: la curiosità e l'attenzione generale creò un momento di generale silenzio. Ferrer, fermatosi quel momento sul predellino, diede un'occhiata in giro, salutò con un inchino la moltitudine, come da un pulpito, e messa la mano sinistra al petto, gridò: - pane e giustizia -; e franco, diritto, togato[34], scese in terra, tra l'acclamazioni che andavano alle stelle.

Ferrer entrò in casa del vicario e lo rincuorò rapidamente, poi uscì, con il poveretto attaccato, anzi incollato alla toga. Il viaggio di ritorno fu ugualmente lento e difficile: il vicario stava rannicchiato in fondo alla carrozza, in preda al terrore, mentre Ferrer si sporgeva dai finestrini e parlava senza interruzione, mescolando italiano e spagnolo e gesticolando verso la folla. Finalmente la carrozza uscì dalla calca e, presa velocità, si diresse al vicino castello.

[32] mise: emise.
[33] sul predellino: sul gradino della carrozza.
[34] franco, diritto, togato: deciso, sicuro di sé, rivestito della toga (il mantello riservato ai rappresentanti delle istituzioni).

Renzo oratore: la lega dei birboni

Intanto il sole era andato sotto, le cose diventavan tutte d'un colore; e molti, stanchi della giornata e annoiati di ciarlare al buio, tornavano verso casa. Renzo, dopo avere aiutato il passaggio della carrozza, fece un po' di strada con la folla, e n'uscì, alla prima cantonata[35], per respirare anche lui un po' liberamente. Fatto ch'ebbe pochi passi al largo, si trovò a ridosso a un crocchio; e fermatosi, sentì che vi discorrevan di congetture, di disegni, per il giorno dopo. Stato un momento a sentire, non poté tenersi di non dire anche lui la sua. - Signori miei! - gridò, in tono d'esordio: - devo dire anch'io il mio debol parere? Il mio debol parere è questo: che non è solamente nell'affare del pane che si fanno delle bricconerie: e giacché oggi s'è visto chiaro che, a farsi sentire, s'ottiene quel che è giusto; bisogna andar avanti così, fin che non si sia messo rimedio a tutte quelle altre scelleratezze, e che il mondo vada un po' più da cristiani. Non è vero, signori miei, che c'è una mano[36] di tiranni, che fanno proprio al rovescio de' dieci comandamenti, e vanno a cercar la gente quieta, che non pensa a loro, per farle ogni male, e poi hanno sempre ragione? anzi quando n'hanno fatta una più grossa del solito, camminano con la testa più alta, che par che gli s'abbia a rifare il resto[37]? Già anche in Milano ce ne dev'essere la sua parte.

- Pur troppo, - disse una voce.

- Lo dicevo io, - riprese Renzo. - Dunque mi dicano un poco, signori miei, se hanno mai visto uno di questi *col muso all'inferriata*[38]. E quel che è peggio (e questo lo posso dir io di sicuro), è che le gride ci sono, stampate, per gastigarli: e non già gride senza costrutto[39]; fatte benissimo, che noi non potremmo trovar niente di meglio. Si vede dunque chiaramente che il re, e quelli che

[35] cantonata: svolta, incrocio.
[36] una mano: una banda, un'associazione.
[37] par che... il resto: sembra che gli si debba ancora qualcosa (rifare il resto: dare il resto).
[38] *col muso all'inferriata*: in prigione.
[39] senza costrutto: generiche, vaghe.

comandano, vorrebbero che i birboni fossero gastigati; ma non se ne fa nulla, perché c'è una lega[40]. Dunque bisogna romperla; bisogna andar domattina da Ferrer, che quello è un galantuomo, e dirgli come stanno le cose. E poi, anche loro, se fanno le gride, devono aver piacere che s'ubbidisca. E se i prepotenti non vogliono abbassar la testa, e fanno il pazzo, siam qui noi per aiutarlo, come s'è fatto oggi. Dico bene, signori miei?

Renzo aveva parlato tanto di cuore, che, fin dall'esordio, una gran parte de' radunati, sospeso ogni altro discorso, s'eran rivoltati a lui; e, a un certo punto, tutti erano divenuti suoi uditori. Un grido confuso d'applausi, di - bravo: sicuro: ha ragione: è vero pur troppo, - fu come la risposta dell'udienza[41].

OSSERVAZIONI

c'è una lega

Il discorso che Renzo tiene di fronte al pubblico improvvisato la sera dell'11 novembre presenta due aspetti: nella prima parte, dove Renzo afferma che l'ingiustizia non riguarda solo il pane, ma tutto l'assetto sociale, e dove sostiene che i potenti non solo si comportano male, ma riescono anche a sfuggire alla giustizia, perché fanno lega tra loro, Manzoni condivide evidentemente le parole del personaggio. Nella seconda parte invece, dove il giovane propone un'alleanza fra i governanti e il popolo, contro i privilegi delle classi superiori, si rivela tutta l'ingenuità di Renzo: i governanti si appoggiavano proprio a queste classi superiori, Ferrer è un "birbone" di prima categoria egli stesso.

All'osteria della Luna Piena

- Chi è che potrebbe indicarmi un'osteria dove mangiare e passare la notte? - chiese Renzo mentre la gente si disperdeva.

- Vi aiuto io, - rispose uno dei presenti, che non aveva aperto bocca fino a quel momento. - Venite.

Renzo si allontanò con la sua guida, che con aria disinteressata gli faceva mille domande: da dove venite, perché siete venuto a Milano, che cosa vi è capitato al vostro paese e così via. Renzo rispose

[40] una lega: un'associazione (fra i birboni, cioè i delinquenti).

[41] dell'udienza: dell'uditorio, del pubblico.

ingenuamente, ma senza troppo rivelare dei fatti suoi, e a un certo punto vide l'insegna di un'osteria - l'osteria della Luna Piena - ed entrò. La guida lo seguì per farsi offrire un bicchiere di vino.

Il chiasso era grande. Un garzone girava innanzi e indietro, in fretta e in furia: l'oste era a sedere sur una piccola panca, sotto la cappa del camino, occupato, in apparenza, in certe figure che faceva e disfaceva nella cenere, con le molle; ma in realtà intento a tutto ciò che accadeva intorno a lui. S'alzò, al rumore del saliscendi; e andò incontro ai soprarrivati. Vista ch'ebbe la guida, "maledetto!" disse tra sé: "che tu m'abbia a venir sempre tra' piedi, quando meno ti vorrei!" Data poi un'occhiata in fretta a Renzo, disse, ancora tra sé: "non ti conosco; ma venendo con un tal cacciatore, o cane o lepre[42] sarai: quando avrai detto due parole, ti conoscerò". Però, di queste riflessioni nulla trasparve sulla faccia dell'oste, la quale stava immobile come un ritratto: una faccia pienotta e lucente, con una barbetta folta, rossiccia, e due occhietti chiari e fissi.

- Cosa comandan questi signori? - disse ad alta voce.

- Prima di tutto, un buon fiasco di vino sincero[43], - disse Renzo: - e poi un boccone -. Così dicendo, si buttò a sedere sur una panca, verso la cima[44] della tavola. Il compagno s'era messo a sedere in faccia a Renzo. Questo gli mescé subito da bere, dicendo: per bagnar le labbra -. E riempito l'altro bicchiere, lo tracannò in un sorso.

- Cosa mi darete da mangiare? - disse poi all'oste.

- Ho dello stufato[45]: vi piace? - disse questo.

- Sì, bravo; dello stufato.

- Sarete servito, - disse l'oste a Renzo.

- Preparate un buon letto a questo bravo giovine, - disse la guida: - perché ha intenzione di dormir qui.

[42] cane o lepre: o poliziotto, o preda, vittima della giustizia.

[43] sincero: puro, non annacquato.

[44] la cima: l'estremità: gli avventori sedevano a lunghe tavole, tutti insieme.

[45] stufato: era un piatto molto diffuso, perché si poteva tenere sempre pronto accanto al fuoco e perché rendeva tenera e saporita anche la carne di scarsa qualità.

- Volete dormir qui? - domandò l'oste a Renzo, avvicinandosi alla tavola.

- Sicuro, - rispose Renzo: - un letto alla buona; basta che i lenzoli sian di bucato; perché son povero figliuolo, ma avvezzo alla pulizia.

- Oh, in quanto a questo! - disse l'oste: andò al banco, ch'era in un angolo della cucina; e ritornò, con un calamaio e un pezzetto di carta bianca in una mano, e una penna nell'altra: - fatemi il piacere di dirmi il vostro nome, cognome e patria[46].

- Cosa? - disse Renzo: - cosa c'entrano codeste storie col letto?

- Io fo il mio dovere, - disse l'oste, guardando in viso alla guida: - noi siamo obbligati a render conto di tutte le persone che vengono a alloggiar da noi: nome e cognome, e di che nazione sarà, a che negozio[47] viene, se ha seco[48] armi... quanto tempo ha di fermarsi[49] in questa città... Son parole della grida.

Prima di rispondere, Renzo votò un altro bicchiere. Poi disse: - ah ah! avete la grida! E io fo conto d'esser dottor di legge; e allora so subito che caso si fa[50] delle gride.

L'oste stava zitto, e seguitava a guardar la guida, la quale non faceva dimostrazione di sorte veruna[51]. Renzo, ci dispiace il dirlo, tracannò un altro bicchiere, e proseguì: - Se le gride che parlan bene, in favore de' buoni cristiani, non contano; tanto meno devon contare quelle che parlan male. Dunque leva tutti quest'imbrogli, e porta in vece un altro fiasco; perché questo è fesso[52].

Anche questa volta, Renzo aveva, a poco a poco, attirata l'attenzione di quelli che gli stavan d'intorno: e anche questa volta, fu applaudito dal suo uditorio.

- Cosa devo fare? - disse l'oste, guardando quello sconosciuto, che non era tale per lui.

- Via, via, - gridaron molti di que' compagnoni: - ha ragione

[46] patria: luogo di residenza.
[47] a che negozio: per quale attività.
[48] seco: con sé.
[49] ha di fermarsi: ha intenzione di fermarsi.
[50] che caso si fa: che importanza si dà.
[51] non faceva... veruna: non reagiva in alcun modo.
[52] è fesso: è vuoto.

Le osterie nel Seicento

Renzo, nel corso dei *Promessi Sposi*, si trova spesso in osteria: a Olate, se ricordi, offre la cena a Tonio e Gervaso prima della "notte degli imbrogli"; a Milano dorme alla Luna Piena, dove si ubriaca miseramente; nei capitoli seguenti vedremo che si ferma a mangiare anche in altre osterie.

Quale poteva essere concretamente l'aspetto di un'osteria nel Seicento? Osserviamo questo famosissimo quadro di Michelangelo da Caravaggio, ispirato a un episodio del Nuovo Testamento (*La cena in Emmaus*): noterai l'ambiente spoglio, le pareti nude, la tavola miseramente imbandita...

Quest'altro quadro, del pittore settecentesco Pietro Longhi, si intitola *Contadini all'osteria*: l'ambiente sovraffollato era probabilmente simile a quello trovato da Renzo all'osteria della Luna Piena, così come i grandi tavoloni a cui tutti si sedevano alla rinfusa.

Riflessioni e approfondimenti

- Sai spiegare la differenza che esiste oggi fra i seguenti locali pubblici?
  osteria: ______________________________
  ____
  bar: ______________________________
  ____
  ristorante: ______________________________
  ____
  locanda: ______________________________
  ____
  tavola calda: ______________________________
  ____
  albergo: ______________________________
  ____

quel giovine: son tutte angherie[53], trappole, impicci: legge nuova, oggi, legge nuova. In mezzo a queste grida, lo sconosciuto, dando all'oste un'occhiata di rimprovero, per quell'interrogazione troppo scoperta, disse: - lasciatelo un po' fare a suo modo: non fate scene.

- Ho fatto il mio dovere, - disse l'oste, forte; e poi tra sé: "Altro che lepre! e in che mani sei capitato! Pezzo d'asino! se vuoi affogare, affoga; ma l'oste della luna piena non deve andarne di mezzo, per le tue pazzie".

Renzo cade nella trappola

Intanto la sconosciuta guida non vedeva l'ora d'andarsene; non aveva, a quel che paresse, nessun affare in quel luogo; eppure non voleva partire prima d'aver chiacchierato un altro poco con Renzo in particolare. Si voltò a lui, e dopo alcune di quelle frasi che, da qualche tempo, correvano per tutte le bocche, venne a metter fuori un suo progetto. - Eh! se comandassi io, - disse, - lo troverei il verso di fare andar le cose bene.

- Come vorreste fare? - domandò Renzo, guardandolo con due occhietti brillanti più del dovere, e storcendo un po' la bocca, come per star più attento.

- Come vorrei fare? - disse colui: - vorrei che ci fosse pane per tutti; tanto per i poveri, come per i ricchi.

- Ah! così va bene, - disse Renzo.

- Ecco come farei. Una meta[54] onesta, che tutti ci potessero campare. E poi, distribuire il pane in ragione delle bocche: perché c'è degl'ingordi indiscreti, che vorrebbero tutto per loro. A me, per esempio, dovrebbero rilasciare un biglietto in questa forma: Ambrogio Fusella, di professione spadaio, con moglie e quattro figliuoli, tutti in età da mangiar pane (notate bene): gli si dia pane tanto, e paghi soldi tanti. Ma far le cose giuste, sempre in ragion

[53] angherie: prepotenze.

[54] meta: prezzo fissato per legge.

delle bocche. A voi, per esempio, dovrebbero fare un biglietto per... il vostro nome?

- Lorenzo Tramaglino, - disse il giovine, invaghito[55] del progetto.

- Benissimo, - disse lo sconosciuto: - ma avete moglie e figliuoli?

- Dovrei bene... figliuoli no... troppo presto... ma la moglie... se il mondo andasse come dovrebbe andare...

- Ah siete solo! Dunque abbiate pazienza, ma una porzione più piccola.

- È giusto; ma se presto, come spero... e con l'aiuto di Dio.. Basta; quando avessi moglie anch'io?

- Allora si cambia il biglietto, e si cresce la porzione. Come v'ho detto; sempre in ragion delle bocche, - disse lo sconosciuto, alzandosi.

- Così va bene, - gridò Renzo; e continuò, gridando e battendo il pugno sulla tavola: - e perché non la fanno una legge così?

- Cosa volete che vi dica? Intanto vi do la buona notte, e me ne vo; perché penso che la moglie e i figliuoli m'aspetteranno da un pezzo. Buona notte, - e se n'andò.

L'oste in azione

Renzo, ormai completamente ubriaco, fu accompagnato nella sua stanza. L'oste insistette ancora, senza alcun risultato, perché Renzo dichiarasse il suo nome. Riuscì in qualche modo a spogliare il cliente, a farsi pagare il pasto e la camera, e lasciò il nostro protagonista profondamente addormentato.

Poi scese da basso, salutò la moglie e si diresse al palazzo di giustizia, per fare la sua denuncia. Mentre camminava nella notte, ripensava a Renzo e si diceva: "Testardo di un montanaro! Se fossi venuto da solo, avrei potuto chiudere un occhio; ma sei venuto ac-

[55] invaghito: innamorato, incantato.

compagnato, e ti sei andato a mettere in trappola con le tue mani. Pensavi che il mondo cambiasse perché hai visto in giro un po' di gente a gridare? Vedrai, domattina, che bel risveglio! Pensavi che volessi sapere il tuo nome per curiosità? Cosa vuoi che m'importi se ti chiami Taddeo o Bartolomeo? Lo sappiamo anche noi che ci sono delle gride che non contano nulla. Ma ce ne sono di quelle che contano eccome - e la prima regola, per chi vuole fregarsene, è parlarne sempre con il massimo rispetto!"

L'oste fu ricevuto da un notaio criminale, dichiarò che un forestiero si era presentato nella sua locanda e si era rifiutato di dare il nome e la provenienza. Il notaio criminale era già stato informato di tutto e rimandò a casa l'oste, minacciandolo se in futuro non avesse continuato a rispettare scrupolosamente la legge.

IL CAPITOLO IN SINTESI

- il tempo: 11 novembre (s. Martino) 1628
- i luoghi: Milano
- i personaggi: Renzo, la folla, il capitano di giustizia, il vicario di provvisione, un vecchio mal vissuto, Ferrer, l'oste della Luna Piena, un bargello
- le sequenze principali:

1 **arrivo di Renzo a Milano:** Renzo, dopo aver lasciato Lucia e Agnese a Monza, prosegue per Milano, diretto al convento dei cappuccini; si accorge subito che Milano è una città sollevata, perché trova per terra farina e pane e vede gente che porta a casa il frutto del saccheggio;

2 **le cause della sommossa:** la sommossa aveva come causa principale la carestia, accentuata dalla guerra; i governanti avevano prima bloccato il prezzo del pane, poi, visto che il provvedimento era controproducente, l'avevano aumentato, provocando rabbia nella popolazione;

3 **l'assalto al forno delle grucce:** l'11 novembre 1628, la folla inferocita assale i garzoni dei fornai e poi dà l'assalto a un forno in Corsia dei Servi, il forno delle grucce: malgrado l'intervento di alcuni soldati, il forno è saccheggiato e distrutto; Renzo assiste ai disordini;

4 **l'assalto alla casa del vicario:** subito dopo il forno delle grucce, anche la casa del vicario di provvisione viene assalita dalla folla, che vuole linciare il disgraziato; Renzo si infila tra la folla, spinto dal desiderio di evitare spargimenti di sangue, e rischia di essere linciato a sua volta;

5 **l'arrivo di Antonio Ferrer:** è in questo momento che il gran cancelliere Antonio Ferrer giunge a salvare il vicario, in carrozza, approfittando del favore popolare; lentamente, egli fende la folla, diretto alla porta della casa assediata, e blandisce la folla con promesse di pane e giustizia;

6 **il salvataggio del vicario:** Ferrer, aiutato tra gli altri da Renzo, arriva sulla porta della casa, scende, entra in casa a prendere il vicario e riesce a farlo salire con sé sulla carrozza; la carrozza quindi si allontana, mentre Ferrrer continua a parlare;

7 **Renzo oratore: la lega dei birboni:** mentre la folla si disperde, Renzo si avvicina a un capannello di persone e coglie l'occasione per esprimere il suo "debol parere": il metodo seguito per ottenere il pane a buon mercato dev'essere usato per ottenere una più generale giustizia sociale;

8 **all'osteria della Luna Piena:** un ascoltatore si offre di guidare Renzo a un'osteria vicina, Renzo però si ferma alla prima che incontra e invita la guida a bere un bicchiere con lui, senza sospettare che si tratti di una spia; l'oste, per dargli una camera, dovrebbe sapere nome, provenienza e attività, ma Renzo rifiuta di fornire le sue generalità;

9 **Renzo cade nella trappola:** con la ragione ormai offuscata dal vino, Renzo cade però nella trappola della spia che lo accompagna e gli confida il proprio nome (in precedenza gli aveva già rivelato il luogo di provenienza);

10 **l'oste in azione:** mentre Renzo, ormai completamente ubriaco, si abbandona al sonno, l'oste va al palazzo di giustizia a sporgere la sua denuncia: ma le autorità sono già informate di tutto e si apprestano ad arrestare il giovane.

ATTIVITÀ

Hai capito bene?

Scegli fra le risposte fornite quella corretta.

1 Quando Renzo vede la farina per terra pensa
- ☐ Che sia neve
- ☐ Che a Milano non ci sia la carestia
- ☐ Che qualcuno l'abbia perduta
- ☐ Che qualcuno lo stia prendendo in giro

2 Renzo, arrivando a Milano, è diretto
- ☐ Al palazzo di giustizia
- ☐ Al forno delle grucce
- ☐ Al convento dei cappuccini
- ☐ Al Duomo

3 L'idea di bloccare il prezzo del pane è
- ☐ Del vicario di provvisione
- ☐ Di Antonio Ferrer
- ☐ Del Governatore don Gonzalo
- ☐ Del consiglio dei decurioni

Il gioco dei perché

Rispondi alle domande seguenti usando le parole indicate fra parentesi.

4 Perché Renzo non resta in chiesa ad aspettare il padre Bonaventura, come gli ha consigliato il portinaio del convento? *(curiosità, rumore, sollevazione)*

5 Perché Renzo a un certo momento decide di entrare nella folla, smettendo di fare semplicemente lo spettatore? *(linciaggio, orrore, senso morale)*

6 Perché l'oste della Luna Piena chiede a Renzo nome e provenienza? *(gride, bargello, interesse)*

7 Perché Renzo non vuol dare all'oste le sue generalità (nome, provenienza ecc.)? *(spie, don Rodrigo, prudenza)*

Riflettiamo insieme

Esponi la tua opinione facendo riferimento al testo letto.

8 Il giudizio nei confronti di Antonio Ferrer è in parte positivo e in parte negativo. Spiega per quali aspetti Manzoni critica il personaggio e per quali invece lo giudica positivamente.

9 L'oste della Luna Piena è un personaggio egoista, che pensa solo alla propria sicurezza e al proprio interesse. Spiega se sei d'accordo con questa affermazione, motivando la tua risposta con gli opportuni riferimenti al testo.

Lettori detective... della lingua

10 Con l'aiuto di un buon dizionario, spiega il significato delle seguenti parole, poi usale per spiegare le iniziative economiche di Ferrer:

- calmiere: ....
- inflazione: ....
- carestia: ....
- sottocosto: ....

Siamo tutti scrittori?

Scrivi un testo di 12-15 righe (o 500 caratteri).

11 Pregi e limiti di Renzo
Renzo in questo capitolo si rivela un personaggio ingenuo, inesperto del mondo e pronto a condividere i pregiudizi diffusi. Nello stesso tempo, Manzoni sottolinea anche la sua bontà d'animo e la sua profonda onestà morale. Facendo riferimento al testo, approfondisci questi due aspetti del personaggio.

12 Il punto di vista
Il racconto del salvataggio del vicario è condotto da Manzoni da un punto di vista esterno alla vicenda: è come se il narratore si trovasse in possesso di una macchina da presa collocata "al di fuori" della scena e in un certo senso "più in alto" rispetto ai personaggi che agiscono.
Prova a raccontare la stessa scena (in prima persona) dal punto di vista di Renzo, cioè di un personaggio "immerso" negli avvenimenti, che capisce solo in parte quello che sta accadendo (per esempio, non capisce il significato delle parole in castigliano pronunciate da Ferrer, crede davvero che Ferrer venga per portare il vicario in prigione ecc.).

Capitolo 6

La fuga di Renzo

Nel Seicento l'Adda, per buona parte del suo percorso, segnava il confine tra il Ducato di Milano e la Repubblica di Venezia. Tale confine era stato stabilito con la pace di Lodi, nel 1454, ed era rimasto praticamente invariato da allora.

Renzo arrestato

Allo spuntar del giorno, Renzo russava da circa sett'ore, ed era ancora, poveretto! sul più bello, quando due forti scosse alle braccia, e una voce che dappiè del letto gridava: - Lorenzo Tramaglino! - , lo fecero riscotere. Si risentì, ritirò le braccia, aprì gli occhi a stento; e vide ritto appiè del letto un uomo vestito di nero, e due armati, uno di qua, uno di là del capezzale.

- Ah! avete sentito, Lorenzo Tramaglino? - disse l'uomo dalla cappa nera, quel notaio medesimo della sera avanti. - Animo dunque; levatevi, e venite con noi.

- Lorenzo Tramaglino! - disse Renzo Tramaglino: - cosa vuol dir questo? Cosa volete da me? Chi v'ha detto il mio nome?

- Meno ciarle, e fate presto, - disse uno de' birri che gli stavano a fianco, prendendogli di nuovo il braccio.

- Ohe! che prepotenza è questa? - gridò Renzo, ritirando il braccio. - Io sono un galantuomo: non ho fatto nulla; e mi maraviglio...

- Meglio per voi, meglio per voi; così, in due parole sarete spicciato[1], e potrete andarvene per i fatti vostri.

- Mi lascino andare ora, - disse Renzo: - io non ho che far nulla con la giustizia.

- Fate il vostro dovere, - disse il notaio a' birri; i quali misero subito le mani addosso a Renzo, per tirarlo fuori del letto.

- Eh! non toccate la carne d'un galantuomo, che...! Mi so vestir da me.

- Dunque vestitevi subito, - disse il notaio.

- Mi vesto, - rispose Renzo; e andava di fatti raccogliendo qua e là i panni sparsi sul letto, come gli avanzi d'un naufragio sul lido[2]. E cominciando a metterseli, proseguiva tuttavia dicendo: - ma io non ci voglio andare dal capitano di giustizia. Non ho che far nulla con lui. Giacché mi si fa quest'affronto ingiustamente, voglio esser condotto da Ferrer. Quello lo conosco, so che è un galantuomo; e m'ha dell'obbligazioni[3].

Osservazioni

i panni sparsi sul letto

Nota che, per andare a letto, Renzo... non si mette il pigiama. La cosa è più che naturale, dato che la diffusione del pigiama risale alla fine dell'Ottocento. Nel Seicento, per dormire, le classi più abbienti usavano la camicia da notte. Le classi popolari spesso conservavano anche a letto gli indumenti da giorno, come avviene nel caso di Renzo, che si toglie il farsetto e i pantaloni, restando in camicia e mutandoni.

1 sarete spicciato: vi manderanno via.
2 sul lido: sulla spiaggia.
3 m'ha delle obbligazioni: è debitore nei miei confronti.

- Sì, sì, figliuolo, sarete condotto da Ferrer, - rispose il notaio. In altre circostanze, avrebbe riso, proprio di gusto, d'una richiesta simile; ma non era momento da ridere. Già nel venire, aveva visto per le strade un certo movimento, da non potersi ben definire se fossero rimasugli d'una sollevazione non del tutto sedata[4], o princìpi d'una nuova: uno sbucar di persone, un accozzarsi[5], un andare a brigate, un far crocchi. E ora, senza farne sembiante[6], o cercando almeno di non farlo, stava in orecchi, e gli pareva che il ronzìo andasse crescendo. Desiderava dunque di spicciarsi; ma avrebbe anche voluto condur via Renzo d'amore e d'accordo; giacché, se si fosse venuti a guerra aperta con lui, non poteva esser certo, quando fossero in istrada, di trovarsi tre contr'uno[7]. Perciò dava d'occhio a' birri, che avessero pazienza, e non inasprissero il giovine; e dalla parte sua, cercava di persuaderlo con buone parole.

Il giovine intanto, mentre si vestiva adagino adagino, richiamandosi, come poteva, alla memoria gli avvenimenti del giorno avanti, indovinava bene, a un di presso, che le gride e il nome e il cognome dovevano esser la causa di tutto; ma come diamine colui lo sapeva quel nome? E che diamine era accaduto in quella notte, perché la giustizia avesse preso tant'animo[8], da venire a colpo sicuro, a metter le mani addosso a uno de' buoni figliuoli che, il giorno avanti, avevan tanta voce in capitolo? e che non dovevano esser tutti addormentati, poiché Renzo s'accorgeva anche lui d'un ronzìo crescente nella strada. Guardando poi in viso il notaio, vi scorgeva in pelle in pelle[9] la titubazione[10] che costui si sforzava invano di tener nascosta.

[4] sedata: placata.
[5] un accozzarsi: un radunarsi, un riunirsi.
[6] senza farne sembiante: senza farlo vedere.
[7] non poteva essere certo... tre contr'uno: cioè temeva che la folla avrebbe preso le parti di Renzo, mettendo lui e i due birri in netta minoranza.
[8] tant'animo: tanto coraggio.
[9] in pelle in pelle: come se trasparisse, a fior di pelle.
[10] titubazione: esitazione, incertezza.

I consigli del notaio criminale

Mentre Renzo si metteva il farsetto, e prendeva il cappello, il notaio fece cenno a un de' birri, che s'avviasse per la scala; gli mandò dietro il prigioniero, poi l'altro amico; poi si mosse anche lui. In cucina che furono, mentre Renzo dice: - e quest'oste benedetto dove s'è cacciato? - il notaio fa un altro cenno a' birri; i quali afferrano, l'uno la destra, l'altro la sinistra del giovine, e in fretta in fretta gli legano i polsi con certi ordigni chiamati manichini. Consistevano questi in una cordicella lunga un po' più che il giro d'un polso ordinario, la quale aveva nelle cime due pezzetti di legno, come due piccole stanghette. La cordicella circondava il polso del paziente[11]; i legnetti, passati tra il medio e l'anulare del prenditore[12], gli rimanevano chiusi in pugno, di modo che, girandoli, ristringeva la legatura, a volontà; e con ciò aveva mezzo, non solo d'assicurare la presa, ma anche di martirizzare un ricalcitrante[13]: e a questo fine, la cordicella era sparsa di nodi.

Renzo si divincola, grida: - che tradimento è questo? A un galantuomo...! - Ma il notaio, che per ogni tristo fatto aveva le sue buone parole, - abbiate pazienza, - diceva: - fanno il loro dovere. Cosa volete? son tutte formalità; e anche noi non possiamo trattar la gente a seconda del nostro cuore. Se non si facesse quello che ci vien comandato, staremmo freschi noi altri, peggio di voi. Abbiate pazienza.

Mentre parlava, i due a cui toccava a fare, diedero una girata a' legnetti. Renzo s'acquietò, come un cavallo bizzarro che si sente il labbro stretto tra le morse[14], e esclamò: - pazienza!

- Bravo figliuolo! - disse il notaio: - questa è la vera maniera d'uscirne a bene[15]. Cosa volete? è una seccatura; lo vedo anch'io; ma, portandovi bene, in un momento ne siete fuori. E giacché vedo che siete ben disposto, e io mi sento inclinato a aiutarvi, voglio darvi anche un altro parere, per vostro bene. Credete a me, che

[11] del paziente: del prigioniero.
[12] del prenditore: di colui che li impugnava.
[13] martirizzare un recalcitrante: far male a un ribelle.
[14] le morse: un strumento usato per tenere fermi i cavalli durante la ferratura, stringendogli il labbro inferiore.
[15] a bene: nel migliore dei modi.

Lessico e grammatica

il vostro onore

L'onore, come abbiamo già notato parlando di don Rodrigo, è uno dei valori supremi, per le classi dominanti, nel Seicento; Manzoni ha già chiarito al lettore che la parola onore è usata per mascherare altro (nel caso di don Rodrigo, la prepotenza e l'arroganza) e anche il notaio criminale la usa per falsificare la realtà, non perché creda davvero nel valore che enuncia.

son pratico di queste cose: andate via diritto diritto, senza guardare in qua e in là, senza farvi scorgere: così nessuno bada a voi, nessuno s'avvede di quel che è; e voi conservate il vostro onore. Di qui a un'ora voi siete in libertà: c'è tanto da fare, che avranno fretta anche loro di sbrigarvi: e poi parlerò io... Ve n'andate per i fatti vostri; e nessuno saprà che siete stato nelle mani della giustizia. E voi altri, - continuò poi, voltandosi a' birri, con un viso severo: - guardate bene di non fargli male, perché lo proteggo io: il vostro dovere bisogna che lo facciate; ma ricordatevi che è un galantuomo, un giovine civile, il quale, di qui a poco, sarà in libertà; e che gli deve premere il suo onore. Andate in maniera che nessuno s'avveda di nulla: come se foste tre galantuomini che vanno a spasso -. E, con tono imperativo, e con sopracciglio minaccioso, concluse: - m'avete inteso -. Voltatosi poi a Renzo, col sopracciglio spianato, e col viso divenuto a un tratto ridente, che pareva volesse dire: oh noi sì che siamo amici!, gli bisbigliò di nuovo: - giudizio; fate a mio modo: andate raccolto e quieto[16]; fidatevi di chi vi vuol bene: andiamo -. E la comitiva s'avviò.

Però, di tante belle parole, Renzo non ne credette una: né che il notaio volesse più bene a lui che a' birri, né che prendesse tanto a cuore la sua riputazione, né che avesse intenzion d'aiutarlo: capì benissimo che il galantuomo, temendo che si presentasse per la strada qualche buona occasione di scappargli dalle mani, metteva innanzi que' bei motivi, per istornar lui dallo starci attento e da approfittarne. Dimodoché tutte quelle esortazioni non servirono ad altro che a confermarlo nel disegno che già aveva in testa, di far tutto il contrario.

[16] raccolto e quieto: tranquillo e silenzioso.

Renzo sfugge alla giustizia

Appena furono in istrada, cominciò a girar gli occhi in qua e in là, a sporgersi con la persona, a destra e a sinistra, a tender gli orecchi. Non c'era però concorso straordinario[17]; e benché sul viso di più d'un passeggiero si potesse legger facilmente un certo non so che di sedizioso, pure ognuno andava diritto per la sua strada; e sedizione propriamente detta, non c'era.

- Giudizio, giudizio! - gli susurrava il notaio dietro le spalle: - il vostro onore; l'onore, figliuolo -. Ma quando Renzo, badando attentamente a tre che venivano con visi accesi[18], sentì che parlavan d'un forno, di farina nascosta, di giustizia, cominciò anche a far loro de' cenni col viso, e a tossire in quel modo che indica tutt'altro che un raffreddore. Quelli guardarono più attentamente la comitiva, e si fermarono; con loro si fermarono altri che arrivavano; altri, che gli eran passati davanti, voltatisi al bisbiglìo, tornavano indietro, e facevan coda.

- Badate a voi; giudizio, figliuolo; peggio per voi, vedete; non guastate i fatti vostri; l'onore, la riputazione, - continuava a susurrare il notaio. Renzo faceva peggio. I birri, dopo essersi consultati con l'occhio, pensando di far bene (ognuno è soggetto a sbagliare), gli diedero una stretta di manichini.

- Ahi! ahi! ahi! - grida il tormentato: al grido, la gente s'affolla intorno; n'accorre da ogni parte della strada: la comitiva si trova incagliata. - È un malvivente, - bisbigliava il notaio a quelli che gli erano a ridosso: - è un ladro colto sul fatto. Si ritirino, lascin passar la giustizia -. Ma Renzo subito alzò la voce: - figliuoli! mi menano[19] in prigione, perché ieri ho gridato: pane e giustizia. Non ho

Lessico e grammatica

giustizia

Manzoni sa bene che le parole acquistano un significato diverso a seconda del contesto in cui vengono pronunciate e spesso della persona che le pronuncia. Così, per esempio, la parola giustizia è a volte (nei discorsi di Renzo) il principio astratto in base a cui distinguere il giusto e l'ingiusto, altre volte indica le forze dell'ordine (e sappiamo che, almeno in questi capitoli, esse agiscono in maniera profondamente ingiusta).

[17] concorso straordinario: una folla eccezionale.

[18] accesi: arrossati dalla passione.

[19] mi menano: mi portano.

fatto nulla; son galantuomo: aiutatemi, non m'abbandonate, figliuoli!

Un mormorìo favorevole, voci più chiare di protezione s'alzano in risposta: i birri sul principio comandano, poi chiedono, poi pregano i più vicini d'andarsene, e di far largo: la folla in vece incalza e pigia sempre più. Quelli, vista la mala parata, lascian andare i manichini, e non si curan più d'altro che di perdersi nella folla, per uscirne inosservati. Il notaio desiderava ardentemente di far lo stesso; ma c'era de' guai, per amor della cappa nera[20]. Il pover'uomo, pallido e sbigottito, cercava di farsi piccino piccino, s'andava storcendo, per isgusciar fuor della folla; ma non poteva alzar gli occhi, che non se ne vedesse venti addosso. Studiava tutte le maniere di comparire un estraneo che, passando di lì a caso, si fosse trovato stretto nella calca, come una pagliucola nel ghiaccio; e riscontrandosi a viso a viso con uno che lo guardava fisso, con un cipiglio[21] peggio degli altri, lui, composta la bocca al sorriso, con un suo fare sciocco, gli domandò: - cos'è stato?

- Uh corvaccio! - rispose colui. - Corvaccio! corvaccio! - risonò all'intorno. Alle grida s'aggiunsero gli urtoni; di maniera che, in poco tempo, parte con le gambe proprie, parte con le gomita altrui, ottenne ciò che più gli premeva in quel momento, d'esser fuori di quel serra serra.

Verso Bergamo

- Scappa, scappa! Di qui, di là! - si grida da ogni parte. Renzo non aveva certo bisogno di incitamenti: fin dal primo momento aveva deciso infatti di uscire il prima possibile, non solo dalla città di Milano, ma dal ducato[22]*. La sua intenzione era di raggiungere quel suo cugino Bortolo, che più volte l'aveva invitato a raggiungerlo nel suo paese vicino a Bergamo.*

[20] per amor della cappa nera: a causa del mantello nero, simbolo del suo ruolo, sorta di divisa che lo rendeva riconoscibilissimo.

[21] cipiglio: espressione severa.

[22] dal ducato: dallo stato di Milano.

Si allontanò dunque di gran carriera, poi rallentò il passo e chiese informazioni. Gli dissero che, per andare verso Bergamo, doveva uscire da Porta Orientale, la stessa da cui era arrivato. La raggiunse, uscì senza che i gabellieri lo fermassero e si trovò in campagna.

Cammina, cammina, senza un'idea precisa della direzione, contento per il momento di allontanarsi da Milano. Dopo aver camminato un bel pezzo, però, capì che doveva chiedere nuovamente indicazioni: e per non dire quel nome "Bergamo", che suonava tanto di fuga e di criminale, pensò di scoprire con qualche trucco il nome di un paese vicino al confine, che non destasse sospetto, e che si potesse anche raggiungere per viottole secondarie, senza percorrere la strada maestra, che probabilmente era sorvegliata.

LESSICO E GRAMMATICA

Cammina, cammina

Questa espressione, tipica del linguaggio fiabesco, scandisce il percorso di Renzo verso l'Adda e sottolinea il valore simbolico del suo viaggio.

Mentre cerca la maniera di pescar tutte quelle notizie, senza dar sospetto, vede pendere una frasca[23] da una casuccia solitaria, fuori d'un paesello. Da qualche tempo, sentiva anche crescere il bisogno di ristorar le sue forze; pensò che lì sarebbe il luogo di fare i due servizi in una volta; entrò. Non c'era che una vecchia, con la rocca al fianco, e col fuso[24] in mano. Chiese un boccone; gli fu offerto un po' di stracchino[25] e del vin buono: accettò lo stracchino, del vino la ringraziò (gli era venuto in odio, per quello scherzo che gli aveva fatto la sera avanti); e si mise a sedere, pregando la donna che facesse presto. Questa, in un momento, ebbe messo in tavola; e subito dopo cominciò a tempestare il suo ospite di domande, e sul suo essere[26], e sui gran

[23] una frasca: era l'insegna che indicava la presenza di un'osteria di campagna.
[24] rocca... fuso: gli strumenti per filare la lana.
[25] stracchino: formaggio molle, simile alla crescenza, molto diffuso in Lombardia.
[26] sul suo essere: su chi era.

fatti di Milano: ché la voce n'era arrivata fin là. Renzo, non solo seppe schermirsi[27] dalle domande, con molta disinvoltura; ma, approfittandosi della difficoltà medesima, fece servire al suo intento la curiosità della vecchia, che gli domandava dove fosse incamminato.

- Devo andare in molti luoghi, - rispose: - e, se trovo un ritaglio di tempo, vorrei anche passare un momento da quel paese, piuttosto grosso, sulla strada di Bergamo, vicino al confine, però nello stato di Milano... Come si chiama? - "Qualcheduno ce ne sarà", pensava intanto tra sé.

- Gorgonzola[28], volete dire, - rispose la vecchia.

- Gorgonzola! - ripeté Renzo, quasi per mettersi meglio in mente la parola. - È molto lontano di qui? - riprese poi.

- Non lo so precisamente: saranno dieci, saranno dodici miglia. Se ci fosse qualcheduno de' miei figliuoli, ve lo saprebbe dire.

- E credete che ci si possa andare per queste belle viottole, senza prender la strada maestra? dove c'è una polvere, una polvere! Tanto tempo che non piove!

- A me mi par di sì: potete domandare nel primo paese che troverete andando a diritta -. E glielo nominò.

- Va bene; - disse Renzo; s'alzò, pagò il conto, uscì, e prese a diritta. E, col nome di Gorgonzola in bocca, di paese in paese, ci arrivò, un'ora circa prima di sera.

Lessico e grammatica

a me mi

L'espressione "a me mi" è scorretta, perché contiene una ripetizione fastidiosa ("mi" ripete infatti esattamente il significato di "a me"): con termine tecnico, questo tipo di errore si definisce "pleonasmo". Manzoni lo usa in questo caso per caratterizzare il personaggio della vecchia contadina, ignorante e quindi incapace di usare la lingua in maniera precisa. In altri casi, il pleonasmo si può usare per rafforzare un concetto.

[27] schermirsi: difendersi, evitare.

[28] Gorgonzola: un paese a est di Milano, a una ventina di chilometri dal centro della città.

All'osteria di Gorgonzola

Renzo si fermò di nuovo a mangiare e a raccogliere informazioni: intendeva infatti raggiungere l'Adda, che segnava il confine tra lo Stato di Milano e quello di Venezia, e attraversarlo il prima possibile. Nell'osteria in cui si fermò, a un certo momento arrivò da Milano un mercante, a cavallo, che si mise a parlare con gli altri avventori, mentre Renzo ascoltava con la massima attenzione, fingendo di pensare solo al cibo. Il racconto del mercante, infatti, lo riguardava molto da vicino.

- Stamattina dunque que' birboni che ieri avevano fatto quel chiasso orrendo, si trovarono a' posti convenuti (già c'era un'intelligenza[29]: tutte cose preparate); si riunirono, e ricominciarono quella bella storia di girare di strada in strada, gridando per tirar altra gente. Sapete che è come quando si spazza, con riverenza parlando, la casa; il mucchio del sudiciume ingrossa quanto più va avanti. Quando parve loro d'esser gente abbastanza, s'avviarono verso la casa del signor vicario di provvisione; come se non bastassero le tirannie[30] che gli hanno fatte ieri: a un signore di quella sorte[31]! oh che birboni! E la roba[32] che dicevan contro di lui! Tutte invenzioni: un signor dabbene, puntuale[33]; e io lo posso dire, che son tutto di casa[34], e lo servo di panno per le livree della servitù. S'incamminaron dunque verso quella casa: bisognava veder che canaglia, che facce...

Indovinate ora chi arrivò all'improvviso. Tutti i monsignori del duomo, in processione, a croce alzata, in abito corale[35]; e monsignor Mazenta, arciprete, cominciò a predicare da una parte, e monsignor Settala, penitenziere[36], da un'altra, e gli altri anche loro: ma, brava gente! ma cosa volete fare? ma è questo l'esempio che date a' vostri figliuoli? ma tornate a casa; ma non sapete che il pane è a buon mercato, più di prima? ma andate a vedere, che c'è l'avviso sulle cantonate[37].

[29] un'intelligenza: un piano, un'intesa.
[30] le tirannie: le prepotenze, le violenze.
[31] di quella sorte: di quel genere.
[32] la roba: le cose, le parole.
[33] puntuale: preciso, puntuale nei pagamenti.
[34] son tutto di casa: frequento regolarmente la sua casa.
[35] in abito corale: con i paramenti solenni.
[36] penitenziere: sacerdote autorizzato ad assolvere peccati di particolare gravità.
[37] sulle cantonate: agli angoli delle strade.

- Era vero?

- Diavolo! Volete che i monsignori del duomo venissero in cappa magna[38] a dir delle fandonie? Non v'ho detto tutto; ora viene il buono.

- Cosa c'è ancora?

- C'è che, ier sera o stamattina che sia, ne sono stati agguantati molti; e subito s'è saputo che i capi saranno impiccati. Appena cominciò a spargersi questa voce, ognuno andava a casa per la più corta[39], per non arrischiare d'esser nel numero. Milano, quand'io ne sono uscito, pareva un convento di frati.

- Gl'impiccheranno poi davvero?

- Eccome! e presto, - rispose il mercante.

- E la gente cosa farà? - domandò ancora colui che aveva fatta l'altra domanda.

- La gente? anderà a vedere, - disse il mercante. - Avevan tanta voglia di veder morire un cristiano all'aria aperta, che volevano, birboni! far la festa al signor vicario di provvisione. In vece sua, avranno quattro tristi[40], serviti con tutte le formalità, accompagnati da' cappuccini, e da' confratelli della buona morte[41]; e gente che se l'è meritato. È una provvidenza, vedete; era una cosa necessaria. Cominciavan già a prender il vizio d'entrar nelle botteghe, e di servirsi, senza metter mano alla borsa[42]; se li lasciavan fare, dopo il pane sarebbero venuti al vino, e così di mano in mano... Pensate se coloro volevano smettere, di loro spontanea volontà, una usanza così comoda. E vi so dir io che, per un galantuomo che ha bottega aperta, era un pensier poco allegro.

- Davvero, - disse uno degli ascoltatori. - Davvero, - ripeteron gli altri, a una voce.

- E, - continuò il mercante, asciugandosi la barba col tovagliolo, - l'era ordita[43] da un pezzo: c'era una lega[44], sapete?

38 in cappa magna: vestiti solennemente.

39 per la più corta: per la via più breve, il più rapidamente possibile.

40 tristi: delinquenti.

41 confratelli della buona morte: laici che si incaricavano di assistere fino all'ultimo i condannati a morte.

42 metter mano alla borsa: pagare.

43 l'era ordita: era una cosa preparata.

44 una lega: un'associazione.

- C'era una lega?

- C'era una lega. Tutte cabale ordite da' navarrini[45], da quel cardinale[46] là di Francia, sapete chi voglio dire, che ha un certo nome mezzo turco[47], e che ogni giorno ne pensa una, per far qualche dispetto alla corona di Spagna. Ma sopra tutto, tende a far qualche tiro a Milano; perché vede bene, il furbo, che qui sta la forza del re.

- Già.

- Ne volete una prova? Chi ha fatto il più gran chiasso, eran forestieri; andavano in giro facce, che in Milano non s'eran mai vedute. Anzi mi dimenticavo di dirvene una che m'è stata data per certa. La giustizia aveva acchiappato uno in un'osteria... - Renzo, il quale non perdeva un ette[48] di quel discorso, al tocco di questa corda, si sentì venir freddo, e diede un guizzo, prima che potesse pensare a contenersi. Nessuno però se n'avvide; e il dicitore[49], senza interrompere il filo del racconto, seguitò: - uno che non si sa bene ancora da che parte fosse venuto, da chi fosse mandato, né che razza d'uomo si fosse; ma certo era uno de' capi. Già ieri, nel forte[50] del baccano, aveva fatto il diavolo; e poi, non contento di questo, s'era messo a predicare, e a proporre, così una galanteria[51], che s'ammazzassero tutti i signori. Birbante! Chi farebbe viver la povera gente, quando i signori fossero ammazzati? La giustizia, che

Osservazioni

Chi farebbe viver la povera gente, quando i signori fossero ammazzati?

Dalle parole del mercante emerge una chiara visione della società e delle sue strutture. Il mercante contrappone nettamente "povera gente" e "signori": lui non è un "signore", anzi si identifica con la "povera gente", cioè con chi vive del proprio lavoro; ed è convinto che la "povera gente" sia destinata per sua natura a essere guidata dalle classi superiori. Manzoni senza dubbio non condivide questa idea: in tutto il romanzo, le classi dominanti, i "signori", non si preoccupano affatto di "far vivere la povera gente", anzi cercano in ogni modo di renderle la vita difficile.

45 navarrini: i francesi, avversari del re di Spagna.
46 quel cardinale: Richelieu.
47 mezzo turco: difficile da pronunciare.
48 un ette: una virgola.
49 il dicitore: l'oratore, colui che parlava.
50 nel forte: nel pieno, al culmine.
51 una galanteria: una gentilezza (detto in senso ironico, ovviamente).

l'aveva appostato[52], gli mise l'unghie addosso; gli trovarono un fascio di lettere; e lo menavano in gabbia[53]; ma che? i suoi compagni, che facevan la ronda intorno all'osteria, vennero in gran numero, e lo liberarono, il manigoldo.

- E cosa n'è stato?

- Non si sa; sarà scappato, o sarà nascosto in Milano: son gente che non ha né casa né tetto, e trovan per tutto[54] da alloggiare e da rintanarsi.

A Renzo quel poco mangiare era andato in tanto veleno. Gli pareva mill'anni[55] d'esser fuori e lontano da quell'osteria, da quel paese; chiamò l'oste con un cenno, gli chiese il conto, lo saldò senza tirare[56], quantunque l'acque fossero molto basse[57]; e, senza far altri discorsi, andò diritto all'uscio, passò la soglia, e s'incamminò dalla parte opposta a quella per cui era venuto.

Renzo raggiunge l'Adda

Lessico e grammatica

pensava Renzo

Manzoni ricorre in queste righe alla tecnica del monologo interiore. Si parla di monologo quando un personaggio parla a lungo, senza essere interrotto da altri; il monologo è "interiore" quando (come in questo caso) il personaggio non si rivolge ad altri, ma riflette fra sé (ad alta voce o solo mentalmente).

"Io fare il diavolo!" pensava Renzo mentre camminava nell'oscurità: "Io ammazzare tutti i signori! Un fascio di lettere, io! I miei compagni che mi stavano a far la guardia! Pagherei qualche cosa a trovarmi a viso a viso con quel mercante e domandargli con comodo dov'abbia pescate tutte quelle belle notizie. Sappiate ora, mio caro signore, che la cosa è andata così e così, e che il diavolo ch'io ho fatto, è stato d'aiutar Ferrer, come se fosse stato un mio fratello; sappiate che que' birboni

52 l'aveva appostato: gli aveva teso un agguato.

53 lo menavano in gabbia: lo stavano portando in prigione.

54 per tutto: dappertutto, dovunque.

55 Gli pareva mill'anni: non vedeva l'ora.

56 senza tirare: senza discutere il prezzo.

57 l'acque... basse: avesse ormai pochi soldi con sé.

che, a sentir voi, erano i miei amici, perché, in un certo momento, io dissi una parola da buon cristiano[58], mi vollero fare un brutto scherzo; sappiate che, intanto che voi stavate a guardar la vostra bottega, io mi faceva schiacciar le costole, per salvare il vostro signor vicario di provvisione, che non l'ho mai né visto né conosciuto. E quel gran fascio di lettere, dove c'era tutta la cabala[59], scommettiamo che ve lo fo comparir qui, senza l'aiuto del diavolo? Eccolo qui... Una lettera sola?... Sì signore, una lettera sola; e questa lettera, se lo volete sapere, l'ha scritta un religioso che vi può insegnar la dottrina[60], quando si sia[61]; un religioso che, senza farvi torto, val più un pelo della sua barba che tutta la vostra... Vedete ora quali sono i furfanti miei amici. E imparate a parlare un'altra volta; principalmente quando si tratta del prossimo".

Cammina, cammina; arrivò dove la campagna coltivata moriva in una sodaglia[62] sparsa di felci e di scope[63]. Gli parve, se non indizio, almeno un certo qual argomento[64] di fiume vicino, e s'inoltrò per quella, seguendo un sentiero che l'attraversava. Fatti pochi passi, si fermò ad ascoltare; ma ancora invano. La noia[65] del viaggio veniva accresciuta dalla salvatichezza[66] del luogo, da quel non veder più né un gelso, né una vite, né altri segni di coltura umana, che prima pareva quasi che gli facessero una mezza compagnia. Ciò non ostante andò avanti; e siccome nella sua mente cominciavano a suscitarsi[67] certe immagini, certe apparizioni, lasciatevi in serbo dalle novelle sentite raccontar da bambino, così, per discacciarle, o per acquietarle, recitava, camminando, dell'orazioni per i morti.

58 una parola da buon cristiano: allude all'"oibò" con cui Renzo aveva reagito alle parole del "vecchio mal vissuto", rischiando di farsi linciare come spia del vicario.
59 la cabala: la macchinazione, il piano segreto ordito dai francesi (secondo le parole del mercante).
60 la dottrina: il catechismo, ma qui s'intende meglio: la morale.
61 quando si sia: in qualunque momento.
62 sodaglia: terreno non dissodato, non coltivato.
63 scope: arbusti da cui si ricavavano (e si ricavano ancor oggi, in molti casi) i ramoscelli che, uniti in fascio, formano delle rozze scope.
64 argomento: segno.
65 noia: fastidio, difficoltà.
66 salvatichezza: carattere incolto, selvaggio.
67 suscitarsi: risvegliarsi, comparire.

A poco a poco, si trovò tra macchie[68] più alte, di pruni, di quercioli, di marruche[69]. Seguitando a andare avanti, e allungando il passo, con più impazienza che voglia, cominciò a veder tra le macchie qualche albero sparso; e andando ancora, sempre per lo stesso sentiero, s'accorse d'entrare in un bosco. Provava un certo ribrezzo[70] a inoltrarvisi; ma lo vinse, e contro voglia andò avanti; ma più che s'inoltrava, più il ribrezzo cresceva, più ogni cosa gli dava fastidio. Gli alberi che vedeva in lontananza, gli rappresentavan figure strane, deformi, mostruose; l'annoiava[71] l'ombra delle cime leggermente agitate, che tremolava sul sentiero illuminato qua e là dalla luna; lo stesso scrosciar delle foglie secche che calpestava o moveva camminando, aveva per il suo orecchio un non so che d'odioso. Le gambe provavano come una smania, un impulso di corsa, e nello stesso tempo pareva che durassero fatica a regger la persona. Sentiva la brezza notturna batter più rigida[72] e maligna sulla fronte e sulle gote; se la sentiva scorrer tra i panni e le carni, e raggrinzarle e penetrar più acuta nelle ossa rotte dalla stanchezza, e spegnervi quell'ultimo rimasuglio di vigore. A un certo punto, si fermò su due piedi a deliberare; risolveva d'uscir subito di lì per la strada già fatta, d'andar diritto all'ultimo paese per cui

Osservazioni

stanchezza

Nel Seicento, le persone meno abbienti, come Renzo, di norma viaggiavano a piedi. Malgrado l'allenamento, è tuttavia ben comprensibile che il nostro eroe sia stanco: nel capitolo precedente, dopo aver trascorso la notte in bianco, ha percorso in poche ore la distanza che separa Monza da Milano (una quindicina di chilometri) e poi ha passato tutta la giornata in piedi, coinvolto nei tumulti della città. In questo capitolo, dopo solo sette ore di sonno, percorre di gran carriera almeno 40 chilometri, passa di nuovo la notte in bianco e la mattina seguente riparte per una nuova camminata di 20 chilometri!

[68] macchie: gruppi di arbusti e piccole piante.

[69] marruche: arbusti caratterizzati da piccoli fiori gialli.

[70] ribrezzo: sentimento di orrore.

[71] l'annoiava: lo turbava, gli dava fastidio.

[72] rigida: fredda.

era passato, di tornar tra gli uomini, e di cercare un ricovero, anche all'osteria. E stando così fermo, sospeso il fruscìo de' piedi nel fogliame, tutto tacendo d'intorno a lui, cominciò a sentire un rumore, un mormorìo, un mormorìo d'acqua corrente. Sta in orecchi; n'è certo; esclama: - è l'Adda! - Fu il ritrovamento d'un amico, d'un fratello, d'un salvatore. La stanchezza quasi scomparve, gli tornò il polso[73], sentì il sangue scorrer libero e tepido per tutte le vene, sentì crescer la fiducia de' pensieri, e svanire in gran parte quell'incertezza e gravità[74] delle cose; e non esitò a internarsi sempre più nel bosco, dietro all'amico rumore.

Osservazioni

salvatore

L'attraversamento di un fiume è una situazione simbolica antichissima: non a caso, per esempio, in tutte le mitologie il mondo dei morti è separato da quello dei vivi da un fiume; nella tradizione cristiana, inoltre, il battesimo simboleggia un processo di morte e rinascita attraverso l'acqua (Giovanni Battista immergeva i suoi discepoli nelle acque del fiume Giordano). L'attraversamento dell'Adda significa quindi che la rinascita interiore del personaggio, dopo le disavventure milanesi, è ormai conclusa e Renzo può iniziare una nuova fase della sua esistenza.

Renzo arrivò rapidamente sulla riva del fiume, ma subito si rese conto che non poteva attraversarlo a nuoto, tanto meno di notte. Tornò dunque indietro per qualche centinaio di metri e trascorse il rimanente della notte in un capanno da cacciatori che aveva visto passando; invano provò a dormire, giacché i pensieri, i ricordi, le preoccupazioni del futuro lo tenevano sveglio. E aspettò l'alba, contando i rintocchi di un campanile vicino, forse quello di Trezzo.

L'arrivo dal cugino Bortolo

Poco prima del sorgere del sole Renzo si alzò, raggiunse nuovamente la riva del fiume e scorse tra gli alberi una barchetta con a

[73] gli tornò il polso: il cuore si rimise a battere regolarmente.

[74] gravità: pesantezza.

bordo un pescatore. Lanciò un richiamo, il pescatore diede una rapida occhiata all'intorno e, visto che non c'era nessuno, accostò e prese a bordo il fuggiasco, traghettandolo sull'altra riva.

- È riva bergamasca, questa? - chiese Renzo.

- Terra di san Marco[75] *- rispose il pescatore.*

Renzo guardò la riva opposta, quella terra che poco prima scottava tanto sotto i suoi piedi. "Sta' lì, maledetto paese", fu il suo addio alla patria.

Pagato il barcaiolo, Renzo si avviò alla volta di Bergamo, che si vedeva a poca distanza, chiedendo la strada per il paese del cugino Bortolo. Lo raggiunse poco dopo l'ora di pranzo e distinse subito una casa alta, che era chiaramente un filatoio: entrò e chiese di un certo Bortolo Castagneri. Eccolo là!

Il cugino accolse Renzo affettuosamente, ma non senza qualche rimprovero: - Sei un benedetto figliuolo. T'avevo invitato tante volte; non sei mai voluto venire; ora arrivi in un momento un po' critico.

Ma Renzo gli spiegò la situazione, senza entrare nei dettagli, e Bortolo mise da parte ogni esitazione, lo presentò al padrone e gli procurò un posto di lavoro. Renzo sentì rinascere l'ottimismo e la fiducia nel futuro, e già pensava di scrivere a Lucia e ad Agnese, per farsi raggiungere nel nuovo paese. Invece la cosa non sarebbe stata facile come sperava il nostro buon giovane.

---

[75] san Marco: protettore e simbolo di Venezia.

Il "romanzo di formazione" di Renzo

I capitoli dedicati alle peripezie di Renzo a Milano si configurano come un vero e proprio "romanzo di formazione", avente come protagonista Renzo Tramaglino.
Questo genere letterario, nato tra la fine del Settecento e i primi anni dell'Ottocento, si basa sulle vicende di un/una protagonista giovane, che nel corso del romanzo compie un percorso di maturazione interiore. Il/la protagonista, cioè, scopre la propria personalità e la propria vocazione, capisce quali sono le proprie doti e i propri limiti, sottostà a un processo di crescita (in tedesco, Bildung, da cui la definizione di Bildungsroman, spesso usata accanto a quella italiana).
Il processo di formazione avviene attraverso una serie di prove, cioè di avventure o peripezie. Queste prove (che corrispondono ai "riti di iniziazione" cui tutte le società sottopongono i giovani prima di accoglierli nel mondo degli adulti) segnano le tappe della maturazione del/della protagonista.
Maturazione "interiore", abbiamo detto: anche gli eroi delle fiabe, infatti, devono superare una serie di prove, ma si tratta di prove che mettono in luce le qualità di cui i personaggi sono già in possesso fin dall'inizio della loro storia; gli eroi dei romanzi di formazione, invece, acquisiscono le loro qualità proprio attraverso le prove a cui sono sottoposti, sono cioè personaggi dinamici, che cambiano profondamente nel corso della vicenda.

Renzo a Milano si trova a dover affrontare appunto una serie di prove, legate all'esperienza della grande città.
Nella prima parte delle sue avventure, egli rivela soprattutto i suoi limiti: cede facilmente alla curiosità (si lascia attirare dai tumulti) e si comporta da ingenuo entusiasta (non solo aiuta Ferrer, ma si mette a concionare in piazza, dichiarando le proprie idee politiche "rivoluzionarie"); e infine cede alle lusinghe di una spia governativa e si ubriaca miseramente all'osteria.
Nella seconda parte, però, il personaggio a poco a poco si riscatta: Renzo recupera la sua lucidità di giudizio, riesce a salvarsi grazie all'astuzia e alla prontezza di riflessi e trova un nuovo equilibrio, simboleggiato dalla sistemazione prezzo il cugino Bortolo.

Riflessioni e approfondimenti

- Al posto di Renzo, come ti saresti comportato? Rispondi tenendo conto dei quattro momenti fondamentali della sua avventura: l'assalto al forno delle grucce, l'assalto alla casa del vicario, l'incontro con la spia e con l'oste, la fuga verso l'Adda.
- Nella tua vita hai mai dovuto affrontare "prove" difficili, che hanno segnato una tappa importante della tua crescita? Racconta...

IL CAPITOLO IN SINTESI

- il tempo: 12 e 13 novembre 1628
- Milano e la campagna circostante fino al paese di Bortolo, presso Bergamo
- i personaggi: Renzo, il notaio criminale, due birri, vari cittadini, una vecchia contadina, un mercante, un barcaiolo, il cugino Bortolo
- le sequenze principali:

1 **Renzo arrestato:** la mattina dopo, svegliandosi, Renzo si trova di fronte due birri e un notaio criminale che lo arrestano; Renzo si riveste lentamente e intanto cerca di capire la situazione, ricostruendo ciò che è accaduto la sera prima;

2 **i consigli del notaio criminale:** impensierito dalla folla che incomincia a radunarsi per strada, il notaio criminale consiglia a Renzo di non suscitare scandalo e di comportarsi bene, per essere rilasciato al più presto; ma Renzo capisce i suoi trucchi e pensa di fare tutto il contrario;

3 **Renzo sfugge alla giustizia:** appena ne ha l'occasione, il prigioniero chiede aiuto, la folla stringe dappresso i birri e il notaio e Renzo riesce a fuggire;

4 **verso Bergamo:** sfuggito alla giustizia, Renzo decide di fuggire a Bergamo, in territorio veneziano; lascia Milano e percorre la campagna, chiedendo informazioni e arrivando verso sera a Gorgonzola;

5 **all'osteria di Gorgonzola:** Renzo entra in un'osteria per mangiare e riposarsi, e ascolta il racconto di un mercante, che arriva da Milano con le ultime notizie: i disordini sono ripresi, ma solo finché si è saputo che il prezzo del pane era stato nuovamente abbassato; Renzo è ricercato come uno dei capi della rivolta; gli altri arrestati che non sono riusciti a fuggire come lui saranno impiccati;

6 **Renzo raggiunge l'Adda:** lasciata l'osteria di Gorgonzola, Renzo cammina verso l'Adda riflettendo fra sé; man mano che il paesaggio si fa più inquietante e la stanchezza inizia a farsi sentire, Renzo si sente cogliere da un terrore irrazionale; ma proprio nel momento in cui sta per cedere al panico sente la voce dell'Adda e si rincuora; trova un capanno e vi trascorre il resto della notte, sempre in preda ai suoi vari pensieri;

7 **l'arrivo dal cugino Bortolo:** la mattina dopo, Renzo attraversa il fiume grazie a un barcaiolo di passaggio e raggiunge così il territorio della Repubblica di Venezia; prosegue il viaggio verso il paese dove vive il cugino Bortolo; malgrado il momento economico difficile, quando viene a sapere tutta la storia, Bortolo accoglie Renzo da amico e gli procura un lavoro.

ATTIVITÀ

Hai capito bene?

Scegli fra le risposte fornite quella corretta.

1 Come ha fatto il notaio criminale a sapere il nome di Renzo?
- ☐ L'oste è andato a denunciarlo la sera prima
- ☐ Renzo stesso gliel'ha detto quand'era ubriaco
- ☐ Renzo l'ha ingenuamente rivelato a una spia
- ☐ Ha sequestrato i documenti di Renzo

2 Dove si trova Gorgonzola?
- ☐ A metà strada fra Milano e Bergamo
- ☐ A metà strada fra Milano e Lecco
- ☐ A metà strada fra Milano e Venezia
- ☐ A metà strada fra Milano e Porta Orientale

3 Quand'è che Renzo arriva da Bortolo?
- ☐ Il giorno dopo aver aiutato Ferrer
- ☐ Due giorni dopo aver aiutato Ferrer
- ☐ Tre giorni dopo aver aiutato Ferrer
- ☐ Il giorno stesso in cui ha aiutato Ferrer

Il gioco dei perché

Rispondi alle domande seguenti usando le parole indicate fra parentesi.

4 Perché il notaio criminale consiglia a Renzo di non attirare l'attenzione?
(onore, paura, sommossa, fuga)

5 Perché Renzo fugge in direzione dell'Adda?
(Venezia, confine, Bergamo, cugino)

6 Perché Bortolo accoglie Renzo affettuosamente, ma con qualche parola di rimprovero?
(crisi, lavoro, seta)

Riflettiamo insieme

Esponi la tua opinione facendo riferimento al testo letto.

7 Fra il notaio criminale e Renzo si gioca una gara di furbizia, vinta dal giovane montanaro. Secondo te, Manzoni considera la furbizia una virtù o un difetto? Motiva la tua risposta.

8 Il racconto del mercante nell'osteria di Gorgonzola si basa in parte su fatti reali, ma in parte su invenzioni ed esagerazioni. Distingui la realtà e l'invenzione, sottolineandole sul testo in colore diverso.

9 L'osteria di campagna in cui Renzo si ferma brevemente per rifocillarsi e per chiedere informazioni ha un carattere molto diverso dall'osteria della Luna Piena che abbiamo conosciuto a Milano. Spiega in che cosa consiste questa differenza, facendo riferimento al testo.

10 Il mercante dell'osteria di Gorgonzola ha una visione rigida della società: per lui, ciascuno ha un suo ruolo ben definito e non deve cercare di cambiarlo. Spiega perché Manzoni non è d'accordo con questa idea.

Lettori detective... della lingua

11 Osserva le seguenti frasi e indica quali contengono una similitudine (S) e quali una metafora (M).

andava raccogliendo qua e là i panni sparsi sul letto, come gli avanzi d'un naufragio sul lido.
con un suo fare sciocco, gli domandò: - cos'è stato? - Uh corvaccio! - rispose colui.
Renzo, il quale non perdeva un ette di quel discorso, al tocco di questa corda, si sentì venir freddo.
Renzo s'acquietò, come un cavallo bizzarro che si sente il labbro stretto tra le morse.
Fu il ritrovamento d'un amico, d'un fratello, d'un salvatore.

Siamo tutti scrittori?

Scrivi un testo di 12-15 righe (o 500 caratteri).

12 Pregi e difetti di Renzo
Renzo è un personaggio molto sfaccettato e complesso, dal punto di vista psicologico. Facendo riferimento al testo letto, e in particolare ai capitoli 5 e 6, metti in luce i pregi e i limiti del suo carattere.

13 La città e la campagna
La città si rivela per Renzo un luogo pieno di pericoli e di rischi, ma lui vi si muove senza rendersene pienamente conto, in fondo senza paura. Quando invece si trova in mezzo alla natura selvaggia, di notte, viene colto dal panico e rischia di perdere la testa. Rifletti su questo fatto, sviluppando le tue osservazioni personali e tenendo conto che il paesaggio che Manzoni giudica più positivamente è quello della campagna, cioè della natura modificata e "addomesticata" dal lavoro dell'uomo.

Capitolo 7

Il rapimento di Lucia

Il ratto di Lucia. Tela di Massimo d'Azeglio, 1877.

Relazione del Griso a don Rodrigo

Dobbiamo ora fare un passo indietro e tornare alla notte del 10 novembre, la notte in cui i bravi di don Rodrigo avevano tentato di rapire Lucia ed erano dovuti fuggire, spaventati dall'improvviso scampanio. Il Griso e i suoi tornarono al palazzo come un branco di segugi che hanno inseguito invano la lepre, con i musi bassi e le code ciondoloni. E don Rodrigo, che li aspettava ansioso, scrutando da una finestra, quando si accorse che non portavano con sé la preda sperata, si precipitò in cima alle scale e si rivolse aspramente al Griso che veniva a fare la sua relazione.

- Ebbene, - gli disse, o gli gridò: - signore spaccone, signor capitano, signor *lascifareame*[1]?

- L'è dura, - rispose il Griso, restando con un piede sul primo scalino, - l'è dura di ricever de' rimproveri, dopo aver lavorato fedelmente, e cercato di fare il proprio dovere, e arrischiata anche la pelle.

- Com'è andata? Sentiremo, sentiremo, - disse don Rodrigo, e s'avviò verso la sua camera, dove il Griso lo seguì, e fece subito la relazione di ciò che aveva disposto, fatto, veduto e non veduto, sentito, temuto, riparato[2]; e la fece con quell'ordine e con quella confusione, con quella dubbiezza[3] e con quello sbalordimento, che dovevano per forza regnare insieme nelle sue idee.

- Tu non hai torto, e ti sei portato[4] bene, - disse don Rodrigo: - hai fatto quello che si poteva. Non siete stati riconosciuti almeno?

Il Griso rispose che sperava di no; e la conclusione del discorso fu che don Rodrigo gli ordinò, per il giorno dopo, di andar lui, e mandare anche altri, de' più disinvolti e di buona testa[5], a mescolarsi con la gente, per scovar qualcosa intorno all'imbroglio di quella notte. Dati tali ordini, don Rodrigo se n'andò a dormire, e ci lasciò andare anche il Griso, congedandolo con molte lodi, dalle quali traspariva evidentemente l'intenzione di risarcirlo degl'improperi precipitati[6] coi quali lo aveva accolto.

Le indagini del Griso

La mattina seguente, il conte Attilio prese in giro don Rodrigo perché aveva ormai perso la famosa scommessa. Ma quando don Rodrigo gli raccontò i retroscena della notte si fece serio e promise di aiutarlo: quel frate (Attilio era sicuro che dietro al fallimento dell'impresa ci fosse il suo zampino) aveva offeso tutta la famiglia

1 *lascifareame*: le parole con cui il Griso si era congedato partendo per la sua scellerata missione.
2 riparato: fatto per impedire danni più gravi.
3 dubbiezza: incertezza.
4 portato: comportato.
5 di buona testa: intelligenti, svegli.
6 improperi precipitati: insulti affrettati.

e lui si sentiva coinvolto nella difesa dell'onore comune. Anzi, aveva già un'idea: appena tornato a Milano avrebbe parlato con il conte zio del Consiglio segreto e avrebbe fatto in modo che il frate fosse trasferito al più presto.

Il Griso e i suoi uomini, intanto, andavano raccogliendo voci e notizie: lo scompiglio della notte era stato grande e la scomparsa di tre persone non poteva passare inosservata, in un paesino come Olate. Le chiacchiere, le ipotesi, i frammenti di notizie, passavano di bocca in bocca e nel giro di poche ore giunsero all'orecchio di coloro a cui non avrebbero mai dovuto giungere. Sicché prima di sera il Griso poté tornare da don Rodrigo e riferire che Lucia e Agnese si erano rifugiate a Monza, mentre Renzo aveva proseguito per Milano.

Don Rodrigo provò uno scellerato piacere per quella separazione, che facilitava i suoi piani; e la mattina del giorno 12, appena alzato, ordinò al Griso di andare a Monza per sapere se si potesse tentare qualcosa.

- Signore... - disse, tentennando[7], il Griso. - Se potesse mandar qualchedun altro...

- Come?

- Vossignoria illustrissima sa bene quelle poche taglie ch'io ho addosso: e... Qui son sotto la sua protezione; siamo una brigata[8]; il signor podestà è amico di casa; i birri mi portan rispetto; e anch'io... è cosa che fa poco onore, ma per viver quieto... li tratto da amici. In Milano la livrea di vossignoria è conosciuta; ma in Monza... ci sono conosciuto io in vece. E sa vossignoria che, non fo per dire, chi mi potesse consegnare alla giustizia, o presentar la mia testa[9], farebbe un bel colpo? Cento scudi l'uno sull'altro, e la facoltà di liberar due banditi.

- Che diavolo! - disse don Rodrigo: - tu mi riesci ora un can da pagliaio[10] che ha cuore appena d'avventarsi alle gambe di chi

7 tentennando: esitando.
8 siamo una brigata: siamo fra amici, ci conoscono tutti.
9 la mia testa: la taglia sul Griso vale quindi "vivo o morto".
10 mi riesci ora... pagliaio: ti riveli in questa occasione un vigliacco, un pusillanime.

passa sulla porta, guardandosi indietro se quei di casa lo spalleggiano, e non si sente d'allontanarsi!

- Credo, signor padrone, d'aver date prove...

- Dunque!

- Dunque, - ripigliò francamente[11] il Griso, messo così al punto[12], - dunque vossignoria faccia conto ch'io non abbia parlato: cuor di leone, gamba di lepre, e son pronto a partire.

- E io non ho detto che tu vada solo. Piglia con te un paio de' meglio... lo Sfregiato, e il Tiradritto; e va di buon animo, e sii il Griso. Che diavolo! Tre figure come le vostre, e che vanno per i fatti loro, chi vuoi che non sia contento di lasciarle passare[13]? Bisognerebbe che a' birri di Monza fosse ben venuta a noia la vita, per metterla su[14] contro cento scudi a un gioco così rischioso. E poi, e poi, non credo d'esser così sconosciuto da quelle parti, che la qualità di mio servitore non ci si conti per nulla.

Svergognato così un poco il Griso, gli diede poi più ampie e particolari istruzioni. Il Griso prese i due compagni, e partì con faccia allegra e baldanzosa, ma bestemmiando in cuor suo Monza e le taglie e le donne e i capricci de' padroni.

Osservazioni

per nulla
Don Rodrigo, infastidito dall'accenno del Griso al fatto che la sua livrea a Monza non sarebbe conosciuta, non si lascia sfuggire l'occasione per ribattere; il colloquio conferma la tensione sotterranea che esiste fra i due e che esploderà nel corso del loro ultimo incontro.

Don Rodrigo in difficoltà

L'altra cosa che premeva a don Rodrigo era di trovar la maniera che Renzo non potesse più tornar con Lucia, né metter piede in paese; e a questo scopo pensava da un lato di far giungere all'orecchio

[11] francamente: con coraggio.
[12] al punto: alla prova, alle strette.
[13] lasciarle passare: il Griso e don Rodrigo pensano ovviamente ai controlli che c'erano alle porte delle città.
[14] metterla su: rischiarla, metterla in gioco.

di Renzo minacce tali da fargli passare la voglia di ritornare; e dall'altro di approfittare del tentativo fatto alla casa parrocchiale per far spiccare contro di lui un mandato di cattura.

Ma, come sappiamo, Renzo stesso lavorava involontariamente per ottenere lo stesso risultato. E infatti la mattina del giorno 13 novembre giunse al podestà di Lecco, da Milano, l'ordine di cattura contro un certo giovine nominato Lorenzo Tramaglino, di professione filatore di seta. Il podestà diede ordine di cercare Renzo a casa sua e i birri penetrarono nella povera dimora, sfondando la porta e distruggendo tutto quel che potevano. La notizia di questi fatti si diffuse in paese, lasciando tutti stupefatti, e giunse alle orecchie del padre Cristoforo, il quale non sapeva cosa pensare.

Don Rodrigo, naturalmente, fu tutto contento e ne trionfò col conte Attilio, il quale avrebbe dovuto trovarsi già a Milano; ma, alle prime notizie del tumulto, aveva creduto bene di trattenersi in campagna, fino alla fine dei disordini. L'ordine di arresto venuto da Milano lo decise finalmente a partire, promettendo al cugino che l'avrebbe rapidamente liberato del frate.

Quel giorno stesso tornò da Monza il Griso, sano e salvo, con la notizia che Lucia si era rifugiata in un convento, protetta dalla celebre signora.

Questa relazione mise il diavolo addosso a don Rodrigo, o, per dir meglio, rendé più cattivo quello che già ci stava di casa. Tante circostanze favorevoli al suo disegno infiammavano sempre più la sua passione, cioè quel misto di puntiglio, di rabbia e d'infame capriccio[15], di cui la sua passione era composta. Renzo assente, sfrattato, bandito, di maniera che ogni cosa diventava lecita contro di lui, e anche la sua sposa poteva esser considerata, in certo modo, come roba di rubello[16]: il solo uomo al mondo che volesse e potesse prender le sue parti, e fare un rumore da esser sentito

[15] d'infame capriccio: di desiderio sensuale.

[16] roba di rubello: proprietà di un ribelle, e quindi a disposizione di chi volesse impossessarsene.

anche lontano e da persone alte, l'arrabbiato frate, tra poco sarebbe probabilmente anche lui fuor del caso di nuocere[17]. Ed ecco che un nuovo impedimento, non che contrappesare tutti que' vantaggi, li rendeva, si può dire, inutili. Un monastero di Monza, quand'anche non ci fosse stata una principessa[18], era un osso troppo duro per i denti di don Rodrigo; e per quanto egli ronzasse con la fantasia intorno a quel ricovero, non sapeva immaginar né via né verso d'espugnarlo, né con la forza, né per insidie.

A don Rodrigo, il quale non voleva uscirne, né dare addietro, né fermarsi, e non poteva andare avanti da sé, veniva bensì in mente un mezzo con cui potrebbe[19]: ed era di chieder l'aiuto d'un tale, le cui mani arrivavano spesso dove non arrivava la vista degli altri: un uomo o un diavolo, per cui la difficoltà dell'imprese era spesso uno stimolo a prenderle sopra di sé.

Attilio e il conte zio

Don Rodrigo esitò parecchi giorni, poi due avvenimenti lo decisero: il padre Cristoforo venne improvvisamente trasferito altrove e Agnese tornò a Olate, lasciando Lucia ancora più indifesa.

Il trasferimento del padre Cristoforo era frutto dei maneggi del conte Attilio, il quale appena giunto a Milano era andato a trovare il conte zio, uno dei membri più anziani e autorevoli del Consiglio segreto.

Fatti i suoi complimenti[20] al conte zio, e presentatigli quelli del cugino, Attilio, con un suo contegno serio, che sapeva prendere a tempo[21], disse: - credo di fare il mio dovere, senza mancare alla confidenza[22] di Rodrigo, avvertendo il signore zio d'un affare che,

[17] fuor del caso di nuocere: nella condizione di non poter nuocere (a don Rodrigo).

[18] una principessa: tale era, come sappiamo, Gertrude.

[19] potrebbe: avrebbe potuto (andare avanti).

[20] complimenti: saluti cerimoniosi.

[21] a tempo: al momento giusto.

[22] mancare alla confidenza: tradire la fiducia.

se lei non ci mette una mano, può diventar serio, e portar delle conseguenze...

- Qualcheduna delle sue, m'immagino.

- Per giustizia, devo dire che il torto non è dalla parte di mio cugino. Ma è riscaldato[23]; e, come dico, non c'è che il signore zio, che possa...

- Vediamo, vediamo.

- C'è da quelle parti un frate cappuccino che l'ha con Rodrigo e la cosa è arrivata a un punto che...

- Quante volte v'ho detto, all'uno e all'altro, che i frati bisogna lasciarli cuocere nel loro brodo? Basta il da fare che dànno a chi deve... a chi tocca... - E qui soffiò[24]. - Ma voi altri che potete scansarli[25]...

- Signore zio, in questo, è mio dovere di dirle che Rodrigo l'avrebbe scansato, se avesse potuto. È il frate che l'ha con lui, che l'ha preso a provocarlo in tutte le maniere...

- Che diavolo ha codesto frate con mio nipote?

- Prima di tutto, è una testa inquieta, conosciuto per tale, e che fa professione di prendersela coi cavalieri[26]. Costui protegge, dirige, che so io? una contadinotta di là; e ha per questa creatura una carità, una carità... non dico pelosa[27], ma una carità molto gelosa, sospettosa, permalosa.

- Intendo, - disse il conte zio; e sur un certo fondo di goffaggine, dipintogli in viso dalla natura, velato poi e ricoperto, a più mani, di politica[28], balenò un raggio di malizia[29], che vi faceva un bellissimo vedere.

- Ora, da qualche tempo, - continuò Attilio, - s'è cacciato in testa questo frate, che Rodrigo avesse non so che disegni sopra questa...

[23] riscaldato: turbato, in preda all'ira.
[24] soffiò: sbuffò.
[25] scansarli: evitarli.
[26] una testa inquieta... coi cavalieri: Attilio allude al passato di Cristoforo e se ne serve per mettere in cattiva luce il frate.
[27] pelosa: interessata, disonesta.
[28] di politica: di ipocrisia, di dissimulazione.
[29] un raggio di malizia: un'espressione maliziosa, suscitata dalle volgari allusioni di Attilio.

- S'è cacciato in testa, s'è cacciato in testa: lo conosco anch'io il signor don Rodrigo; e ci vuol altro avvocato che vossignoria, per giustificarlo in queste materie.

- Signore zio, che Rodrigo possa aver fatto qualche scherzo a quella creatura, incontrandola per la strada, non sarei lontano dal crederlo: è giovine, e finalmente[30] non è cappuccino; ma queste son bazzecole da non trattenerne il signore zio; il serio è che il frate s'è messo a parlar di Rodrigo come si farebbe d'un mascalzone, cerca d'aizzargli contro tutto il paese...

- E gli altri frati?

- Non se ne impicciano, perché lo conoscono per una testa calda, e hanno tutto il rispetto per Rodrigo; ma, dall'altra parte, questo frate ha un gran credito presso i villani, perché fa poi anche il santo, e...

- M'immagino che non sappia che Rodrigo è mio nipote.

- Se lo sa! Anzi questo è quel che gli mette più il diavolo addosso.

- Come? Come?

- Perché, e lo va dicendo lui, ci trova più gusto a farla vedere a Rodrigo, appunto perché questo ha un protettor naturale, di tanta autorità come vossignoria: e che lui se la ride de' grandi e de' politici, e che il cordone di san Francesco tien legate anche le spade[31], e che...

- Oh frate temerario! Come si chiama costui?

- Fra Cristoforo - disse Attilio; e il conte zio, preso da una cassetta[32] del suo tavolino, un libriccino di memorie, vi scrisse, soffiando, soffiando, quel povero nome. Intanto Attilio seguitava: - è sempre stato di quell'umore[33], costui: si sa la sua vita. Era un ple-

[30] finalmente: in fin dei conti.

[31] il cordone di san Francesco... le spade: il potere dell'ordine dei cappuccini (simboleggiato dal cordone di san Francesco, con cui i frati tengono legato il saio) è tale da condizionare anche il potere politico (le spade).

[32] cassetta: cassetto.

[33] è sempre stato di quell'umore: ha sempre avuto questo carattere, atteggiamenti di questo genere.

beo che, trovandosi aver quattro soldi, voleva competere coi cavalieri del suo paese; e, per rabbia di non poterla vincer con tutti, ne ammazzò uno; onde, per iscansar la forca[34], si fece frate.

- Ma bravo! ma bene! La vedremo, la vedremo, - diceva il conte zio, seguitando a soffiare.

- Ora poi, - continuava Attilio, - è più arrabbiato che mai, perché gli è andato a monte un disegno che gli premeva molto molto: e da questo il signore zio capirà che uomo sia. Voleva costui maritare quella sua creatura: fosse per levarla dai pericoli del mondo, lei m'intende[35], o per che altro si fosse, la voleva maritare assolutamente; e aveva trovato il... l'uomo[36]: un'altra sua creatura, un soggetto, che, forse e senza forse, anche il signore zio lo conoscerà di nome; perché tengo per certo che il Consiglio segreto avrà dovuto occuparsi di quel degno soggetto.

- Chi è costui?

- Un filatore di seta, Lorenzo Tramaglino, quello che...

- Lorenzo Tramaglino! - esclamò il conte zio. - Ma bene! ma bravo, padre! Sicuro... infatti..., aveva una lettera per un[37]... Peccato che[38]... Ma non importa; va bene.

Attilio fece ancora qualche scusa, qualche promessa, qualche

OSSERVAZIONI

lei m'intende

Per Manzoni, la parola deve essere usata per dire la verità; è colpevole quindi chi la usa con leggerezza, e tanto più chi la usa per deformare la realtà consapevolmente, cioè per mentire o per ingannare. Attilio fa esattamente questo, quando dice che fra Cristoforo ce l'ha con don Rodrigo; quando afferma che il frate se la prende non solo con Rodrigo, ma con tutta la famiglia; e quando insinua che fra Cristoforo protegge Lucia per scopi poco onesti.

[34] per iscansar la forca: per sfuggire alla pena di morte; nota come la vicenda di fra Cristoforo venga raccontata da Attilio in maniera distorta, per suscitare la reazione del conte zio.

[35] lei m'intende: Attilio continua ad alludere, come se fra Cristoforo intendesse maritare la sua amante, cioè Lucia!, per salvare le apparenze.

[36] il... l'uomo: il pollo, disposto a fare un matrimonio di facciata per consentire al frate di godersi tranquillamente la sua amante.

[37] una lettera per un...: per un cappuccino.

[38] Peccato che...: che Renzo sia fuggito portandosi via la lettera.

complimento; poi si licenziò, e se n'andò, accompagnato da un - e abbiamo giudizio, - ch'era la formola di commiato del conte zio per i suoi nipoti.

Pranzo a casa del conte zio

Il conte zio decise subito che il mezzo migliore per risolvere il contrasto fra suo nipote Rodrigo e il frate era cercare d'allontanare quest'ultimo, e il mezzo per farlo era il padre provinciale dell'ordine cappuccino. Ora, tra il padre provinciale e il conte zio passava un'antica conoscenza: s'eran veduti di rado, ma sempre con gran dimostrazioni d'amicizia. Il conte zio invitò dunque a pranzo il padre provinciale e, al termine del pasto, lo invitò ad andare con lui in un'altra stanza per un colloquio a quattr'occhi.

Osservazioni

padre provinciale
A capo dell'ordine dei cappuccini c'è un generale. Ogni zona è presieduta da un padre provinciale, a cui fanno riferimento i padri guardiani, cioè i frati a capo di un singolo convento. All'interno dei conventi, troviamo i padri veri e propri (come il padre Cristoforo), i novizi (cioè i giovani frati che non hanno ancora preso i voti, ma che si stanno preparando a farlo) e i frati laici (come fra Galdino, che non hanno il ruolo di sacerdoti, ma seguono alcune regole di vita comunitaria).

Il conte zio incominciò rivelando al padre provinciale che fra Cristoforo era in stretti rapporti con il famigerato Lorenzo Tramaglino, e che questo avrebbe potuto procurare dei guai a tutto l'ordine. Poi passò a parlare del contrasto tra il padre Cristoforo e suo nipote don Rodrigo: e chiese al padre provinciale di trasferire il padre Cristoforo, per evitare che una sciocchezza come quella scatenasse un conflitto più grave, capace di coinvolgere tutto l'ordine cappuccino e tutta l'aristocrazia milanese.

Il padre provinciale tentò di resistere, dichiarando che senza dubbio il padre Cristoforo non aveva alcuna colpa. Ma di fronte alla prospettiva di uno scontro allargato, dovette cedere, e si limitò a chiedere che don Rodrigo facesse qualche donazione straordina-

ria all'ordine cappuccino in cambio del trasferimento del padre Cristoforo a Rimini, dove c'era bisogno di un bravo predicatore.

Il padre Cristoforo ricevette quindi l'ordine di partire immediatamente da Olate per recarsi a Rimini, e naturalmente ubbidì. Agnese e Lucia, che ogni settimana scambiavano notizie con il frate tramite un pescivendolo che andava da Lecco a Milano passando per Monza, rimasero senza messaggi e capirono che era successo qualcosa. Già molto preoccupate per le notizie confuse e terribili che avevano avuto a proposito di Renzo, le due donne decisero di separarsi: Lucia rimase ospite del convento, Agnese tornò a casa con la speranza di ritrovare il padre Cristoforo, e venne a sapere con molta angoscia che era stato mandato in un paese lontanissimo e che non si sapeva se e quando sarebbe tornato.

Presentazione dell'innominato

Abbiamo detto che don Rodrigo, intestato[39] più che mai di venire a fine della sua bella impresa, s'era risoluto di cercare il soccorso d'un terribile uomo. Fare ciò ch'era vietato dalle leggi, o impedito da una forza qualunque; esser arbitro, padrone negli affari altrui, senz'altro interesse che il gusto di comandare; esser temuto da tutti, aver la mano[40] da coloro ch'eran soliti averla dagli altri; tali erano state in ogni tempo le passioni principali di costui. Fino dall'adolescenza, allo spettacolo e al rumore di tante prepotenze, di tante gare, alla vista di tanti tiranni, provava un misto sentimento di sdegno e d'invidia impaziente. Giovine, e vivendo in città, non tralasciava occasione, anzi n'andava in cerca, d'aver che dire co' più famosi di quella professione[41], d'attraversarli[42], per provarsi con loro, e farli stare a dovere, o tirarli[43] a cercare la sua

[39] intestato: intestardito.
[40] aver la mano: l'espressione "avere la mano destra" (cioè la posizione a destra di un'altra persona) significava essere riconosciuto come superiore.
[41] di quella professione: fra i tiranni, fra i prepotenti.
[42] d'attraversarli: di ostacolarli, di provocarli.
[43] tirarli: spingerli.

amicizia. Superiore di ricchezze e di seguito alla più parte, e forse a tutti d'ardire[44] e di costanza, ne ridusse molti a ritirarsi da ogni rivalità, molti ne conciò male, molti n'ebbe amici; non già amici del pari, ma, come soltanto potevan piacere a lui, amici subordinati, che si riconoscessero suoi inferiori, che gli stessero alla sinistra. Nel fatto[45] però, veniva anche lui a essere il faccendiere, lo strumento di tutti coloro: essi non mancavano di richiedere ne' loro impegni l'opera d'un tanto ausiliario[46]; per lui, tirarsene indietro sarebbe stato decadere dalla sua riputazione, mancare al suo assunto[47]. Di maniera che, per conto suo, e per conto d'altri, tante ne fece che, non bastando né il nome, né il parentado, né gli amici, né la sua audacia a sostenerlo contro i bandi pubblici, e contro tante animosità[48] potenti, dovette dar luogo[49], e ritirarsi in un castello confinante col territorio bergamasco.

Tutti i tiranni, per un bel tratto di paese all'intorno, avevan dovuto, chi in un'occasione e chi in un'altra, scegliere tra l'amicizia e l'inimicizia di quel tiranno straordinario. Ma ai primi che avevano voluto provar di resistergli, la gli era andata così male, che nessuno si sentiva più di mettersi a quella prova. La sua fama era già da gran tempo diffusa in ogni parte del milanese: per tutto[50], la sua vita era un soggetto di racconti popolari; e il suo nome significava qualcosa d'irresistibile, di strano, di favoloso. Ogni tiranno poteva essere un suo collegato, ogni malandrino, uno de' suoi; e l'incertezza stessa rendeva più vasta l'opinione[51], e più cupo il terrore della cosa. E ogni volta che in qualche parte si vedessero comparire figure di bravi sconosciute e più brutte dell'ordinario, a ogni fatto enorme di cui non si sapesse alla prima indicare o indovinar l'autore, si proferiva, si mormorava il nome di colui che noi saremo costretti a chiamare l'innominato.

44 d'ardire: per coraggio.
45 Nel fatto: in realtà, di fatto.
46 d'un tanto ausiliario: di un aiutante così potente.
47 assunto: impegno.
48 animosità: inimicizie.
49 dar luogo: cedere, farsi da parte, andare in esilio.
50 per tutto: dovunque.
51 rendeva più vasta l'opinione: diffondeva la fama, contribuiva a propagarla.

FOCUS

L'innominato tra realtà e ricostruzione storica

L'innominato è un personaggio storico, che Manzoni ricrea con molta libertà, a partire dai documenti in suo possesso, con una tecnica già usata nel caso della Monaca di Monza. Gli studiosi hanno ricostruito le fonti del Manzoni e hanno quindi individuato la vera identità di questo personaggio romanzesco.

Il nome del personaggio storico a cui si ispira l'innominato è Francesco Bernardino Visconti, membro della celebre famiglia che aveva dominato Milano nel XIV-XV secolo. Era feudatario di Brignano, al confine tra il Ducato di Milano e la Repubblica di Venezia. Era nato il 16 settembre 1579 (Manzoni lo immagina più vecchio: il vero innominato nel 1628 aveva 49 anni, Manzoni gliene attribuisce 60).

La sua vita è segnata da avvenimenti romanzeschi: nel 1590, insieme al fratello minore Galeazzo Maria, rapisce sua madre vedova, Paola Benzoni, per impedirle di contrarre nuove nozze. Durante il successivo processo, il giudice lo assolve ritenendo che si tratti di affari di famiglia. Nel 1596 i due fratelli si dividono i beni e Francesco Bernardino inizia la sua attività di fuorilegge, legata soprattutto a lotte contro un'altra famiglia nobiliare, i Secco Suardi di Lurano, che avevano un feudo confinante con quello di Brignano. Per queste lotte Bernardino finirà in carcere e, nel 1602, si vedrà confiscati i beni. Contro di lui vengono emanate ben tre gride, che promettono una taglia a chi contribuirà alla sua cattura. Nel 1609, Bernardino fugge in Svizzera, passando prima con i suoi bravi davanti alla Corte Ducale a Milano e mandando pittoreschi insulti al governatore. Poi rientra per stabilirsi in una zona imprecisata (la tradizione indica il castello dell'Innominato nelle rovine del castello di Chiuso).

Bernardino Visconti muore dopo il 1647, anno a cui risale l'ultimo documento che lo riguarda. La scelta di non rivelarne il nome, ovviamente, era legata al fatto che i discendenti dell'innominato erano ancora vivi ai tempi in cui Manzoni scriveva.

Riflessioni e approfondimenti

- Alla famiglia Visconti appartengono molti personaggi storici famosi. Svolgi una breve ricerca sui due seguenti, il primo direttamente legato a Manzoni da amicizia, il secondo famoso per la sua attività di regista cinematografico:
  Ermes Visconti
  Luchino Visconti

Don Rodrigo al castello dell'innominato

Una mattina, don Rodrigo uscì a cavallo e s'avviò al castello dell'innominato. Questo gli andò incontro, rendendogli il saluto. Era grande, bruno, calvo[52]; bianchi i pochi capelli che gli rimanevano; rugosa la faccia: a prima vista, gli si sarebbe dato più de' sessant'anni che aveva; ma il contegno, le mosse, la durezza risentita de' lineamenti, il lampeggiar sinistro, ma vivo degli occhi, indicavano una forza di corpo e di animo, che sarebbe stata straordinaria in un giovine.

Don Rodrigo disse che veniva per consiglio e per aiuto; che, trovandosi in un impegno difficile, dal quale il suo onore non gli permetteva di ritirarsi, s'era ricordato delle promesse di quell'uomo che non prometteva mai troppo, né invano; e si fece ad esporre il suo scellerato imbroglio. L'innominato che ne sapeva già qualcosa, ma in confuso, stette a sentire con attenzione, e come curioso di simili storie, e per essere in questa mischiato un nome a lui noto e odiosissimo, quello di fra Cristoforo, nemico aperto de' tiranni, e in parole e, dove poteva, in opere. Don Rodrigo, sapendo con chi parlava, si

LESSICO E GRAMMATICA

grande, bruno, calvo

Il breve ritratto dell'innominato è affidato nella prima parte ai tre aggettivi "grande, bruno, calvo". Nella seconda parte, Manzoni si concentra sugli occhi del personaggio, adottando una tecnica che avevamo già notato nel caso di fra Cristoforo. Anche l'uso frequente delle avversative (l'innominato dimostra più dei suoi sessant'anni *ma* ha l'energia di un giovane; i suoi occhi hanno un lampeggiare sinistro *ma* vivo) ricorda un altro ritratto famoso, quello della Monaca di Monza.

LESSICO E GRAMMATICA

il suo onore

La parola, a cui tutti i personaggi altolocati del romanzo attribuiscono tanta importanza, torna ossessivamente nei loro discorsi; naturalmente Manzoni ci ha già fatto capire che non si tratta di un vero valore.

52 grande, bruno, calvo: alto di statura, con la pelle scura (perché trascorreva molto tempo all'aperto), con la testa pelata (per l'età avanzata).

mise poi a esagerare le difficoltà dell'impresa; la distanza del luogo, un monastero, la signora!... A questo, l'innominato, come se un demonio nascosto nel suo cuore gliel'avesse comandato, interruppe subitamente, dicendo che prendeva l'impresa sopra di sé.

Se il lettore si ricorda di quello sciagurato Egidio[53] che abitava accanto al monastero dove la povera Lucia stava ricoverata, sappia ora che costui era uno de' più stretti ed intimi colleghi di scelleratezze che avesse l'innominato: perciò questo aveva lasciata correre così prontamente e risolutamente la sua parola. Ma appena rimase solo, si trovò, non dirò pentito, ma indispettito d'averla data. Già da qualche tempo cominciava a provare, se non un rimorso, una cert'uggia[54] delle sue scelleratezze. Quelle tante ch'erano ammontate[55], se non sulla sua coscienza, almeno nella sua memoria, si risvegliavano ogni volta che ne commettesse una di nuovo, e si presentavano all'animo brutte e troppe: era come il crescere e crescere d'un peso già incomodo[56]. Una certa ripugnanza provata ne' primi delitti, e vinta poi, e scomparsa quasi affatto[57], tornava ora a farsi sentire. Ma, non che aprirsi con nessuno su questa sua nuova inquietudine, l'innominato la copriva anzi profondamente, e la mascherava con l'apparenze d'una più cupa ferocia; e con questo mezzo, cercava anche di nasconderla a se stesso, o di soffogarla. Invidiando (giacché non poteva annientarli né dimenticarli) que' tempi in cui era solito commettere l'iniquità senza rimorso, senz'altro pensiero che della riuscita[58], faceva ogni sforzo per farli tornare, per ritenere[59] o per riafferrare quell'antica volontà, pronta, superba, imperturbata[60], per convincer se stesso ch'era ancor quello[61]. Così in quest'occasione, aveva subito impegnata la sua parola a don Rodrigo, per chiudersi l'adito[62] a ogni esitazione.

53 quello sciagurato Egidio: l'amante della monaca di Monza.
54 uggia: noia.
55 ammontate: accumulate.
56 incomodo: fastidioso.
57 quasi affatto: quasi del tutto.
58 della riuscita: del successo, del buon esito dell'impresa.
59 ritenere: trattenere.
60 imperturbata: senza turbamento, serena.
61 ch'era ancor quello: che era ancora l'uomo di un tempo, che non era cambiato nulla.
62 per chiudersi l'adito: per impedirsi.

Appena partito costui chiamò il Nibbio[63], uno de' più destri e arditi ministri[64] delle sue enormità[65], e quello di cui era solito servirsi per la corrispondenza con Egidio. E, con aria risoluta, gli comandò che montasse subito a cavallo, andasse diritto a Monza, informasse Egidio dell'impegno contratto, e richiedesse il suo aiuto per adempirlo.

Rapimento di Lucia

Egidio, naturalmente, rispose che l'impresa non presentava alcun problema: egli poteva infatti imporre a Gertrude di collaborare al rapimento di Lucia. Gertrude si disperò: si era sinceramente affezionata a Lucia, e le sarebbe dispiaciuto perderla per qualunque motivo: ma collaborare attivamente al suo rapimento! Aggiungere un nuovo delitto a quelli che già tormentavano la sua coscienza! Invano tentò di ribellarsi: alla fine dovette cedere e ubbidire.

Era il giorno stabilito; l'ora convenuta s'avvicinava; Gertrude, ritirata con Lucia nel suo parlatorio privato, le faceva più carezze[66] dell'ordinario, e Lucia le riceveva e le contraccambiava con tenerezza crescente.

- Ho bisogno d'un gran servizio; e voi sola potete farmelo. Ho tanta gente a' miei comandi; ma di cui mi fidi, nessuno. Andate al convento de' cappuccini: - e le descrisse la strada di nuovo: - fate chiamare il padre guardiano, ditegli, da solo a solo, che venga da me subito subito; ma che non dica a nessuno che son io che lo mando a chiamare.

Lucia, commossa[67] più che mai, rispose: - e bene; anderò. Dio m'aiuti! - E si mosse.

[63] il Nibbio: il nibbio è un uccello rapace, una specie di falco.
[64] ministri: esecutori.
[65] enormità: imprese scellerate.
[66] carezze: gentilezze.
[67] commossa: turbata, preoccupata.

Passò inosservata la porta del chiostro, prese la strada, con gli occhi bassi, rasente al muro. Quella strada era affondata, a guisa d'un letto di fiume, tra due alte rive orlate di macchie[68], che vi forman sopra una specie di volta[69]. Lucia, entrandovi, e vedendola affatto solitaria, sentì crescere la paura, e allungava il passo; ma poco dopo si rincorò alquanto, nel vedere una carrozza da viaggio ferma, e accanto a quella, davanti allo sportello aperto, due viaggiatori che guardavano in qua e in là, come incerti della strada. Andando avanti, sentì uno di que' due, che diceva: - ecco una buona giovine che c'insegnerà la strada -. Infatti, quando fu arrivata alla carrozza, quel medesimo, con un fare più gentile che non fosse l'aspetto, si voltò, e disse: - quella giovine, ci sapreste insegnar la strada di Monza?

- Andando di lì, vanno a rovescio, - rispondeva la poverina: - Monza è di qua... - e si voltava, per accennar col dito; quando l'altro compagno (era il Nibbio), afferrandola d'improvviso per la vita, l'alzò da terra. Lucia girò la testa indietro atterrita, e cacciò un urlo; il malandrino la mise per forza nella carrozza: uno che stava a sedere davanti, la prese e la cacciò, per quanto lei si divincolasse e stridesse[70], a sedere dirimpetto a sé: un altro, mettendole un fazzoletto alla bocca, le chiuse il grido in gola. In tanto il Nibbio entrò presto presto anche lui nella carrozza: lo sportello si chiuse, e la carrozza partì di carriera[71].

Viaggio di Lucia

Il viaggio fino al castello dell'innominato fu per Lucia un lungo, immenso terrore. La poverina tentava di commuovere i suoi rapitori, li pregava di lasciarla andare, si raccomandava a Dio e alla Madonna, chiedeva affannosamente cosa volevano da lei e perché

[68] macchie: ciuffi di vegetazione.

[69] una specie di volta: una specie di tunnel, congiungendo i loro rami al di sopra della strada.

[70] stridesse: gridasse.

[71] di carriera: a grande velocità.

FOCUS

La fanciulla perseguitata

Horace Walpole ritratto da Sir Joshua Reynolds (1756).

In questo capitolo Manzoni ricorre a situazioni ricche di suspense, di pathos, di azione. La vicenda si svolge infatti su più piani paralleli: il Griso indaga a Monza mentre il conte Attilio trama a Milano (e Renzo vive le sue disavventure); poi si verificano numerosi fatti (Renzo ricercato, fra Cristoforo allontanato, Lucia sola senza la madre) e don Rodrigo decide di chiedere aiuto all'innominato (il quale, casualmente, ha la soluzione a portata di mano, grazie alla relazione tra Gertrude e Egidio...). I vari fili del racconto, che finora si sono svolti in maniera piuttosto lineare, incominciano insomma a intrecciarsi e a complicarsi.

Bisogna inoltre osservare che Manzoni ricorre in questo capitolo a una situazione tipica del romanzo gotico, uno dei generi di intrattenimento più popolari della sua epoca: la situazione che vede un'eroina innocente (di solito povera o comunque in difficoltà economiche) perseguitata da un malvagio prepotente (per lo più nobile e ricco). Il romanzo che aveva utilizzato per primo questo schema narrativo era *Il castello di Otranto*, scritto nel 1764 dall'inglese Horace Walpole.

Il romanzo, ambientato in Italia in un imprecisato Medioevo, narra le vicende di una povera fanciulla di nome Isabella, perseguitata dal crudele tiranno di Otranto, Manfredi, che intende sposarla contro la sua volontà. Isabella fugge attraverso cripte e sotterranei, si rifugia in chiese e conventi, aiutata da un contadino di nome Teodoro e da un buon sacerdote, mentre Manfredi è perseguitato da spettri e statue gigantesche... Dopo mille disavventure, delitti, scorribande e prodigi, in cielo appare nientemeno che san Nicola a risolvere la situazione: Manfredi è un usurpatore e deve cedere il potere a Teodoro, che sposerà Isabella.

Il castello di Otranto aveva avuto numerose imitazioni e il genere gotico era diventato molto popolare: noi non sappiamo quali romanzi gotici fossero noti a Manzoni, ma senza dubbio lo scrittore aveva ben presenti le situazioni tipiche del genere. Nei *Promessi sposi* egli rifiuta gli elementi fantastici, magici, irrazionali, ma utilizza invece quelli avventurosi e drammatici.

Riflessioni e approfondimenti

- Conosci qualche libro, film o fumetto in cui la figura della fanciulla perseguitata da un malvagio abbia un ruolo importante? Racconta...
- Ti piace il genere horror, che discende direttamente dal romanzo gotico settecentesco e ottocentesco? Motiva la tua risposta.

l'avessero rapita. Il Nibbio e i suoi uomini un po' le facevano gli occhiacci, per spaventarla e impedirle di gridare, un po' cercavano di calmarla con buone parole, per quanto non vi fossero abituati. Finalmente, fra uno svenimento e una preghiera, Lucia arrivò al castello, dove l'innominato l'aspettava con un'ansia del tutto insolita.

Quell'uomo, che aveva disposto a sangue freddo di tante vite, che in tanti suoi fatti non aveva contato per nulla i dolori da lui cagionati, se non qualche volta per assaporare in essi una selvaggia voluttà di vendetta[72], ora, nel metter le mani addosso a questa sconosciuta, a questa povera contadina, sentiva come un ribrezzo, direi quasi un terrore. Da un'alta finestra del suo castellaccio, guardava da qualche tempo verso uno sbocco della valle; ed ecco spuntar la carrozza, e venire innanzi lentamente: perché quel primo andar di carriera[73] aveva consumata la foga, e domate le forze de' cavalli. E benché, dal punto dove stava a guardare, la non paresse più che una di quelle carrozzine che si dànno per balocco[74] ai fanciulli, la riconobbe subito, e si sentì il cuore batter più forte.

"Ci sarà? - pensò subito; e continuava tra sé: - che noia mi dà costei! Liberiamocene".

E voleva chiamare uno de' suoi sgherri, e spedirlo subito incontro alla carrozza, a ordinare al Nibbio che voltasse, e conducesse colei al palazzo di don Rodrigo. Ma un *no* imperioso che risonò nella sua mente, fece svanire quel disegno. Tormentato però dal bisogno di dar qualche ordine, riuscendogli intollerabile lo stare aspettando oziosamente quella carrozza che veniva avanti passo passo fece chiamare una sua vecchia donna.

- Tu vedi laggiù quella carrozza! - le disse il signore.

- La vedo, - rispose la vecchia, cacciando avanti il mento appuntato, e aguzzando gli occhi infossati, come se cercasse di spingerli su gli orli dell'occhiaie.

[72] una selvaggia voluttà di vendetta: il feroce piacere della vendetta.

[73] quel primo andar di carriera: quella prima corsa.

[74] per balocco: come giocattolo.

- Fa allestir subito una bussola[75], entraci, e fatti portare alla Malanotte[76]. Subito subito; che tu ci arrivi prima di quella carrozza: già la viene avanti col passo della morte[77]. In quella carrozza c'è... ci dev'essere... una giovine. Se c'è, dì al Nibbio, in mio nome, che la metta nella bussola, e lui venga su subito da me. Tu starai nella bussola, con quella... giovine; e quando sarete quassù, la condurrai nella tua camera. Se ti domanda dove la meni, di chi è il castello, guarda di non...

- Oh[78]! - disse la vecchia.

- Ma, - continuò l'innominato, - falle coraggio.

- Cosa le devo dire?

- Cosa le devi dire? Falle coraggio, ti dico. Tu sei venuta a codesta età, senza sapere come si fa coraggio a una creatura, quando si vuole! Hai tu mai sentito affanno di cuore? Hai tu mai avuto paura? Non sai le parole che fanno piacere in que' momenti? Dille di quelle parole: trovale, alla malora. Va'.

75 una bussola: una portantina.
76 Malanotte: la locanda posta all'imbocco della valle da cui si saliva al castellaccio.
77 col passo della morte: con una lentezza esasperante.
78 Oh: non c'è bisogno di dare simili istruzioni: la vecchia sa benissimo che cosa può e non può dire.

IL CAPITOLO IN SINTESI

- il tempo: dalla notte del 10 novembre all'inizio di dicembre 1628
- i luoghi: palazzo di don Rodrigo, casa del conte zio a Milano, castello dell'innominato, monastero delle monache a Monza;
- i personaggi: don Rodrigo, il conte Attilio, il Griso, il conte zio, il padre provinciale dei cappuccini, Lucia, Agnese, la monaca di Monza, l'innominato, il Nibbio, Egidio, una vecchia serva dell'innominato
- le sequenze principali:

1 **relazione del Griso a don Rodrigo:** di ritorno dalla sua missione senza essere riuscito a rapire Lucia, il Griso subisce i rimproveri di don Rodrigo e si giustifica raccontando come sono andate le cose;

2 **le indagini del Griso:** mentre il conte Attilio, vinta la scommessa con don Rodrigo, promette di aiutarlo a liberarsi del padre Cristoforo, il Griso cerca di raccogliere informazioni nel paese e scopre che i due promessi sono fuggiti, Lucia a Monza e Renzo a Milano; don Rodrigo lo invia a Monza per approfondire le indagini;

3 **don Rodrigo in difficoltà:** quando il podestà di Lecco riceve l'ordine di indagare su Renzo, don Rodrigo festeggia la notizia; ma contemporaneamente il Griso gli annuncia che Lucia è al sicuro nel monastero di Monza, per lui impenetrabile: l'unica possibilità per ottenere ciò che vuole è ricorrere a un alleato più potente di lui, l'innominato, ma don Rodrigo esita;

4 **Attilio e il conte zio:** Attilio ottiene intanto il trasferimento di fra Cristoforo: egli si è infatti recato a parlare con il conte zio del Consiglio segreto e l'ha convinto a intervenire per evitare un conflitto tra i cappuccini e don Rodrigo;

5 **pranzo a casa del conte zio:** il conte zio invita dunque a pranzo il padre provinciale dei cappuccini e gli chiede di trasferire altrove fra Cristoforo, prima che dal conflitto con don Rodrigo possano nascere guai seri; il padre provinciale tenta una difesa, ma alla fine cede e ordina al padre Cristoforo di partire per Rimini;

6 **presentazione dell'innominato:** l'uomo a cui don Rodrigo aveva pensato di rivolgersi era un grande fuorilegge, di cui ignoriamo il nome, che viveva da anni arroccato in un suo castello, circondato da bravi e a capo di una vasta rete di informatori e di agenti; egli dominava il territorio proprio e quelli circostanti, come un tiranno medievale;

7 **don Rodrigo al castello dell'innominato:** don Rodrigo arriva al castello dell'innominato, viene ricevuto dal signore e gli chiede il suo aiuto per rapire Lucia; l'innominato, per vincere un senso di stanchezza e di disgusto che lo affligge da qualche tempo, accetta subito l'incarico;

8 **rapimento di Lucia:** l'amante di Gertrude, Egidio, è un uomo dell'innominato e costringe la monaca a collaborare: Gertrude finge di affidare a Lucia una missione che la costringe a uscire dal convento; sulla strada, la giovane viene costretta a salire a forza su una carrozza dal Nibbio, il capo dei bravi dell'innominato, e da alcuni complici;

9 **viaggio di Lucia:** durante il percorso, Lucia tenta invano di commuovere i suoi rapitori; quando arriva al castello, l'innominato, che l'attendeva con ansia, ordina a una vecchia di correrle incontro e di farle coraggio.

ATTIVITÀ

Hai capito bene?

Scegli fra le risposte fornite quella corretta.

1 Dove si trova il castello dell'innominato?
- ☐ A Milano
- ☐ A Bergamo
- ☐ A poca distanza dal confine tra il Ducato di Milano e la Repubblica di Venezia
- ☐ A poca distanza dal confine tra l'Italia e la Svizzera

2 Quand'è che don Rodrigo va a trovare l'innominato?
- ☐ Subito dopo che Renzo viene arrestato
- ☐ Poco prima che fra Cristoforo venga trasferito
- ☐ Appena viene a sapere che Lucia è nel convento di Monza
- ☐ Qualche tempo dopo il ritorno di Agnese a Olate

3 In che modo Gertrude collabora con Egidio per far rapire Lucia?
- ☐ La fa uscire dal convento in un momento prestabilito
- ☐ Allontana Agnese, rimandandola a casa
- ☐ Non collabora affatto, anzi tenta di mettere in guardia Lucia
- ☐ Imbarazza Lucia facendole domande indiscrete su Renzo

Il gioco dei perché

Rispondi alle domande seguenti usando le parole indicate fra parentesi.

4 Perché il conte Attilio decide di aiutare don Rodrigo?
(onore, famiglia, puntiglio, frate)

5 Perché il padre provinciale accetta di trasferire il padre Cristoforo?
(conte zio, conflitto, timore)

6 Perché don Rodrigo chiede aiuto all'innominato?
(convento, principessa, potere)

7 Perché l'innominato accetta subito di aiutare don Rodrigo?
(crisi interiore, riaffermazione, passato)

Riflettiamo insieme

Esponi la tua opinione facendo riferimento al testo letto.

8 Come definiresti i rapporti fra il Griso e don Rodrigo? Ti sembra che siano caratterizzati da fiducia reciproca? Ti sembra che ci sia una tensione nascosta, nei loro dialoghi? Rispondi facendo riferimento al testo.

9 Come possiamo giudicare il conte zio? Secondo te, si tratta semplicemente di uno sciocco? Oppure c'è in lui della cattiveria? Spiega da quali parti del testo hai ricavato le tue riflessioni.

10 L'innominato è un feroce brigante, ma è anche oppresso dal peso delle sue colpe e da un accenno di rimorso. Secondo te, questo accenno di rimorso è un segno di forza o di debolezza? Perché?

11 Il comportamento dell'innominato, in questo capitolo, sembra a volte nascere da impulsi momentanei, irrazionali. Fai almeno due esempi e motiva le tue scelte.

Lettori detective... della lingua

12 In questo capitolo, gli avvenimenti coprono un arco di tempo più lungo rispetto a quanto avveniva nei capitoli precedenti. Cerca nel testo le indicazioni di tempo e sottolineale. Poi spiega perché si verifica questo "cambio di ritmo" narrativo.

Siamo tutti scrittori?

Scrivi un testo di 12-15 righe (o 500 caratteri).

13 Gertrude e Lucia
Il rapporto tra Lucia e Gertrude è segnato dal fatto che entrambe provano un sentimento affettuoso l'una verso l'altra, ma entrambe sono costrette a nascondere qualcosa e il loro rapporto non può quindi godere di quella confidenza che lo trasformerebbe in vera amicizia. Spiega per iscritto perché Gertrude si affeziona a Lucia e perché Lucia la ricambia; e chiarisci di quali argomenti le due donne non possono parlare.

14 Un episodio di cronaca nera
Il rapimento di Lucia ha tutte le caratteristiche di un vero e proprio episodio di cronaca nera. Ti proponiamo di raccontare lo stesso episodio come in un articolo di giornale, destinato a finire nelle pagine di cronaca di un immaginario quotidiano, il "Monza News". Ricorda che un articolo di cronaca deve rispondere alle 5W (chi, che cosa, quando, dove, perché) e dev'essere sintetico, ma chiaro e leggibile.

Capitolo 8

La conversione dell'innominato

Lucia, la vecchia e l'innominato. Dipinto di Giuseppe Pensabene.

Lucia arriva al castello

La vecchia si trovò alla Malanotte un po' prima che la carrozza ci arrivasse; e vistala venire fece segno al cocchiere che fermasse, s'avvicinò allo sportello; e al Nibbio, che mise il capo fuori, riferì sottovoce gli ordini del padrone.

Lucia, al fermarsi della carrozza, si scosse, e rinvenne da una specie di letargo. Si sentì da capo rimescolare il sangue, spalancò la bocca e gli occhi, e guardò. Il Nibbio s'era tirato indietro; e la vecchia, col mento sullo sportello, guardando Lucia, diceva: - venite, la mia giovine; venite, poverina; venite con me, che ho ordine di trattarvi bene e di farvi coraggio.

Al suono d'una voce di donna, la poverina provò un conforto, un coraggio momentaneo; ma ricadde subito in uno spavento più cupo. - Chi siete? - disse con voce tremante, fissando lo sguardo attonito in viso alla vecchia.

- Venite, venite, poverina, - andava questa ripetendo. Il Nibbio e gli altri due, argomentando[1] dalle parole e dalla voce così straordinariamente raddolcita di colei, quali fossero l'intenzioni del signore, cercavano di persuader con le buone l'oppressa[2] a ubbidire. Lucia fu presa e messa nella bussola. Dopo, c'entrò la vecchia; il Nibbio disse ai due altri manigoldi che andassero dietro, e prese speditamente la salita, per accorrere ai comandi del padrone.

- Chi siete? - domandava con ansietà Lucia al ceffo[3] sconosciuto e deforme: - perché son con voi? dove sono? dove mi conducete?

- Da chi vuol farvi del bene, - rispondeva la vecchia, - da un gran... Fortunati quelli a cui vuol far del bene! Buon per voi, buon per voi. Non abbiate paura, state allegra, ché m'ha comandato di farvi coraggio. Glielo direte, eh? che v'ho fatto coraggio?

Intanto l'innominato, ritto sulla porta del castello, guardava in giù; e vedeva la bussola venir passo passo, come prima la carrozza, e avanti, a una distanza che cresceva ogni momento, salir di corsa il Nibbio. Quando questo fu in cima, il signore gli accennò che lo seguisse; e andò con lui in una stanza del castello.

- Ebbene? - disse, fermandosi lì.

- Tutto a un puntino[4], - rispose, inchinandosi, il Nibbio: - l'av-

[1] argomentando: comprendendo.
[2] l'oppressa: la loro vittima.
[3] ceffo: volto.
[4] a un puntino: perfettamente, come prestabilito.

viso a tempo, la donna a tempo, nessuno sul luogo, un urlo solo, nessuno comparso, il cocchiere pronto, i cavalli bravi, nessun incontro: ma...

- Ma che?

- Ma... dico il vero, che avrei avuto più piacere che l'ordine fosse stato di darle una schioppettata nella schiena, senza sentirla parlare, senza vederla in viso.

- Cosa? cosa? che vuoi tu dire?

- Voglio dire che tutto quel tempo, tutto quel tempo... M'ha fatto troppa compassione.

- Compassione! Che sai tu di compassione? Cos'è la compassione?

- Non l'ho mai capito così bene come questa volta: è una storia la compassione un poco come la paura: se uno la lascia prender possesso, non è più uomo.

"Non la voglio in casa costei, - pensava intanto l'innominato. - Sono stato una bestia a impegnarmi; ma ho promesso, ho promesso. Compassione al Nibbio!... Domattina, domattina di buon'ora, fuor di qui costei; al suo destino, e non se ne parli più, e, - proseguiva tra sé, con quell'animo con cui si comanda a un ragazzo indocile[5], sapendo che non ubbidirà, - e non ci si pensi più. Quell'animale di don Rodrigo non mi venga a romper la testa con ringraziamenti; che... non voglio più sentir parlar di costei. Compassione al Nibbio! Come può aver fatto costei? - continuava, strascinato da quel pensiero. - Voglio vederla... Eh! no... Sì, voglio vederla".

E d'una stanza in un'altra, trovò una scaletta, e su a tastone[6], andò alla camera della vecchia, e picchiò all'uscio con un calcio.

Lessico e grammatica

compassione

La parola compassione indica il "patire insieme": chi prova compassione quindi "si mette nei panni" di chi soffre e ha pietà di lui o di lei. È il primo passo verso la carità cristiana, cioè l'amore per il prossimo, che è il comandamento fondamentale del Vangelo.

[5] indocile: disubbidiente.

[6] a tastone: a tentoni, per mancanza di illuminazione.

Dialogo tra Lucia e l'innominato

L'uscio si spalancò. L'innominato, dalla soglia, diede un'occhiata in giro; e, al lume d'una lucerna[7] che ardeva sur un tavolino, vide Lucia rannicchiata in terra, nel canto[8] il più lontano dall'uscio.

- Chi t'ha detto che tu la buttassi là come un sacco di cenci, sciagurata? - disse alla vecchia, con un cipiglio iracondo[9].

- S'è messa dove le è piaciuto, - rispose umilmente colei: - io ho fatto di tutto per farle coraggio: lo può dire anche lei; ma non c'è stato verso.

- Alzatevi, - disse l'innominato a Lucia, andandole vicino. Ma Lucia, a cui il picchiare, l'aprire, il comparir di quell'uomo, le sue parole, avevan messo un nuovo spavento nell'animo spaventato, stava più che mai raggomitolata nel cantuccio, col viso nascosto tra le mani, e non movendosi, se non che tremava tutta.

- Alzatevi, ché non voglio farvi del male... e posso farvi del bene, - ripeté il signore... - Alzatevi! - tonò[10] poi quella voce, sdegnata d'aver due volte comandato invano.

Come rinvigorita dallo spavento, l'infelicissima si rizzò subito inginocchioni; e giungendo le mani, come avrebbe fatto davanti a un'immagine[11], alzò gli occhi in viso all'innominato, e riabbassandoli subito, disse: - son qui: m'ammazzi.

- V'ho detto che non voglio farvi del male, - rispose, con voce mitigata[12], l'innominato, fissando quel viso turbato dall'accoramento[13] e dal terrore.

- Coraggio, coraggio, - diceva la vecchia: - se ve lo dice lui, che non vuol farvi del male...

- E perché, - riprese Lucia con una voce, in cui, col tremito della paura, si sentiva una certa sicurezza dell'indegnazione disperata, - perché mi fa patire le pene dell'inferno? Cosa le ho fatto io?...

---

[7] lucerna: lampada a olio.
[8] nel canto: nell'angolo.
[9] cipiglio iracondo: espressione adirata, rabbiosa.
[10] tonò: tuonò, gridò improvvisamente.
[11] a un'immagine: a un'immagine sacra.
[12] mitigata: raddolcita.
[13] turbato dall'accoramento: sconvolto dalle emozioni, dallo sgomento.

- V'hanno forse maltrattata? Parlate.

- Oh maltrattata! M'hanno presa a tradimento, per forza! perché? perché m'hanno presa? perché son qui? dove sono? Sono una povera creatura: cosa le ho fatto? In nome di Dio...

- Dio, Dio, - interruppe l'innominato: - sempre Dio: coloro che non possono difendersi da sé, che non hanno la forza, sempre han questo Dio da mettere in campo, come se gli avessero parlato. Cosa pretendete con codesta vostra parola? Di farmi[14]...? - e lasciò la frase a mezzo.

- Oh Signore! pretendere! Cosa posso pretendere io meschina[15], se non che lei mi usi misericordia? Dio perdona tante cose, per un'opera di misericordia! Mi lasci andare; per carità mi lasci andare! Non torna conto[16] a uno che un giorno deve morire di far patir tanto una povera creatura. Oh! lei che può comandare, dica che mi lascino andare! Mi faccia condurre in una chiesa. Pregherò per lei, tutta la mia vita. Cosa le costa dire una parola? Oh ecco! vedo che si move a compassione: dica una parola, la dica. Dio perdona tante cose, per un'opera di misericordia!

Osservazioni

Dio perdona tante cose, per un'opera di misericordia

È la frase che, ripetuta due volte da Lucia, risuonerà più tardi agli orecchi dell'innominato; in essa Lucia riassume l'idea cristiana secondo cui nessun peccatore è tanto grande da non poter aspirare al perdono di Dio.

- Via, fatevi coraggio, - interruppe l'innominato, con una dolcezza che fece strasecolar[17] la vecchia. - V'ho fatto nessun male? V'ho minacciata?

- Oh no! Vedo che lei ha buon cuore, e che sente pietà di questa povera creatura. Se lei volesse, potrebbe farmi paura più di tutti gli altri, potrebbe farmi morire; e in vece mi ha... un po' allargato il cuore. Dio gliene renderà merito. Compisca[18] l'opera di misericordia: mi liberi, mi liberi.

- Domattina...

[14] Di farmi: di farmi paura, o di farmi cambiare idea.

[15] meschina: poveretta.

[16] Non torna conto: non conviene.

[17] strasecolar: stupire enormemente.

[18] Compisca: porti a termine.

- Oh mi liberi ora, subito...

- Domattina ci rivedremo, vi dico. Via, intanto fatevi coraggio. Riposate. Dovete aver bisogno di mangiare. Ora ve ne porteranno. E tu, - riprese poi subito, voltandosi alla vecchia, - falle coraggio che mangi; mettila a dormire in questo letto: e se ti vuole in compagnia, bene; altrimenti, tu puoi ben dormire una notte in terra. Falle coraggio, ti dico; tienla allegra. E che non abbia a lamentarsi di te!

Così detto, si mosse rapidamente verso l'uscio. Lucia s'alzò e corse per trattenerlo, e rinnovare la sua preghiera; ma era sparito.

La notte di Lucia

Lucia rifiutò di mangiare il cibo che l'innominato le aveva mandato e di infilarsi nel letto preparato dalla vecchia. Durante la notte, la vecchia dormì tranquillamente, ma Lucia rimase rannicchiata in un angolo, con le ginocchia alzate e il viso nascosto fra le mani.

Non era il suo né sonno né veglia, ma una rapida successione, una torbida vicenda[19] di pensieri, d'immaginazioni, di spaventi. Ora, più presente a se stessa, e rammentandosi più distintamente gli orrori veduti e sofferti in quella giornata, s'applicava[20] dolorosamente alle circostanze dell'oscura e formidabile[21] realtà in cui si trovava avviluppata; ora la mente, trasportata in una regione ancor più oscura, si dibatteva contro i fantasmi nati dall'incertezza e dal terrore. Stette un pezzo in quest'angoscia; alfine, più che mai stanca e abbattuta, stese le membra intormentite[22], si sdraiò, o cadde sdraiata, e rimase alquanto in uno stato più somigliante a un sonno vero. Ma tutt'a un tratto si risentì, come a una chiamata interna, e provò il bisogno di risentirsi interamente, di riaver tutto il suo pensiero, di conoscere dove fosse, come, perché. Tese l'orecchio a

[19] una torbida vicenda: un confuso avvicendarsi, susseguirsi.
[20] s'applicava: pensava, si concentrava.
[21] formidabile: spaventosa, paurosa.
[22] intormentite: intorpidite.

un suono: era il russare lento, arrantolato della vecchia; spalancò gli occhi, e vide un chiarore fioco apparire e sparire a vicenda[23]: era il lucignolo della lucerna, che, vicino a spegnersi, scoccava[24] una luce tremola, e subito la ritirava, per dir così, indietro, come è il venire e l'andare dell'onda sulla riva. L'infelice risvegliata riconobbe la sua prigione: tutte le memorie dell'orribil giornata trascorsa, tutti i terrori dell'avvenire, l'assalirono in una volta: quella nuova quiete stessa dopo tante agitazioni, quella specie di riposo, quell'abbandono in cui era lasciata, le facevano un nuovo spavento: e fu vinta da un tale affanno, che desiderò di morire. Ma in quel momento, si rammentò che poteva almen pregare, e insieme con quel pensiero, le spuntò in cuore come un'improvvisa speranza. Ricominciò a dire il rosario; e, di mano in mano che la preghiera usciva dal suo labbro tremante, il cuore sentiva crescere una fiducia indeterminata. Tutt'a un tratto, le passò per la mente un altro pensiero; che la sua orazione[25] sarebbe stata più accetta e più certamente esaudita, quando, nella sua desolazione[26], facesse anche qualche offerta. Si ricordò di quello che aveva di più caro, e risolvette subito di farne un sacrifizio. S'alzò, e si mise in ginocchio, e tenendo giunte al petto le mani, dalle quali pendeva la corona, alzò il viso e le pupille al cielo, e disse: - o Vergine santissima! Voi, a cui mi sono raccomandata tante volte, e che tante volte m'avete consolata! Voi che avete patito tanti dolori, e siete ora tanto gloriosa, e avete fatti tanti miracoli per i poveri tribolati[27]; aiutatemi! fatemi uscire da questo pericolo, fatemi tornar salva con mia madre, Madre del Signore; e fo voto a voi di rimaner vergine; rinunzio per

Lessico e grammatica

voto

Secondo la dottrina della Chiesa, il voto è una promessa fatta a Dio. È quindi un impegno solenne che un individuo si prende di fronte alla divinità. Nella tradizione popolare, si chiamano voti anche le promesse fatte alla Madonna o ai santi, ma in realtà le promesse sono sempre fatte a Dio, la Madonna e i santi sono solo degli intermediari.

23 a vicenda: a tratti.
24 scoccava: emetteva.
25 orazione: preghiera.
26 desolazione: dolore.
27 tribolati: in difficoltà.

sempre a quel mio poveretto, per non esser mai d'altri che vostra.

Proferite queste parole, abbassò la testa, e si mise la corona[28] intorno al collo. Rimessasi a sedere in terra, sentì entrar nell'animo una certa tranquillità, una più larga fiducia. Le venne in mente quel *domattina* ripetuto dallo sconosciuto potente, e le parve di sentire in quella parola una promessa di salvazione[29]. I sensi affaticati da tanta guerra[30] s'assopirono a poco a poco in quell'acquietamento di pensieri: e finalmente, già vicino a giorno, Lucia s'addormentò d'un sonno perfetto e continuo.

La notte dell'innominato

Ma c'era qualchedun altro in quello stesso castello, che avrebbe voluto fare altrettanto, e non poté mai. Partito, o quasi scappato da Lucia, il signore s'era andato a cacciare in camera, s'era chiuso dentro in fretta e in furia; e spogliatosi, pure in furia, era andato a letto. Ma quell'immagine, più che mai presente, parve che in quel momento gli dicesse: tu non dormirai. "Che sciocca curiosità da donnicciola, - pensava, - m'è venuta di vederla? Ha ragione quel bestione del Nibbio; uno non è più uomo; è vero, non è più uomo!... che diavolo m'è venuto addosso? che c'è di nuovo? Non lo sapevo io prima d'ora, che le donne strillano? Non son più uomo, non son più uomo!... Via! - disse, poi, rivoltandosi arrabbiatamente[31] nel letto divenuto duro duro, sotto le coperte divenute pesanti pesanti: - via! sono sciocchezze che mi son passate per la testa altre volte. Passerà anche questa".

E per farla passare, andò cercando col pensiero qualche cosa importante, qualcheduna di quelle che solevano occuparlo fortemente, onde applicarvelo[32] tutto; ma non ne trovò nessuna. Tutto gli appariva cambiato: pensando all'imprese avviate e non finite,

[28] la corona: il rosario.
[29] salvazione: salvezza.
[30] da tanta guerra: da tante emozioni, da tante fatiche.
[31] arrabbiatamente: rabbiosamente.
[32] applicarvelo: applicare il pensiero a questa impresa, concentrare l'attenzione su di essa.

in vece d'animarsi al compimento, in vece d'irritarsi degli ostacoli, sentiva una tristezza, quasi uno spavento de' passi già fatti. Si schierava nella fantasia tutti i suoi malandrini, e non trovava da comandare a nessuno di loro una cosa che gl'importasse; anzi l'idea di rivederli, di trovarsi tra loro, era un nuovo peso, un'idea di schifo e d'impiccio[33]. E se volle trovare un'occupazione per l'indomani, un'opera fattibile, dovette pensare che all'indomani poteva lasciare in libertà quella poverina.

"La libererò, sì; appena spunta il giorno, correrò da lei, e le dirò: andate, andate. La farò accompagnare... E la promessa? e l'impegno? e don Rodrigo?... Chi è don Rodrigo?"

A guisa di chi è colto da una interrogazione inaspettata e imbarazzante d'un superiore, l'innominato pensò subito a rispondere a questa che s'era fatta lui stesso, o piuttosto quel nuovo *lui*[34], che cresciuto terribilmente a un tratto, sorgeva come a giudicare l'antico. Andava dunque cercando le ragioni per cui, prima quasi d'esser pregato, s'era potuto risolvere[35] a prender l'impegno di far tanto patire, senz'odio, senza timore, un'infelice sconosciuta, per servire colui; ma non sapeva quasi spiegare a se stesso come ci si fosse indotto[36]. Quel volere, piuttosto che una deliberazione[37], era stato un movimento istantaneo dell'animo ubbidiente a sentimenti antichi, abituali, una conseguenza di mille fatti antecedenti; e il tormentato esaminator di se stesso, per rendersi ragione d'un sol fatto, si trovò ingolfato[38] nell'esame di tutta la sua vita. Indietro, indietro, d'anno in anno, d'impegno in impegno, di sangue in sangue, di scelleratezza in scelleratezza: ognuna ricompariva all'animo consapevole e nuovo, separata da' sentimenti che l'avevan fatta volere e commettere; ricompariva con una mostruosità che que' sentimenti non avevano allora lasciato scorgere in essa. Eran tutte sue, eran lui: l'orrore di questo

[33] d'impiccio: di fastidio.

[34] quel nuovo *lui*: quel nuovo se stesso, quella nuova visione delle cose.

[35] risolvere: decidere.

[36] ci si fosse indotto: si fosse risolto, deciso, a ciò, cioè a prendere l'impegno con don Rodrigo.

[37] deliberazione: scelta ben meditata.

[38] ingolfato: immerso, impegnato.

pensiero, rinascente a ognuna di quell'immagini, attaccato a tutte, crebbe fino alla disperazione. S'alzò in furia a sedere, gettò in furia le mani alla parete accanto al letto, afferrò una pistola, la staccò, e...

Tutt'a un tratto, gli tornarono in mente parole che aveva sentite e risentite, poche ore prima: "Dio perdona tante cose, per un'opera di misericordia!" E non gli tornavan già con quell'accento d'umile preghiera, con cui erano state proferite; ma con un suono pieno d'autorità, e che insieme induceva una lontana speranza. Fu quello un momento di sollievo: levò le mani dalle tempie, e, in un'attitudine più composta, fissò gli occhi della mente[39] in colei da cui aveva sentite quelle parole; e la vedeva, non come la sua prigioniera, non come una supplichevole, ma in atto di chi dispensa grazie e consolazioni. Aspettava ansiosamente il giorno, per correre a liberarla, a sentire dalla bocca di lei altre parole di refrigerio[40] e di vita; s'immaginava di condurla lui stesso alla madre. "E poi? che farò domani, il resto della giornata? che farò doman l'altro?" Ora si proponeva d'abbandonare il castello, e d'andarsene in paesi lontani, dove nessun lo conoscesse, neppur di nome; ora gli rinasceva una fosca[41] speranza di ripigliar l'animo antico, le antiche voglie; ora temeva il giorno, che doveva farlo vedere a' suoi così miserabilmente mutato; ora lo sospirava[42], come se dovesse portar la luce anche ne' suoi pensieri.

L'innominato e il cardinale

Poco prima dell'alba, proprio mentre Lucia s'addormentava, ecco che l'innominato sentì, nel silenzio, un suono lontano, confuso, ma allegro. Stette in ascolto e riconobbe uno scampanìo festoso. Saltò fuori dal letto, si vestì, chiamò un bravo fidato che dormiva nella stanza accanto e gli ordinò di informarsi. In fondo alla valle

[39] gli occhi della mente: il pensiero, l'immaginazione.
[40] di refrigerio: di sollievo, di consolazione.
[41] fosca: cupa.
[42] lo sospirava: lo desiderava.

Lessico e grammatica

visita pastorale
In base alle regole stabilite dal Concilio di Trento nel Cinquecento, i vescovi sono tenuti a visitare regolarmente le parrocchie della loro diocesi (cioè del loro territorio); queste visite sono dette "pastorali" perché il vescovo si comporta come il pastore che sorveglia e accudisce il suo gregge. Il vescovo in questo modo controlla da vicino l'azione dei parroci, riaffermando l'autorità centrale e l'unità di tutta la Chiesa.

si vedeva la gente passare, a coppie, a gruppi, diretta a una meta comune. L'innominato guardava dalla finestra e si sentiva invadere sempre più dalla curiosità.

Poco dopo, il bravo venne a riferire che il cardinal Federigo Borromeo, arcivescovo di Milano, era quel giorno in visita pastorale nel paese vicino. L'innominato, rimasto solo, continuò a guardar nella valle, ancor più pensieroso. "Cos'ha mai quell'uomo, per rendere allegra tanta gente? Qualche soldo che distribuirà così a caso... Ma costoro non vanno tutti per l'elemosina. Ebbene, qualche segno nell'aria[43], qualche parola... Oh se le avesse per me le parole che possono consolare! Perché non vado anch'io? Perché no?... Andrò; e gli voglio parlare: a quattr'occhi gli voglio parlare. Cosa gli dirò? Sentirò cosa sa dire lui, piuttosto!" Si infilò la casacca, uscì dal castello e scese di corsa verso il paese. Tutti gli facevano largo, stupiti di vederlo senza scorta.

Il cardinale era in casa del parroco. L'innominato si presentò e disse che voleva parlare con lui. Il cappellano crocifero[44], dopo qualche esitazione, andò ad avvertire Federigo, il quale stava leggendo, in attesa dell'ora della messa. Quando seppe il nome dell'inatteso visitatore, Federigo ordinò di introdurlo immediatamente e gli andò incontro, con le braccia aperte, come se accogliesse un caro amico. E dopo qualche momento di silenzio e di imbarazzo, fu proprio Federigo a parlare per primo.

[43] qualche segno nell'aria: la benedizione solenne.

[44] cappellano crocifero: il prete incaricato di portare la croce durante le processioni; era uno degli assistenti del cardinale.

- Oh! - disse: - che preziosa visita è questa! e quanto vi devo esser grato d'una sì buona risoluzione[45]; quantunque per me abbia un po' del rimprovero!

- Rimprovero! - esclamò il signore maravigliato, ma raddolcito da quelle parole e da quel fare, e contento che il cardinale avesse rotto il ghiaccio, e avviato un discorso qualunque.

- Certo, m'è un rimprovero, - riprese questo, - ch'io mi sia lasciato prevenir[46] da voi; quando, da tanto tempo, tante volte, avrei dovuto venir da voi io.

- Da me, voi! Sapete chi sono? V'hanno detto bene il mio nome?

- E questa consolazione ch'io sento, e che, certo, vi si manifesta nel mio aspetto, vi par egli ch'io dovessi provarla all'annunzio, alla vista d'uno sconosciuto? Siete voi che me la fate provare; voi, dico, che avrei dovuto cercare; voi che almeno ho tanto amato e pianto, per cui ho tanto pregato; voi, de' miei figli, che pure amo tutti e di cuore, quello che avrei più desiderato d'accogliere e d'abbracciare, se avessi creduto di poterlo sperare. Ma Dio sa fare Egli solo le maraviglie, e supplisce alla debolezza, alla lentezza de' suoi poveri servi.

L'innominato stava attonito a quel dire così infiammato[47], a quelle parole, che rispondevano tanto risolutamente a ciò che non aveva ancor detto, né era ben determinato[48] di dire; e commosso ma sbalordito, stava in silenzio. - E che? - riprese, ancor più affettuosamente, Federigo: - voi avete una buona nuova[49] da darmi, e me la fate tanto sospirare?

- Una buona nuova, io? Ho l'inferno nel cuore; e vi darò una buona nuova? Ditemi voi, se lo sapete, qual è questa buona nuova che aspettate da un par mio.

- Che Dio v'ha toccato il cuore, e vuol farvi suo, - rispose pacatamente il cardinale.

---

[45] risoluzione: decisione (quella di andare a fargli visita).

[46] prevenir: precedere.

[47] così infiammato: così pieno di entusiasmo, di sentimento.

[48] determinato: deciso.

[49] una buona nuova: una buona notizia.

- Dio! Dio! Dio! Se lo vedessi! Se lo sentissi! Dov'è questo Dio?

- Voi me lo domandate? voi? E chi più di voi l'ha vicino? Non ve lo sentite in cuore, che v'opprime, che v'agita, che non vi lascia stare, e nello stesso tempo v'attira, vi fa presentire[50] una speranza di quiete, di consolazione, d'una consolazione che sarà piena, immensa, subito che[51] voi lo riconosciate, lo confessiate[52], l'imploriate?

- Oh, certo! ho qui qualche cosa che m'opprime, che mi rode! Ma Dio! Se c'è questo Dio, se è quello che dicono, cosa volete che faccia di me?

Queste parole furon dette con un accento disperato; ma Federigo, con un tono solenne, come di placida ispirazione, rispose: - cosa può far Dio di voi? cosa vuol farne? Chi son io, pover'uomo, che sappia dirvi fin d'ora che profitto possa ricavar da voi un tal Signore? cosa possa fare di codesta volontà impetuosa, di codesta imperturbata costanza[53], quando l'abbia animata, infiammata d'amore, di speranza, di pentimento? Chi siete voi, pover'uomo, che vi pensiate d'aver saputo da voi immaginare e fare cose più grandi nel male, che Dio non possa farvene volere e operare nel bene? Cosa può Dio far di voi? E perdonarvi? e farvi salvo? e compire in voi l'opera della redenzione? Non son cose magnifiche e degne di Lui?

A misura che queste parole uscivan dal suo labbro, la faccia del suo ascoltatore, di stravolta e convulsa, si fece da principio attonita e intenta[54]; poi si compose a una commozione più profonda e meno angosciosa; i suoi occhi, che dall'infanzia più non conoscevan le lacrime, si gonfiarono; quando le parole furon cessate, l'innominato si coprì il viso con le mani, e diede in un dirotto pianto, che fu come l'ultima e più chiara risposta.

[50] presentire: prevedere, presagire.
[51] subito che: non appena.
[52] lo confessiate: ammettiate la sua esistenza.
[53] imperturbata costanza: forza d'animo che non si lascia turbare da nessuna difficoltà.
[54] intenta: attenta, concentrata.

- Dio grande e buono! - esclamò Federigo, alzando gli occhi e le mani al cielo: - che ho mai fatto io, servo inutile, pastore sonnolento, perché Voi mi faceste degno d'assistere a un sì giocondo prodigio! - Così dicendo, stese la mano a prender quella dell'innominato.

- No! - gridò questo, - no! lontano, lontano da me voi: non lordate[55] quella mano innocente e benefica. Non sapete tutto ciò che ha fatto questa che volete stringere.

- Lasciate, - disse Federigo, prendendola con amorevole violenza, - lasciate ch'io stringa codesta mano che riparerà tanti torti, che spargerà tante beneficenze, che solleverà tanti afflitti, che si stenderà disarmata, pacifica, umile a tanti nemici.

Così dicendo, stese le braccia al collo dell'innominato; il quale, dopo aver tentato di sottrarsi, e resistito un momento, cedette, come vinto da quell'impeto di carità, abbracciò anche lui il cardinale, e abbandonò sull'omero[56] di lui il suo volto tremante e mutato. Le sue lacrime ardenti cadevano sulla porpora incontaminata[57] di Federigo; e le mani incolpevoli di questo stringevano affettuosamente quelle membra, premevano quella casacca, avvezza a portar l'armi della violenza e del tradimento.

Lessico e grammatica

riparerà

Nel dialogo tra l'innominato e il cardinale, l'uso del futuro da parte di quest'ultimo è un segnale importante: l'innominato infatti ritira la mano perché pensa a tutto il male che ha fatto in passato; il cardinale invece gliel'afferra e gliela stringe perché immagina tutto il bene che potrà compiere in futuro. In questo contrasto tra passato e futuro c'è il senso più profondo della conversione.

55 non lordate: non sporcate.

56 sull'omero: sulla spalla; l'omero è, alla lettera, l'osso del braccio, tra la spalla e il gomito.

57 porpora incontaminata: mantellina senza macchia, del colore porpora proprio dei cardinali.

FOCUS

Federigo Borromeo

Nel momento in cui entra in scena Federigo Borromeo, Manzoni dedica molte pagine del suo romanzo a ricostruire la vita di questo personaggio. Cugino di Carlo Borromeo, uno dei santi più importanti della Controriforma cattolica, Federigo apparteneva a una delle famiglie più potenti d'Italia e, come lo zio, fu arcivescovo di Milano (dal 1595, quando aveva solo 31 anni, al 1631, anno della morte).

La sua impresa più importante, secondo Manzoni, fu la fondazione della Biblioteca Ambrosiana: in un'epoca di ignoranza diffusa, Federigo volle che questa biblioteca fosse aperta a chiunque desiderava studiare (mentre le biblioteche dell'epoca servivano soprattutto per conservare i libri, non per metterli a disposizione dei lettori). Federigo spese ingenti somme per far giungere a Milano libri stranieri, anche da paesi lontani.

Lo scrittore si sofferma inoltre sulla sua generosità (unita a un'estrema attenzione nell'evitare gli sprechi, in un'epoca di sfarzo e di inutile esibizionismo di ricchezze). Era sempre pronto ad aiutare i poveri e i bisognosi, e spesso entrava in contrasto con i suoi consiglieri, che l'avrebbero voluto più prudente e meno disponibile. Tra l'altro, una volta diede la dote a una ragazza che, altrimenti, i genitori avrebbero costretto a farsi monaca.

Naturalmente, ebbe anche dei limiti: uno fra tutti, credette fermamente alle streghe e alla magia, e contribuì a far uccidere una povera disgraziata, Caterina Medici, accusata di aver provocato con mezzi stregoneschi un malanno al suo padrone. Anche come scrittore, pur avendo la fama di dotto, Federigo non è certo memorabile: delle sue numerose opere, nessuna viene più letta.

A queste osservazioni di Manzoni, si può aggiungere che Federigo fu, insieme a san Carlo, uno dei più decisi sostenitori della Controriforma cattolica: si deve anche ai due Borromeo se, tra la fine del Cinquecento e i primi anni del Seicento, sull'Italia calò un cappa opprimente di ipocrisia e di censura. Nel romanzo, però, Federigo rappresenta una religiosità piena di umanità e di buon senso, di concretezza e di amore per il prossimo. Il personaggio manzoniano, insomma, è probabilmente piuttosto diverso dal Federigo realmente vissuto.

Riflessioni e approfondimenti

- Che cosa sai della caccia alle streghe? Svolgi una ricerca sull'argomento, spiegando perché, al contrario di quanto spesso si pensa, questo fenomeno non caratterizzò il Medioevo, ma i primi secoli dell'era moderna, dal Quattrocento al Seicento.
- Leggi il breve libro di Leonardo Sciascia intitolato *La strega e il capitano*, che narra la vicenda di Caterina Medici, e fai una breve relazione sulla tua lettura.

Ricompare don Abbondio

L'innominato, ormai apertamente pentito di tutte le sue malefatte, parlò al cardinal Federigo di quella che aveva in corso. Il cardinale interpretò questo fatto come un segno divino: l'innominato avrebbe potuto diventare strumento di salvezza proprio per la ragazza che stava per rovinare. Chiese di dove fosse Lucia e, saputo il nome del paese, ne fece chiamare il parroco, che era lì per la visita pastorale.

Il parroco, naturalmente, era don Abbondio in persona. Il quale si presentò al cardinale tutto stupito di essere convocato e tutto timoroso, anzi terrorizzato, per la presenza di quell'altro famigerato signore.

E disse: - m'hanno significato[58] che vossignoria illustrissima mi voleva me; ma io credo che abbiano sbagliato.

- Non hanno sbagliato, - rispose Federigo: - ho una buona nuova da darvi, e un consolante, un soavissimo[59] incarico. Una vostra parrocchiana, che avrete pianta per ismarrita, Lucia Mondella, è ritrovata, è qui vicino, in casa di questo mio caro amico; e voi anderete ora con lui, e con una donna che il signor curato di qui è andato a cercare, anderete, dico, a prendere quella vostra creatura, e l'accompagnerete qui.

Don Abbondio fece di tutto per nascondere la noia[60], che dico? l'affanno e l'amaritudine che gli dava una tale proposta, o comando che fosse; e non essendo più a tempo a sciogliere e a scomporre un versaccio[61] già formato sulla sua faccia, lo nascose, chinando profondamente la testa, in segno d'ubbidienza. E non l'alzò che per fare un altro profondo inchino all'innominato, con un'occhiata pietosa che diceva: sono nelle vostre mani: abbiate misericordia.

Gli domandò poi il cardinale, che parenti avesse Lucia.

[58] significato: detto, comunicato.
[59] soavissimo: dolcissimo.
[60] la noia: il fastidio.
[61] un versaccio: una smorfia.

- Di stretti, e con cui viva, o vivesse, non ha che la madre, - rispose don Abbondio.

- E questa si trova al suo paese?

- Monsignor, sì.

- Giacché, - riprese Federigo, - quella povera giovine non potrà esser così presto restituita a casa sua, le sarà una gran consolazione di veder subito la madre: quindi, se il signor curato di qui[62] non torna prima ch'io vada in chiesa, fatemi voi il piacere di dirgli che trovi un baroccio[63] o una cavalcatura; e spedisca un uomo di giudizio a cercar quella donna, per condurla qui.

- E se andassi io? - disse don Abbondio.

- No, no, voi: v'ho già pregato d'altro, - rispose il cardinale.

- Dicevo, - replicò don Abbondio, - per disporre[64] quella povera madre. È una donna molto sensitiva[65]; e ci vuole uno che la conosca, e la sappia prendere per il suo verso, per non farle male in vece di bene.

- E per questo, vi prego d'avvertire il signor curato che scelga un uomo di proposito[66]: voi siete molto più necessario altrove, - rispose il cardinale. E avrebbe voluto dire: quella povera giovine ha molto più bisogno di veder subito una faccia conosciuta, una persona sicura, in quel castello, dopo tant'ore di spasimo[67], e in una terribile oscurità[68] dell'avvenire. Ma questa non era ragione da dirsi così chiaramente davanti a quel terzo[69]. Parve però strano al cardinale che don Abbondio non l'avesse intesa per aria[70], anzi pensata da sé; e così fuor di luogo gli parve la proposta e l'insistenza, che pensò doverci esser sotto qualche cosa. Lo guardò in viso, e vi scoprì facilmente la paura di viaggiare con quell'uomo tremendo, d'andare in quella casa, anche per pochi momenti. Volendo quindi dissipare affatto quell'ombre codarde, e non piacendogli di tirare in disparte il curato e di bisbigliar con lui in

[62] curato di qui: parroco di Chiuso.
[63] un baroccio: un carretto.
[64] disporre: dare la notizia in maniera adatta.
[65] sensitiva: sensibile.
[66] di proposito: adatto alla bisogna.
[67] spasimo: dolore.
[68] oscurità: incertezza.
[69] a quel terzo: all'innominato lì presente.
[70] intesa per aria: capita al volo.

segreto, mentre il suo nuovo amico era lì in terzo, pensò che il mezzo più opportuno era di far ciò che avrebbe fatto anche senza questo motivo, parlare all'innominato medesimo; e dalle sue risposte don Abbondio intenderebbe finalmente che quello non era più uomo da averne paura. S'avvicinò dunque all'innominato, e con quell'aria di spontanea confidenza, che si trova in una nuova e potente affezione[71], come in un'antica intrinsichezza[72], - non crediate, - gli disse, - ch'io mi contenti di questa visita per oggi. Voi tornerete, n'è vero? in compagnia di questo ecclesiastico dabbene?

- S'io tornerò? - rispose l'innominato: - quando voi mi rifiutaste, rimarrei ostinato alla vostra porta, come il povero. Ho bisogno di parlarvi! ho bisogno di sentirvi, di vedervi! ho bisogno di voi!

Federigo gli prese la mano, gliela strinse, e disse: - favorirete dunque di restare a desinare[73] con noi. V'aspetto. Intanto, io vo a pregare, e a render grazie col popolo; e voi a cogliere i primi frutti della misericordia.

Don Abbondio, a quelle dimostrazioni, stava come un ragazzo pauroso, che veda uno accarezzar con sicurezza un suo cagnaccio grosso, rabbuffato[74], con gli occhi rossi, con un nomaccio famoso per morsi e per ispaventi, e senta dire al padrone che il suo cane è un buon bestione, quieto, quieto: guarda il padrone, e non contraddice né approva; guarda il cane, e non ardisce accostarglisi, per timore che il buon bestione non gli mostri i denti, fosse anche per fargli le feste; non ardisce allontanarsi, per non farsi scorgere; e dice in cuor suo: oh se fossi a casa mia!

La piccola comitiva composta dall'innominato, da don Abbondio e dalla buona donna chiamata per rincuorare Lucia si mosse rapidamente per raggiungere il castello dell'innominato. Figuratevi come poteva stare don Abbondio! Terrorizzato dalla compagnia

[71] affezione: affetto.
[72] intrinsichezza: amicizia, intimità.
[73] a desinare: a pranzo.
[74] rabbuffato: scompigliato, arruffato.

di quel signore e tutt'altro che convinto della sua conversione, preoccupato di sé e pronto, in cuor suo, a prendersela con Lucia, con il cardinale, con don Rodrigo e con tutti i santi e i birboni del mondo che non lo lasciavano vivere in pace.

Come Dio volle, il curato arrivò, l'innominato lo condusse nella camera dove Lucia si era appena risvegliata e la ragazza fu lasciata libera. Lucia era stupefatta, ma rammentò il "domattina" dell'innominato e ringraziò di cuore il signore per la sua misericordia. L'innominato, ottenuto il perdono della sua vittima, riaccompagnò tutti in paese, dove l'arcivescovo lo aspettava; don Abbondio colse la prima occasione e si congedò, diretto a casa sua; e Lucia venne accolta dalla buona donna, che era la moglie del sarto del paese e che decise di ospitarla fino all'arrivo della madre Agnese.

Lucia in casa del sarto

La moglie del sarto era una donna sensibile e si preoccupò innanzitutto di ristorare Lucia, facendole bere una bella tazza di brodo caldo.

Quando si fu un poco rimessa, Lucia si ricordò del voto fatto la notte prima, e rimase come folgorata: la sua preghiera era stata esaudita, lei era stata liberata - ma adesso un sentimento quasi di rimpianto le nasceva nel cuore, il pensiero di Renzo le faceva desiderare di non aver mai fatto quella promessa e di potersela rimangiare... Quasi per vincere la tentazione, rinnovò il voto e le preghiera e decise di non parlarne con nessuno, neanche con Agnese: in fondo, Renzo era lontano e chissà se sarebbe mai tornato?

Osservazioni

Lucia si ricordò del voto

Nella religiosità di Lucia, che è ovviamente una religiosità popolare, emerge un elemento superstizioso: Lucia sembra convinta della possibilità di ottenere una grazia in cambio di un sacrificio (che è una concezione propria del paganesimo) e teme una punizione celeste se infrangerà il voto (senza considerare che la vera punizione sarebbe il senso di colpa, non certo una qualche forma di "vendetta" da parte della divinità).

Dopo pranzo, il cardinale volle andare a trovare Lucia in casa del sarto: in questo modo voleva rendere omaggio alla fanciulla ingiustamente perseguitata, ma anche alla generosità delle persone che accettavano di ospitarla in un momento di carestia. Dopo i primi complimenti, Agnese, come al solito, non seppe trattenersi:

- Bisognerebbe che tutti i preti fossero come vossignoria, che tenessero un po' dalla parte de' poveri, e non aiutassero a metterli in imbroglio, per cavarsene loro, - disse, animata dal contegno famigliare e amorevole di Federigo.

- Dite pure tutto quel che pensate, - disse il cardinale: - parlate liberamente.

- Voglio dire che, se il nostro signor curato avesse fatto il suo dovere, la cosa non sarebbe andata così.

Raccontò del matrimonio concertato[75], del rifiuto di don Abbondio, non lasciò fuori il pretesto *de' superiori* che lui aveva messo in campo; e saltò all'attentato[76] di don Rodrigo, e come, essendo stati avvertiti, avevano potuto scappare. E concluse: - se in vece il signor curato ci avesse detto sinceramente la cosa, e avesse subito maritati i miei poveri giovani, noi ce n'andavamo via subito, tutti insieme, di nascosto, lontano, in luogo che né anche l'aria non l'avrebbe saputo. Così s'è perduto tempo; ed è nato quel che è nato.

Ma Lucia, non contenta di quella maniera di raccontar la storia, soggiunse: - anche noi abbiamo fatto del male: si vede che non era la volontà del Signore che la cosa dovesse riuscire.

- Che male avete potuto far voi, povera giovine? - disse Federigo.

Lucia, malgrado gli occhiacci che la madre cercava di farle alla sfuggita, raccontò la storia del tentativo fatto in casa di don Abbondio; e concluse dicendo: - abbiam fatto male; e Dio ci ha gastigati.

[75] concertato: programmato, fissato.

[76] all'attentato: al tentativo di rapimento.

Federigo promise che avrebbe chiarito le cose con don Abbondio, poi si informò di Renzo e, quando ne seppe il nome, rimase stupito, perché lo credeva un pericoloso delinquente.

- Era un giovine dabbene, - disse Lucia, facendo il viso rosso, ma con voce sicura.

Agnese confermò e disse: - Chi sa che imbroglio avranno fatto laggiù? I poveri, ci vuol poco a farli sembrare birboni.

Il cardinale promise di informarsi anche su questo e di trovare una sistemazione sicura per la povera ragazza. Fino ad allora, Lucia e Agnese sarebbero rimaste ospiti del sarto e di sua moglie.

L'innominato incomincia una nuova vita

L'innominato, nel frattempo, tornava per la seconda volta quel giorno al suo castellaccio. La notizia della sua conversione si era ormai diffusa e tutti erano in preda all'ansia, alla rabbia, allo stupore, all'incertezza del futuro.

L'innominato non aveva perduto affatto la sua forza di carattere, né la sua autorità. Appena giunto, convocò nella sala grande del castello tutti i suoi bravi e fece un breve discorso: - Figlioli, la strada che abbiamo percorso finora conduce all'inferno - disse. - Io non sono certo nella posizione di potervi rimproverare, perché sono il più colpevole di tutti. Ma da oggi cambierò vita, anzi l'ho già cambiata: sospendo tutti gli ordini che vi ho dato e vi proibisco d'ora in avanti di compiere qualsiasi violenza in mio nome. Chi vuole restare a questi nuovi patti sarà da me trattato come un figlio; chi vuole andarsene riceverà quello che gli spetta. Domani mattina vi riceverò a uno a uno e mi comunicherete la vostra scelta.

Il profondo silenzio che seguì queste parole fece capire a tutti che l'innominato restava il loro capo, un uomo superiore ora come in passato a ciascuno di loro. E tutti se ne andarono a dormire con questi nuovi pensieri in testa. Anche l'innominato, che pure aveva più pensieri e più rimorsi di tutti, andò a letto e si addormentò pacificamente, perché era stanco e perché la nuova tranquillità d'animo che provava gli permetteva di riposare sereno.

FOCUS

La conversione di Manzoni

La conversione dell'innominato è il momento di svolta più importante, nella vicenda del romanzo: l'innominato, da potente alleato di don Rodrigo, diventa alleato di Lucia (e indirettamente di Renzo) e dà inizio allo scioglimento del dramma.

È naturale che questo episodio sia stato letto alla luce della conversione dell'autore, su cui abbiamo diverse testimonianze. Manzoni, che aveva studiato in collegi cattolici, durante gli anni dell'adolescenza maturò posizioni molto lontane da quelle della Chiesa e ispirate invece alla filosofia dell'illuminismo - una filosofia che, senza essere anti-cristiana, rifiutava però ogni forma di "rivelazione" e in particolare conduceva una dura battaglia contro il fanatismo e contro l'intolleranza che tradizionalmente caratterizzavano la Chiesa cattolica. Nel 1810, dopo un lungo percorso di meditazione, Manzoni si riaccostò alla Chiesa, cioè "si convertì".

Nel racconto dei primi biografi manzoniani, la sua conversione diventò una sorta di miracolo, un episodio edificante, improvviso e imprevisto. In realtà, Manzoni si riaccostò al cristianesimo perché vi ritrovava quegli ideali di uguaglianza e di libertà che erano all'origine della sua adesione all'illuminismo. L'adesione al cristianesimo, per Manzoni, non significava infatti rifiuto dell'illuminismo: i valori dell'illuminismo (l'atteggiamento critico, il distacco ironico, l'analisi storica dei problemi) restano alla base del suo atteggiamento ed emergono in continuazione nella sua opera.

Del resto, nemmeno la conversione dell'innominato è un avvenimento fulmineo, impreparato e imprevisto. Fin dal momento in cui don Rodrigo si reca da lui per affidargli l'incarico di rapire Lucia, lo scrittore ci avverte che l'innominato è scontento di sé, è un uomo in crisi, che prova un certo fastidio, se non proprio un vero pentimento, per le sue scelleratezze.

La seconda tappa della conversione, decisiva, è l'incontro con Lucia: sono le parole semplici, ma vere, della povera contadina analfabeta, che turbano l'animo dell'innominato e suscitano in lui una riflessione morale: non a caso, è solo dopo l'incontro con Lucia che l'innominato si mette (nella notte famosa) a ripercorrere le tappe della sua vita.

Naturalmente, l'incontro con Lucia è capace di sollevare dubbi, non di dare risposte: le risposte potranno venire dal cardinale - ma il colloquio con il cardinale è solo l'ultimo passo di un lungo percorso interiore.

Riflessioni e approfondimenti

- Spiega il significato della parola "conversione", mettendo in luce come si possa applicare sia a un percorso di avvicinamento alla religione, sia a un percorso contrario.
- Con l'aiuto di un buon dizionario, spiega il significato della parola "metanoia" e confrontalo con quello di conversione.

IL CAPITOLO IN SINTESI

- il tempo: dicembre 1628
- i luoghi: il castello dell'innominato, la casa del parroco di Chiuso, la casa del sarto di Chiuso
- i personaggi: l'innominato, il Nibbio e altri bravi, la vecchia, Lucia, il cardinal Federigo, il cappellano crocifero, don Abbondio, la moglie del sarto, Agnese
- le sequenze principali:

1 **Lucia arriva al castello:** la carrozza con Lucia prigioniera arriva alla locanda della Malanotte e la vecchia porta Lucia nel castello; il Nibbio fa rapporto all'innominato: l'impresa è andata come previsto, ma in lui è nato uno strano sentimento di compassione per la ragazza; l'innominato resta turbato da questa dichiarazione e decide di andare a vedere Lucia;

2 **dialogo fra Lucia e l'innominato:** l'innominato entra nella stanza in cui Lucia è tenuta prigioniera e la tratta con insolita dolcezza; Lucia lo prega di liberarla in nome di Dio e l'innominato, dopo aver affermato che Dio è solo il nome a cui ricorrono i deboli che non sanno difendersi da soli, promette che l'indomani deciderà cosa fare di lei;

3 **la notte di Lucia:** Lucia resta sola con la vecchia e, spossata da tante emozioni, si addormenta rannicchiata per terra; poi si risveglia all'improvviso e, in preda a una forte emozione, promette alla Madonna che, se sarà liberata e se potrà riunirsi con sua madre, rinuncerà per sempre a Renzo; e finalmente si addormenta;

4 **la notte dell'innominato:** l'innominato invece passa la notte in bianco: la frase detta da Lucia, "Dio perdona tante cose per un'opera di misericordia", continua a risuonargli nella mente; decide di liberare Lucia all'alba, ma poi si accorge che quel gesto mette in discussione tutta la propria vita e si sente sopraffatto dalla disperazione; vinta anche questa tentazione, aspetta l'alba con un misto di ansia e di timore;

5 **l'innominato e il cardinale:** l'alba è annunciata da uno scampanio festoso, perché il cardinale Federigo Borromeo è in visita pastorale nel paese vicino; l'innominato decide di andare a trovarlo e viene accolto amorevolmente dal cardinale, che intuisce il suo stato d'animo e lo spinge a pentirsi;

6 **ricompare don Abbondio:** il cardinale organizza subito la liberazione di Lucia, di cui l'innominato gli ha parlato, e incarica don Abbondio e una buona donna di andare a prendere Lucia nel castello dell'innominato, mentre un uomo corre ad avvertire Agnese; don Abbondio è in preda a mille timori, ma rassicura Lucia e l'accompagna in paese;

7 **Lucia in casa del sarto:** Lucia viene ospitata dalla buona donna, moglie del sarto, insieme ad Agnese; il cardinale fa loro visita, Agnese coglie l'occasione per raccontare le prepotenze di don Rodrigo e le viltà di don Abbondio, ma Lucia ricorda anche i loro errori (il tentativo del matrimonio a sorpresa);

8 **l'innominato incomincia una nuova vita:** l'innominato, intanto, torna al suo castello, raduna i bravi e annuncia di aver cambiato vita, lasciando a ognuno la libertà di scegliere la propria strada; poi si addormenta con la coscienza tranquilla, malgrado i molti affari in sospeso.

ATTIVITÀ

Hai capito bene?

Scegli fra le risposte fornite quella corretta.

1 Che cosa promette Lucia alla Madonna?
- ☐ Di non sposare Renzo
- ☐ Di restare vergine per sempre
- ☐ Di non amare più Renzo
- ☐ Di non lasciarsi sedurre dall'innominato

2 A cosa pensa l'innominato quando stacca la pistola dalla parete, durante la notte?
- ☐ A uccidersi
- ☐ A uccidere Lucia
- ☐ A uccidere don Rodrigo
- ☐ A prepararsi per uscire

3 Chi arriva a liberare Lucia?
- ☐ La vecchia, l'innominato e don Abbondio
- ☐ L'innominato, don Abbondio e il cardinale
- ☐ L'innominato, Agnese e la moglie del sarto
- ☐ La moglie del sarto, don Abbondio e l'innominato

Il gioco dei perché

Rispondi alle domande seguenti usando le parole indicate fra parentesi.

4 Perché l'innominato ha fatto rapire Lucia?
(don Rodrigo, impegno, debolezza, dubbi)

5 Perché l'innominato decide di andare a trovare il cardinale?
(angoscia, senso di colpa, conversione)

6 Perché don Abbondio va malvolentieri a salvare Lucia?
(paura, sfiducia, egoista)

Riflettiamo insieme

Esponi la tua opinione facendo riferimento al testo letto.

7 Secondo te, le parole che Lucia dice all'innominato ci fanno capire che la ragazza è disperata e confusa, oppure rivelano che, malgrado la situazione terribile in cui si trova, Lucia non ha affatto perso la testa?

8 Durante la notte della crisi, l'innominato sembra quasi sdoppiarsi: da un lato c'è l'uomo vecchio, il delinquente, e dall'altro l'uomo nuovo, pentito e convertito. Quali sono gli atteggiamenti dell'uomo vecchio? Quali quelli dell'uomo nuovo? Perché l'uomo nuovo fa tanta fatica ad affermarsi?

9 L'atteggiamento del cardinale e quello di don Abbondio sono uno l'opposto dell'altro. In che senso, secondo te? Quali sono i valori a cui si ispira il loro comportamento?

10 Lucia, nel momento della massima disperazione, sceglie di sacrificare la cosa più importante che ha, e cioè l'amore per Renzo, in cambio dell'aiuto della Madonna. Che cosa pensi di questa scelta? Ti sembra che il comportamento di Lucia sia comprensibile o rivela una mentalità lontanissima dalla tua?

Lettori detective... della lingua

11 La parola-chiave di questo capitolo è "conversione". Spiega perché quella dell'innominato si può definire una conversione.

Siamo tutti scrittori?

Scrivi un testo di 12-15 righe (o 500 caratteri).

12 La notte
Avrai notato che, nel romanzo, spesso gli avvenimenti più importanti avvengono durante la notte. Perché, secondo te, Manzoni attribuisce tanta importanza a questo momento? Rifletti a partire dalla tua esperienza, ma richiamando anche le vicende che hai letto.

Capitolo 9

Una lunga separazione

Il termine lazzaretto (Manzoni scrive "lazzeretto", usando la forma toscana) indica gli ospedali in cui venivano ricoverati gli ammalati di peste. Essi sorgevano in genere ai margini delle città e, quando non c'era la peste, erano adibiti ad altri usi - magazzini, ricovero per mendicanti ecc. Il nome deriva forse da Lazzaro, il mendicante lebbroso di cui si parla in una parabola evangelica; o forse da Nazareth, perché il primo lazzaretto sorse a Venezia in Santa Maria di Nazareth (e il nome sarebbe stato frainteso, da nazaretto a lazzaretto).

Federigo e don Abbondio

La notizia della conversione dell'innominato si diffuse rapidamente nei paesi circostanti e arrivò fino a Olate. La macchinazione di don Rodrigo era ormai scoperta e la popolazione non solo mormorava alle sue spalle, ma parlava apertamente, con aria di sfida, e con la soddisfazione di chi vede finalmente un prepotente costretto ad abbassare la cresta. Come se non bastasse, il cardinal Federigo annunciò la propria visita pastorale proprio a Olate, e don Rodrigo naturalmente non avrebbe potuto evitare di incontrarlo, e il cardinale naturalmente non avrebbe potuto evitare di rimproverarlo aspramente per quello che aveva fatto. Don Rodrigo fu quindi costretto a fare i bagagli e a fuggire a Milano, con la speranza di annegare la bruciante sconfitta nei bagordi a cui infatti si dedicò insieme allo scapestrato conte Attilio e alla loro combriccola di amici.

Federigo arrivò effettivamente a Olate pochi giorni dopo gli avvenimenti che abbiamo narrato nel capitolo precedente, insieme a Lucia e ad Agnese. Fu accolto da don Abbondio, il quale temeva che le due donne gli avessero raccontato tutta la storia, a partire dal suo rifiuto di celebrare il matrimonio; e dopo la messa solenne, l'arcivescovo affrontò come previsto l'argomento.

- Signor curato, - cominciò; - perché non avete voi unita in matrimonio quella povera Lucia col suo promesso sposo?

- Veramente... se vossignoria illustrissima sapesse... che intimazioni... che comandi terribili ho avuti di non parlare...

- Ma! - disse il cardinale, con voce e con aria grave fuor del consueto[1]: - è il vostro vescovo che, per suo dovere e per vostra giustificazione[2], vuol saper da voi il perché non abbiate fatto ciò che, nella via regolare, era obbligo vostro di fare.

[1] grave... consueto: molto più seria del solito.

[2] per vostra giustificazione: per darvi l'opportunità di scusarvi, di dire le vostre ragioni di fronte a un'accusa così grave.

Allora don Abbondio si mise a raccontare la dolorosa storia; ma tacque il nome principale, e vi sostituì: un gran signore; dando così alla prudenza tutto quel poco che si poteva.

- E non avete avuto altro motivo? - domandò il cardinale, quando don Abbondio ebbe finito.

- Ma forse non mi sono spiegato abbastanza, - rispose questo: - sotto pena della vita, m'hanno intimato di non far quel matrimonio. Io ho sempre cercato di farlo, il mio dovere, anche con mio grave incomodo, ma quando si tratta della vita...

- E quando vi siete presentato alla Chiesa, - disse Federigo, - per addossarvi codesto ministero[3], v'ha essa fatto sicurtà della vita[4]? O non v'ha espressamente detto il contrario? Non v'ha avvertito che vi mandava come un agnello tra i lupi[5]? Non sapevate voi che c'eran de' violenti, a cui potrebbe dispiacere ciò che a voi sarebbe comandato? Quello da Cui[6] abbiam la dottrina e l'esempio, ad imitazione di Cui ci lasciam nominare e ci nominiamo pastori, venendo in terra a esercitarne l'ufizio[7], mise forse per condizione d'aver salva la vita? Che sarebbe la Chiesa, se codesto vostro linguaggio fosse quello di tutti i vostri confratelli?

"Anche questi santi son curiosi[8], - pensava intanto don Abbondio: - in sostanza, a spremerne il sugo, gli stanno più a cuore gli amori di due giovani, che la vita d'un povero sacerdote". E, in quant'a lui, si sarebbe volentieri contentato che il discorso finisse lì; ma vedeva il cardinale, a ogni pausa, restare in atto di chi aspetti una risposta.

- Monsignore, - rispose dunque, - avrò torto io... Il coraggio, uno non se lo può dare.

---

[3] per addossavi codesto ministero: per assumervi questo compito, cioè quello di sacerdote.

[4] v'ha essa... della vita: la chiesa vi ha forse garantito salva la vita?

[5] come un agnello tra i lupi: citazione dal Vangelo (Luca, 10, 3): sono le parole con cui Gesù congeda i suoi apostoli, mandandoli a predicare nel mondo.

[6] Quello da Cui: Gesù.

[7] a esercitarne l'ufizio: a svolgere il compito (di pastore).

[8] curiosi: strani.

- Ah! se per tant'anni d'ufizio pastorale avete amato il vostro gregge, se avete riposto in esso il vostro cuore, le vostre cure[9], le vostre delizie, il coraggio non doveva mancarvi al bisogno: l'amore è intrepido. Ebbene, se voi gli[10] amavate, quelli che sono affidati alle vostre cure spirituali, quelli che voi chiamate figliuoli; quando vedeste due di loro minacciati insieme con voi, ah certo! come la debolezza della carne v'ha fatto tremar per voi, così la carità v'avrà fatto tremar per loro. Cosa avete fatto per loro? Cosa avete pensato? Ah, se aveste fatto, dalla parte vostra, ciò che la carità, ciò che il dovere richiedeva; in qualunque maniera poi le cose fossero andate, non vi mancherebbe ora una risposta. Domando ora a voi se non avete fatto di più; voi mi direte se è vero che abbiate mendicati de' pretesti[11] al vostro rifiuto, per non rivelarne il motivo -. E stette lì alquanto, aspettando di nuovo una risposta.

Lessico e grammatica

carità

La carità è la forma più alta di amore, l'amore per il prossimo, che dovrebbe costituire l'ideale del cristiano, secondo le parole del Vangelo (Gesù infatti considera "ama il prossimo tuo come te stesso" il comandamento supremo, di fronte a cui tutti gli altri appaiono secondari). Nelle parole che rivolge a don Abbondio, il cardinal Federigo si appella più volte alla carità, che avrebbe dovuto ispirare il comportamento di don Abbondio. Alla carità si contrappone invece l'egoismo, cioè l'amore di sé, che è il principio in base a cui ha sempre vissuto (e sempre continuerà a vivere) il parroco di Olate.

"Anche questa gli hanno rapportata[12] le chiacchierone", pensava don Abbondio; ma non dava segno d'aver nulla da dire; onde il cardinale riprese: - Vedete a che v'ha condotto quella premura per la vita che deve finire[13]. V'ha condotto... ribattete liberamente queste parole, se vi paiono ingiuste, prendetele in umiliazione salutare, se non lo sono... v'ha condotto a ingannare i deboli, a mentire ai vostri figliuoli.

[9] cure: preoccupazioni, pensieri.
[10] gli: li.
[11] mendicati de' pretesti: inventate delle scuse, delle bugie.
[12] rapportata: raccontato.
[13] premura... finire: preoccupazione per la vita terrena, mortale, contrapposta ovviamente alla vita eterna.

"Ecco come vanno le cose, - diceva ancora tra sé don Abbondio: - a quel satanasso, - e pensava all'innominato, - le braccia al collo; e con me, per una mezza bugia, detta a solo fine di salvar la pelle, tanto chiasso".

- Tutto casca addosso a me, - disse don Abbondio: - ma queste persone che son venute a rapportare[14], non le hanno poi detto d'essersi introdotte in casa mia, a tradimento, per sorprendermi, e per fare un matrimonio contro le regole.

- Me l'hanno detto, figliuolo: ma questo m'accora[15], questo m'atterra, che pensiate di scusarvi, accusando. Chi gli ha messi, non dico nella necessità, ma nella tentazione di far ciò che hanno fatto? Avrebbero essi cercata quella via irregolare, se la legittima non fosse loro stata chiusa? Ora, - proseguì, - uno fuggitivo da casa sua, l'altra in procinto d'abbandonarla, ora, pur troppo, non hanno bisogno di voi; pur troppo, voi non avete occasione di far loro del bene; né il corto nostro prevedere[16] può scoprirne alcuna nell'avvenire. Ma chi sa se Dio misericordioso non ve ne prepara? Ah non le lasciate sfuggire! cercatele, state alle velette[17], pregatelo che le faccia nascere.

- Non mancherò, monsignore, non mancherò, davvero, - rispose don Abbondio, con una voce che, in quel momento, veniva proprio dal cuore.

Se non sentiva tutto il rimorso che la predica voleva produrre (ché quella stessa paura era sempre lì a far l'ufizio di difensore), ne sentiva però; sentiva un certo dispiacere di sé, una compassione per gli altri, un misto di tenerezza e di confusione. Si sarebbe apertamente accusato, avrebbe pianto, se non fosse stato il pensiero di don Rodrigo; ma tuttavia si mostrava abbastanza commosso, perché il cardinale dovesse accorgersi che le sue parole non erano state senza effetto.

[14] a rapportare: a farvi rapporto, a denunciarmi.

[15] m'accora: mi addolora.

[16] il corto nostro prevedere: la nostra incapacità di prevedere un futuro ancora troppo lontano.

[17] alle velette: in guardia.

Lucia e donna Prassede

Federigo aveva intanto trovato una possibile sistemazione per Lucia: una nobildonna milanese, di nome donna Prassede, aveva saputo la storia della giovine e si era offerta di ospitarla a casa sua, in cambio di qualche piccolo lavoretto. Donna Prassede era inoltre convinta che Lucia avesse maturato un'insana passione per quel poco di buono di Renzo Tramaglino, e contava di farle dimenticare rapidamente un simile scavezzacollo e di riportarla sulla buona strada.

Mentre Lucia, oppressa dal pensiero del voto e dai sentimenti contradditori che provava, avrebbe voluto pensare a Renzo il meno possibile, donna Prasasede era convinta che il metodo migliore per guarire la sua vittima fosse di parlargliene spesso.

- Ebbene? - le diceva: - non ci pensiam più a colui[18]?

- Io non penso a nessuno, - rispondeva Lucia.

Donna Prassede non s'appagava d'una risposta simile; e si diffondeva a parlare sul costume[19] delle giovani, le quali, diceva, - quando hanno nel cuore uno scapestrato (ed è lì che inclinano sempre), non se lo staccan più. Un partito onesto[20], ragionevole, d'un galantuomo, d'un uomo assestato[21], che, per qualche accidente, vada a monte, son subito rassegnate; ma un rompicollo, è piaga incurabile -. E allora principiava il panegirico[22] del povero assente, del birbante venuto a Milano, per rubare e scannare; e voleva far confessare a Lucia le bricconate che colui doveva aver fatte, sicuramente anche al suo paese.

Lucia, con la voce tremante di vergogna, di dolore, e di quello sdegno che poteva aver luogo nel suo animo dolce, assicurava e attestava, che, al suo paese, quel poveretto non aveva mai fatto parlar di sé, altro che in bene. Lo difendeva per puro dovere di

[18] a colui: a quello là.
[19] sul costume: sull'atteggiamento.
[20] Un partito onesto: un fidanzamento come si deve.
[21] assestato: con la testa a posto.
[22] panegirico: elogio (in senso ironico).

carità, per amore del vero, e, a dir proprio la parola con la quale spiegava a se stessa il suo sentimento, come prossimo. Ma l'indegno ritratto che la vecchia faceva del poverino, risvegliava, per opposizione, più viva e più distinta[23] che mai, nella mente della giovine l'idea che vi s'era formata in una così lunga consuetudine[24]; le rimembranze[25] compresse a forza, si svolgevano in folla[26]; l'avversione e il disprezzo richiamavano tanti antichi motivi di stima; l'odio cieco e violento faceva sorger più forte la pietà: e con questi affetti[27], chi sa quanto ci potesse essere o non essere di quell'altro[28] che dietro ad essi s'introduce così facilmente negli animi.

Donna Prassede non era animata da odio per Lucia, al contrario: la sua intenzione era buona, il suo unico desiderio, quello di favorire i disegni del cielo - senonché in questo, come in molti altri casi, commetteva l'errore di scambiare i desideri del cielo con le fantasie del suo cervello.

L'unica persona che riusciva, fino a un certo segno, a sfuggire alle buone intenzioni di donna Prassede era suo marito, don Ferrante. Uomo di studio, proprietario di una importante biblioteca privata, era un esperto di varie discipline, dalla filosofia alle scienze naturali, dalla magia alla storia; ma la scienza soprattutto in cui era una vera autorità era la scienza cavalleresca: tutte le questioni d'onore, tutti i problemi di puntiglio, tutte le sottigliezze del galateo e della vita aristocratica gli erano note, e ad esse aveva dedicato la parte migliore del suo tempo e del suo ingegno.

[23] distinta: chiara.
[24] consuetudine: frequentazione.
[25] rimembranze: ricordi.
[26] si svolgevano in folla: emergevano, si liberavano, in gran numero.
[27] affetti: sentimenti.
[28] di quell'altro: di quell'altro affetto, cioè dell'amore.

La guerra

La situazione dei nostri personaggi rimase più o meno invariata per un anno: Lucia a Milano con donna Prassede, Renzo a Bergamo presso il cugino Bortolo, e Agnese a Olate. Le comunicazioni erano difficili, sia perché nessuno dei tre era capace di scrivere (solo Renzo sapeva leggere, con qualche difficoltà), sia perché non esisteva un sistema postale, sia infine perché Renzo doveva usare un nome falso. La loro situazione sarebbe rimasta forse immutata molto più a lungo, se grandi avvenimenti non fossero intervenuti a modificare lo scenario generale della nostra storia.

Abbiamo accennato più volte alla guerra per la successione di Mantova. Ora dobbiamo aggiungere che a questa guerra, che vedeva coinvolte la Francia e la Spagna, oltre all'imperatore, si era aggiunto un nuovo conflitto: il governatore di Milano, don Gonzalo, per mettere in difficoltà la Francia, aveva deciso di conquistare Casale Monferrato, alleata dei francesi. Ed era infatti impegnato nell'assedio di quella città, che si rivelava tremendamente lungo e difficile.

La carestia che colpiva il ducato di Milano era in parte provocata e senza dubbio aggravata da questa guerra. Dopo i disordini di san Martino, a cui Renzo aveva involontariamente partecipato, le autorità avevano preso provvedimenti che sul breve periodo davano l'illusione dell'abbondanza, tenendo basso il prezzo del pane, ma a lungo andare provocavano sprechi di farina e quindi peggioravano la carestia; e invece non avevano preso, a causa della guerra, quei provvedimenti che davvero avrebbero potuto alleviare la fame della popolazione, come l'importazione di granaglie dall'estero (per le quali si sarebbero dovuti impegnare dei fondi che servivano per l'assedio e il pagamento delle truppe).

Nell'autunno del 1629, mentre Milano era in preda a una carestia sempre più spaventosa e la popolazione incominciava letteralmente a morire di fame, giunse la notizia di una nuova disgrazia: l'imperatore aveva deciso di inviare un esercito per conquistare

FOCUS

La Guerra dei Trent'anni

La guerra in cui è impegnato il ducato di Milano è un episodio del più grande conflitto del Seicento, la Guerra dei Trent'anni, che si svolse tra il 1618 e il 1648. Le cause di questa guerra si possono ricondurre a due problemi fondamentali:

- il primo problema è il conflitto tra cattolici e protestanti, che risaliva alla prima metà del Cinquecento; con la pace di Augusta (1555) si era stabilito il principio "cuius regio, eius religio", in base al quale la popolazione doveva seguire la religione del proprio principe; ma questo principio fomentava il conflitto tra i principi tedeschi (in maggioranza protestanti) e l'imperatore (cattolico), giacché i principi approfittavano della differenza di religione per tentare di sottrarsi all'autorità imperiale;
- il secondo problema è la politica antimperiale della Francia, anch'essa risalente alla prima metà del Cinquecento: la Francia temeva infatti di trovarsi accerchiata, poiché agli Asburgo (la famiglia imperiale) spettava il trono di Spagna, l'attuale Olanda, e il Sacro Romano Impero; la Francia favoriva quindi il desiderio di indipendenza degli olandesi dalla Spagna e sosteneva i principi tedeschi nella loro lotta contro l'imperatore.

La prima fase della guerra fu favorevole ai cattolici, che con l'aiuto della Spagna sconfissero i "ribelli" protestanti in Boemia e sotto la guida del conte-duca di Olivares ottennero qualche importante successo anche nella lotta contro gli olandesi.

Nel 1625 la guerra subì però una svolta: la Francia, preoccupata per le vittorie degli Asburgo, fece in modo che la Danimarca intervenisse a favore dei protestanti. I danesi furono sconfitti e al loro posto subentrarono gli svedesi, che ottennero molte vittorie, ma alla fine furono costretti a ritirarsi anch'essi. A questo punto (1635) la Francia entrò in guerra direttamente: gli imperiali furono gravemente sconfitti nella battaglia di Rocroi (1643) e firmarono la Pace di Westfalia (1648); gli spagnoli continuarono la guerra fino alla Pace dei Pirenei, l'anno successivo.

Gli storici considerano la Guerra dei Trent'anni la più grave che abbia sconvolto l'Europa prima delle due guerre mondiali. Nella Germania, la regione più colpita dal passaggio degli eserciti, si calcola che il conflitto abbia provocato una diminuzione della popolazione del 15/20 per cento. Tale diminuzione non era dovuta alle battaglie (in cui il numero dei morti era relativamente piccolo), ma alle carestie e alle epidemie provocate dalla guerra.

Riflessioni e approfondimenti

- Con l'aiuto di una buona enciclopedia, svolgi una breve ricerca su almeno due dei principali protagonisti politici della Guerra dei Trent'anni:
  Luigi XIII
  Richelieu
  Filippo IV
  il conte-duca di Olivares
  gli imperatori Rodolfo II, Mattia e Ferdinando II
  Wallenstein

Mantova e porre fine alle contese. L'esercito, composto di lanzichenecchi, cioè di soldati mercenari, sarebbe passato dalla Svizzera, sarebbe entrato nel territorio di Milano dalla Valtellina e avrebbe seguito il corso dell'Adda fino al Po, prima di deviare verso Mantova.

Lessico e grammatica

lanzichenecchi

La parola lanzichenecco deriva dal tedesco "Landsknecht", esatto equivalente del nostro "servo della gleba". Il termine indica i fanti mercenari provenienti dalle regioni sottoposte al Sacro Romano Impero. Non era raro, infatti, che i contadini formassero compagnie mercenarie, con la speranza di arricchirsi con la rapina e il saccheggio. L'esercito che scende verso Mantova nel 1630 diede luogo a un lungo assedio, al termine del quale la città si arrese e fu saccheggiata.

Don Abbondio, Perpetua e Agnese dall'innominato

Chi non ha visto don Abbondio, il giorno che si sparsero tutte in una volta le notizie della calata dell'esercito, del suo avvicinarsi, e de' suoi portamenti[29], non sa bene cosa sia impiccio e spavento. Vengono; son trenta, son quaranta, son cinquanta mila; son diavoli, sono ariani[30], sono anticristi; hanno saccheggiato Cortenuova; han dato fuoco a Primaluna: devastano Introbbio, Pasturo, Barsio; sono arrivati a Balabbio[31]; domani son qui: tali eran le voci che passavan di bocca in bocca; e insieme un correre, un fermarsi a vicenda, un consultare tumultuoso, un'esitazione tra il fuggire e il restare, un radunarsi di donne, un metter le mani ne' capelli.

Don Abbondio, risoluto di fuggire, risoluto prima di tutti e più di tutti, vedeva però, in ogni strada da prendere, in ogni luogo da ricoverarsi, ostacoli insuperabili, e pericoli spaventosi. Il pover'uomo correva, stralunato e mezzo fuor di sé, per la casa; andava dietro a Perpetua, per concertare una risoluzione con lei; ma Perpetua, affaccendata a raccogliere il meglio di casa, e a nasconderlo in soffitta, passava di corsa, affannata, preoccupata, con le

29 portamenti: comportamenti.
30 ariani: eretici.
31 Cortenuova... Balabbio: paesi nelle vicinanze di Lecco, come Olate.

mani e con le braccia piene, e rispondeva: - or ora finisco di metter questa roba al sicuro, e poi faremo anche noi come fanno gli altri -. Don Abbondio voleva trattenerla, e discuter con lei i vari partiti[32]; ma lei, tra il da fare, e la fretta, e lo spavento che aveva anch'essa in corpo, e la rabbia che le faceva quello del padrone, era meno trattabile di quel che fosse stata mai. - S'ingegnano gli altri; c'ingegneremo anche noi. Mi scusi, ma non è capace che d'impedire[33]. Crede lei che anche gli altri non abbiano una pelle da salvare? Che vengono per far la guerra a lei i soldati? Potrebbe anche dare una mano, in questi momenti, in vece di venir tra' piedi a piangere e a impicciare -. Con queste e simili risposte si sbrigava da lui.

- E i danari?

- Li dia a me, che anderò a sotterrarli qui nell'orto di casa, insieme con le posate.

- Ma...

- Ma, ma; dia qui; tenga qualche soldo, per quel che può occorrere; e poi lasci fare a me.

Don Abbondio ubbidì, andò allo scrigno, cavò il suo tesoretto, e lo consegnò a Perpetua; la quale disse: - vo a sotterrarli nell'orto, appiè del fico -; e andò.

In quel momento entrò Agnese e propose di andare a rifugiarsi dall'innominato, il quale più volte le aveva detto e scritto di contare su di lui, in caso di bisogno. Don Abbondio voleva discutere, ma Perpetua tagliò corto e il parroco si mise in cammino insieme alle due donne. Nel giro di poche ore arrivarono a Chiuso, passarono a salutare il sarto, che volle invitarli a pranzo, e poi salirono al castello dell'innominato.

L'innominato aveva organizzato una difesa efficientissima: aveva diviso gli uomini in squadre e la vita nel castello era perfettamente regolamentata. Lui girava del tutto disarmato, dando

[32] partiti: possibilità.

[33] impedire: essere d'impiccio, di ostacolo.

ordini, consigli, pareri, e facendo in modo che ciascuno avesse un compito da svolgere, un impegno che occupasse le sue giornate. Agnese e Perpetua, accolte amichevolmente dal signore, si inserirono subito nell'organizzazione e diedero il loro contributo; don Abbondio, trattato con particolari riguardi per il suo ruolo di sacerdote e per la sua età avanzata, non faceva che gemere e preoccuparsi, intralciando il lavoro degli altri. Controllava le fortificazioni, che non gli sembravano mai abbastanza solide; interrogava questo e quello, per verificare se la conversione dell'innominato era proprio sicura; raccoglieva tutte le voci che poteva, per spiare il passaggio delle bande dei lanzichenecchi.

L'esercito passò, senza neppure avvicinarsi alla valle dominata dal castello dell'innominato: forse i lanzichenecchi avevano saputo che lì si era organizzata una resistenza e cercavano prede più facili; forse non volevano deviare troppo dalla loro strada. Quando il pericolo fu passato, la gente incominciò a tornare alle proprie case; Don Abbondio fu uno degli ultimi a lasciare il rifugio, e l'innominato regalò ad Agnese parecchi soldi, per la dote di Lucia o per ogni altra evenienza.

Agnese trovò la casa in cattive condizioni, ma ancora abitabile. E si mise subito al lavoro per risistemarla.

Don Abbondio e Perpetua entrano in casa, senza aiuto di chiavi[34]; ogni passo che fanno nell'andito, senton crescere un tanfo, un veleno, una peste, che li respinge indietro; con la mano al naso, vanno all'uscio di cucina; entrano in punta di piedi, studiando dove metterli, per iscansar più che possono la porcheria che copre il pavimento; e dànno un'occhiata in giro. Non c'era nulla d'intero; ma avanzi e frammenti di quel che c'era stato, lì e altrove, se ne vedeva in ogni canto: piume e penne delle galline di Perpetua, pezzi di biancheria, fogli de' calendari di don Abbondio, cocci di

[34] senza aiuto di chiavi: perché la porta, evidentemente, era stata sfondata.

pentole e di piatti; tutto insieme o sparpagliato. Solo nel focolare si potevan vedere i segni d'un vasto saccheggio accozzati insieme. C'era, dico, un rimasuglio di tizzi e tizzoni spenti, i quali mostravano d'essere stati, un bracciolo di seggiola, un piede di tavola, uno sportello d'armadio, una panca di letto, una doga della botticina, dove ci stava il vino che rimetteva lo stomaco a don Abbondio. Il resto era cenere e carboni.

- Ah porci! - esclamò Perpetua. - Ah baroni[35]! - esclamò don Abbondio; e, come scappando, andaron fuori, per un altr'uscio che metteva nell'orto. Respirarono; andaron diviato al fico; ma già prima d'arrivarci, videro la terra smossa, e misero un grido tutt'e due insieme; arrivati, trovarono effettivamente, in vece del morto[36], la buca aperta. Qui nacquero de' guai: don Abbondio cominciò a prendersela con Perpetua, che non avesse nascosto bene: pensate se questa rimase zitta: dopo ch'ebbero ben gridato, tutt'e due col braccio teso, e con l'indice appuntato verso la buca, se ne tornarono insieme, brontolando. E per tutto trovarono a un di presso la medesima cosa. Penarono non so quanto, a far ripulire e smorbare[37] la casa, tanto più che, in que' giorni, era difficile trovar aiuto; e non so quanto dovettero stare come accampati, accomodandosi alla meglio, o alla peggio, e rifacendo a poco a poco usci, mobili, utensili, con danari prestati da Agnese.

La peste

Il passaggio dell'esercito tedesco aveva provocato gravi danni e distrutto tutto ciò che ancora restava da distruggere. Ma una nuova sciagura si preparava per i disgraziati abitanti del ducato di Milano.

La peste accompagnava sempre le bande dei lanzichenecchi, ma diventava pericolosa quando trovava una popolazione mal-

[35] baroni: mascalzoni.
[36] del morto: del malloppo, del tesoretto nascosto.
[37] smorbare: disinfettare.

nutrita, fisicamente spossata, incapace di difendersi dal male: in questi casi assumeva l'aspetto di una vera e propria epidemia incontrollabile e mieteva migliaia e migliaia di vittime.

I primi segni della pestilenza, nell'ottobre del 1629, furono immediatamente riconosciuti dai pochi anziani che ancora ricordavano la pestilenza precedente, quella detta "di san Carlo", di cinquantatré anni prima. Ma gli avvertimenti dei medici non portarono ad alcun provvedimento da parte del tribunale della sanità[38]*. Con il moltiplicarsi dei casi, finalmente vennero inviati dei medici, ma questi, inesperti o superficiali, si lasciarono facilmente persuadere che non si trattava di peste, ma di febbri. Il nuovo governatore, Antonio Spinola, che aveva sostituito l'inetto don Gonzalo, fu informato di tutto, ma rispose che le preoccupazioni della guerra erano più importanti - e abbandonò la popolazione al suo destino.*

La popolazione, dal canto suo, non prendeva i provvedimenti che avrebbero potuto limitare il contagio: e i medici che tentavano di metterla in guardia erano oggetto di odio perché imponevano il ricovero nel lazzaretto e la distruzione di vesti e oggetti contaminati. Le persone nascondevano gli ammalati, rifiutavano di denunciarli, non ubbidivano alle ingiunzioni del tribunale - e tutto questo favoriva il contagio e la diffusione del male. Un giorno per esempio Ludovico Settala, uno dei primi medici a riconoscere la peste, andava a visitare i suoi ammalati: gli si radunò intorno una folla che lo accusava di volere ad ogni costo che ci fosse la peste, per guadagnarci su. E il dottore avrebbe fatto una brutta fine, se non si fosse rifugiato frettolosamente nella casa di alcuni amici, che per fortuna era lì vicina.

Nella primavera del 1630 la peste aveva ormai invaso Milano. Il lazzaretto, che in precedenza era servito da ricovero per le vittime della carestia, rigurgitava di ammalati e nessuno poteva

[38] tribunale della sanità: l'organismo addetto alla sanità pubblica, formato da rappresentanti politici e da medici.

Osservazioni

untori

Il carattere misterioso di un morbo incurabile che si propagava con rapidità e violenza estreme è all'origine della sciagurata credenza che attribuiva agli untori la responsabilità della pestilenza. Gli untori non furono inventati in particolare per la peste del 1630, ma in quell'occasione furono oggetto di una caccia particolarmente spietata. Tuttavia la tendenza ad attribuire alla malvagità umana l'origine del male ha accompagnato la peste sin dal tardo medioevo.

Osservazioni

buon senso

Malgrado la credenza negli untori fosse comune e diffusissima, osserva Manzoni, c'era chi dubitava della loro esistenza: "il buon senso c'era", commenta lo scrittore; "ma se ne stava nascosto, per paura del senso comune". La contrapposizione fra buon senso e senso comune è molto importante: il senso comune è quello che si ferma alle apparenze, che non sente il bisogno di approfondire l'analisi dei problemi; il buon senso è invece l'atteggiamento di chi non si accontenta delle risposte che tutti ritengono vere senza averle bene esaminate. Il senso comune ci dice che il sole ruota intorno alla terra, il buon senso è quello che spinge Galilei a puntare il cannocchiale verso il cielo per scoprire che è vero il contrario.

più negare l'esistenza della malattia e del contagio. Ma una nuova follia si impadronì allora delle menti: si sparse cioè la voce secondo cui la peste veniva diffusa ad arte da alcune persone, i cosiddetti "untori", che andavano in giro a ungere le mura delle case, le porte, gli angoli delle strade, in maniera da diffondere il contagio. Secondo alcuni, gli untori agivano per interesse, secondo altri per vendetta, secondo altri ancora erano creature mosse da un istinto malvagio, diabolico, e diffondevano il male per il puro piacere di farlo.

Uno strano avvenimento contribuì a divulgare questa voce assurda: una mattina, in ogni parte della città, si videro le porte delle case e le muraglie, per lunghissimi tratti, intrise di non so che sudiceria, giallognola, biancastra, sparsa come con delle spugne. Che fosse uno stupido scherzo o un disegno più malvagio e micidiale, è difficile dirlo: furono arrestate numerose persone, per lo più forestieri, ma furono tutte trovate innocenti e rilasciate. Le menti erano ancora in grado di ragionare, di valutare, di seguire il buon senso.

Di fronte al dilagare della pestilenza, le autorità tentavano di prendere qualche provvedimento; ma le loro iniziative erano frenate da altre preoccupazioni; e nel frattempo la paura degli untori cresceva: la superstizione alimentava la credenza e il sospetto rendeva violenti gli animi.

Nella chiesa di sant'Antonio, un giorno di non so quale solennità[39], un vecchio più che ottuagenario, dopo aver pregato alquanto inginocchioni, volle mettersi a sedere; e prima, con la cappa[40], spolverò la panca. - Quel vecchio unge le panche! - gridarono a una voce alcune donne che vider l'atto. La gente che si trovava in chiesa (in chiesa!), fu addosso al vecchio; lo prendon per i capelli, bianchi com'erano; lo carican di pugni e di calci; parte lo tirano, parte lo spingon fuori; se non lo finirono, fu per istrascinarlo, così semivivo, alla prigione, ai giudici, alle torture.

A giugno il cardinal Federigo cedette alle pressioni delle autorità e organizzò una solenne processione per invocare la fine della pestilenza. Naturalmente, l'affollamento favorì il contagio e nei giorni successivi alla processione si ebbe un notevole aumento dei casi. Ma la colpa fu ancora una volta attribuita agli untori, che nascosti tra la folla (si diceva) avevano avuto modo di "ungere" molte persone con le loro sostanze velenose.

Come spesso accade in situazioni estreme, si moltiplicarono gli esempi di virtù, di abnegazione, di carità. In particolare gli ecclesiastici si impegnarono a costo della vita, nel lazzaretto e nella città in genere, per assistere i malati, per confortare i moribondi e per salvaguardare i segni della vita civile, che venivano meno. Ma purtroppo anche gli esempi di malvagità e di perversità si moltiplicarono.

I birboni trovarono nella confusion comune, nel rilasciamento[41] d'ogni forza pubblica, una nuova occasione d'attività, e una

39 solennità: festa.
40 la cappa: il mantello corto.
41 rilasciamento: indebolimento.

nuova sicurezza d'impunità. I monatti principalmente si fecero arbitri d'ogni cosa. Entravano da padroni, da nemici nelle case, e, senza parlar de' rubamenti[42], e come trattavano gl'infelici ridotti dalla peste a passar per tali mani, le mettevano, quelle mani infette e scellerate, sui sani, figliuoli, parenti, mogli, mariti, minacciando di strascinarli al lazzeretto, se non si riscattavano[43], o non venivano riscattati con danari. Altre volte, mettevano a prezzo[44] i loro servizi, ricusando[45] di portar via i cadaveri già putrefatti, a meno di tanti scudi. Si disse che monatti e apparitori lasciassero cadere apposta dai carri robe infette, per propagare e mantenere la pestilenza, divenuta per essi un'entrata[46], un regno, una festa. Altri sciagurati, fingendosi monatti, portando un campanello attaccato a un piede, com'era prescritto a quelli, per distintivo e per avviso del loro avvicinarsi, s'introducevano nelle case a farne di tutte le sorte. In alcune, aperte e vote d'abitanti, o abitate soltanto da qualche languente[47], da qualche moribondo, entravan ladri, a man salva, a saccheggiare: altre venivan sorprese, invase da birri che facevan lo stesso, e anche cose peggiori.

Don Rodrigo ammalato

Una notte, verso la fine d'agosto[48], proprio nel colmo della peste, tornava don Rodrigo a casa sua, in Milano, accompagnato dal fedel Griso, l'uno de' tre o quattro che, di tutta la famiglia[49], gli eran rimasti vivi. Tornava da un ridotto[50] d'amici soliti a stravizia-re insieme, per passar la malinconia di quel tempo: e ogni volta ce n'eran de' nuovi, e ne mancava de' vecchi[51]. Quel giorno, don Rodrigo era stato uno de' più allegri; e tra l'altre cose, aveva fatto

42 rubamenti: furti.
43 se non si riscattavano: se non pagavano un riscatto per essere lasciati liberi.
44 mettevano a prezzo: vendevano per denaro.
45 ricusando: rifiutando.
46 un'entrata: un'occasione di guadagno.
47 languente: ammalato.
48 d'agosto: del 1630.
49 la famiglia: la servitù.
50 un ridotto: una riunione.
51 ne mancava de' vecchi: perché la peste se li era portati via.

La peste

La peste è una malattia batterica, originaria dell'Asia e diffusa in Occidente fin dall'antichità, che si presenta in varie forme. Le due più importanti sono la peste bubbonica (caratterizzata dal gonfiore delle ghiandole all'inguine o sotto le ascelle) e la peste polmonare (caratterizzata dalle difficoltà di respirazione). Quella di cui parla Manzoni, evidentemente, è peste bubbonica, ma non bisogna dimenticare che la peste polmonare può insorgere anche come conseguenza della peste bubbonica.
La peste è una malattia che si trasmette per contagio, ma in modi diversi. La peste bubbonica si trasmette attraverso le pulci: la malattia ha infatti origine nei ratti e passa all'uomo attraverso questi parassiti, che abbandonano il ratto dopo la sua morte e cercano un nuovo ospite. Una volta infettato l'uomo, la pulce può trasmettere direttamente la malattia da uomo a uomo. La peste polmonare si trasmette invece per via aerea, il che significa che uno starnuto o un colpo di tosse, spargendo minuscole particelle di saliva infetta, possono provocare il contagio nelle persone che le respirano senza accorgersene.
Il batterio della peste è stato identificato solo nel 1894 e da allora si è capito esattamente il meccanismo del contagio. Oggi sappiamo che il metodo migliore per prevenire la peste è evitare la diffusione di parassiti, e in particolare di ratti e pulci. La peste comunque non è scomparsa, anche se le epidemie sono rare e molto meno gravi che in passato: ogni anno si registrano nel mondo fra i 1000 e i 3000 casi di peste. I focolai più pericolosi si trovano in Asia, in Africa, in California e nel Caucaso. La peste oggi si può curare mediante antibiotici e prevenire mediante vaccini (ma la loro efficacia è limitata nel tempo); in passato, essa provocava la morte nella maggior parte degli ammalati.

Riflessioni e approfondimenti

- Osserva la seguente tabella e calcola la percentuale di abitanti uccisi dalla peste del 1630 in alcune città dell'Italia settentrionale:

Città	Popolazione nel 1628	Popolazione nel 1631
Milano	130.000	65.000
Bologna	62.000	47.000
Firenze	70.000	63.000
Venezia	143.000	98.000
Padova	40.000	21.000
Mantova	39.000	10.000
Brescia	38.000	20.000

rider tanto la compagnia, con una specie d'elogio funebre del conte Attilio, portato via dalla peste, due giorni prima.

Camminando però, sentiva un mal essere, un abbattimento, una fiacchezza di gambe, una gravezza[52] di respiro, un'arsione[53] interna, che avrebbe voluto attribuir solamente al vino, alla veglia, alla stagione. Non aprì bocca, per tutta la strada; e la prima parola, arrivati a casa, fu d'ordinare al Griso che gli facesse lume per andare in camera. Quando ci furono, il Griso osservò il viso del padrone, stravolto, acceso, con gli occhi in fuori, e lustri lustri; e gli stava alla lontana: perché, in quelle circostanze, ogni mascalzone[54] aveva dovuto acquistar, come si dice, l'occhio medico.

- Sto bene, ve', - disse don Rodrigo, che lesse nel fare del Griso il pensiero che gli passava per la mente. - Sto benone; ma ho bevuto, ho bevuto forse un po' troppo. C'era una vernaccia[55]!... Ma, con una buona dormita, tutto se ne va. Ho un gran sonno... Levami un po' quel lume dinanzi, che m'accieca... mi dà una noia...!

- Scherzi della vernaccia, - disse il Griso, tenendosi sempre alla larga. - Ma vada a letto subito, ché il dormire le farà bene.

- Hai ragione: se posso dormire... Del resto, sto bene. Metti qui vicino, a buon conto, quel campanello, se per caso, stanotte avessi bisogno di qualche cosa: e sta' attento, ve', se mai senti sonare. Ma non avrò bisogno di nulla...

Il Griso, augurata la buona notte al padrone, se n'andò in fretta, mentre quello si cacciava sotto[56].

Ma le coperte gli parvero una montagna. Le buttò via, e si rannicchiò, per dormire; ché infatti moriva dal sonno. Ma, appena velato l'occhio[57], si svegliava con un riscossone, come se uno, per dispetto, fosse venuto a dargli una tentennata[58]; e sentiva cresciuto il caldo, cresciuta la smania. Ricorreva col pensiero all'agosto,

[52] gravezza: pesantezza.

[53] un'arsione: un'arsura, un calore.

[54] mascalzone: nel senso generico di ignorante.

[55] vernaccia: un tipo di vino bianco.

[56] si cacciava sotto: si infilava nel letto.

[57] appena velato l'occhio: appena cadeva nel dormiveglia.

[58] una tentennata: uno scossone.

alla vernaccia, al disordine[59]; avrebbe voluto poter dar loro tutta la colpa; ma a queste idee si sostituiva sempre da sé quella che allora era associata con tutte, ch'entrava, per dir così, da tutti i sensi, che s'era ficcata in tutti i discorsi dello stravizio, giacché era ancor più facile prenderla in ischerzo, che passarla sotto silenzio: la peste.

Dopo un lungo rivoltarsi, finalmente s'addormentò, e cominciò a fare i più brutti e arruffati sogni del mondo. E d'uno in un altro, gli parve di trovarsi in una gran chiesa, in su, in su, in mezzo a una folla; di trovarcisi, ché non sapeva come ci fosse andato, come gliene fosse venuto il pensiero, in quel tempo specialmente[60]; e n'era arrabbiato. Guardava i circostanti; eran tutti visi gialli, distrutti, con cert'occhi incantati, abbacinati[61], con le labbra spenzolate; tutta gente con certi vestiti che cascavano a pezzi; e da' rotti[62] si vedevano macchie e bubboni[63]. - Largo canaglia! - gli pareva di gridare, guardando alla porta, ch'era lontana lontana, e accompagnando il grido con un viso minaccioso, senza però moversi, anzi ristringendosi, per non toccar que' sozzi[64] corpi, che già lo toccavano anche troppo da ogni parte. Ma nessuno di quegl'insensati dava segno di volersi scostare, e nemmeno d'avere inteso; anzi gli stavan più addosso: e sopra tutto gli pareva che qualcheduno di loro, con le gomita o con altro, lo pigiasse a sinistra, tra il cuore e l'ascella, dove sentiva una puntura dolorosa, e come pesante. E se si storceva, per veder di liberarsene, subito un nuovo non so che veniva a puntarglisi al luogo medesimo. Infuriato, volle metter mano alla spada; e appunto gli parve che, per la calca, gli fosse andata in su, e fosse il pomo di quella che lo premesse in quel luogo; ma, mettendoci la mano, non ci trovò la spada, e sentì in vece una trafitta[65] più forte. Strepitava, era tutt'affannato,

59 al disordine: alle sregolatezze della serata.

60 in quel tempo specialmente: perché la peste spingeva tutti a evitare i luoghi affollati.

61 abbacinati: ciechi, fissi.

62 da' rotti: dagli strappi.

63 macchie e bubboni: i sintomi della malattia; i bubboni erano dei rigonfiamenti dovuti all'ingrossarsi di alcune ghiandole.

64 sozzi: disgustosi, repellenti.

65 una trafitta: una trafittura, un dolore.

e voleva gridar più forte; quando gli parve che tutti que' visi si rivolgessero a una parte. Guardò anche lui; vide un pulpito, e dal parapetto di quello spuntar su un non so che di convesso[66], liscio e luccicante; poi alzarsi e comparir distinta[67] una testa pelata, poi due occhi, un viso, una barba lunga e bianca, un frate ritto, fuor del parapetto fino alla cintola, fra Cristoforo. Il quale, fulminato uno sguardo in giro su tutto l'uditorio, parve a don Rodrigo che lo fermasse in viso a lui, alzando insieme la mano, nell'attitudine appunto che aveva presa in quella sala a terreno del suo palazzotto[68]. Allora alzò anche lui la mano in furia, fece uno sforzo, come per islanciarsi ad acchiappar quel braccio teso per aria; una voce che gli andava brontolando sordamente nella gola, scoppiò in un grand'urlo; e si destò.

Osservazioni

sogno

Il sogno di don Rodrigo è l'occasione in cui Manzoni può completare il ritratto interiore di questo personaggio, la sua analisi psicologica. Don Rodrigo (che già teme di essere ammalato nel momento in cui va a letto) sente riemergere le antiche paure e gli antichi rimorsi, legati a Lucia e a fra Cristoforo.

Lasciò cadere il braccio che aveva alzato davvero; stentò alquanto a ritrovarsi, ad aprir ben gli occhi; ché la luce del giorno già inoltrato gli dava noia, quanto quella della candela, la sera avanti; riconobbe il suo letto, la sua camera; si raccapezzò[69] che tutto era stato un sogno: la chiesa, il popolo, il frate, tutto era sparito; tutto fuorché una cosa, quel dolore dalla parte sinistra. Insieme si sentiva al cuore una palpitazion violenta, affannosa, negli orecchi un ronzìo, un fischìo continuo, un fuoco di dentro, una gravezza in tutte le membra, peggio di quando era andato a letto. Esitò qualche momento, prima di guardar la parte dove aveva il dolore; finalmente la scoprì, ci diede un'occhiata paurosa; e vide un sozzo bubbone d'un livido paonazzo.

[66] convesso: rotondo.
[67] distinta: chiara, ben visibile.
[68] nell'attitudine... palazzotto: nel corso del loro unico colloquio, avvenuto al cap. 2
[69] si raccapezzò: capì, si rese conto.

9 Nel quadro a tinte fosche che Manzoni traccia in questo capitolo, vi sono alcuni esempi luminosi: l'innominato che organizza la sua piccola comunità, i religiosi che si sacrificano per assistere i poveri e i malati. Nel complesso, secondo te, Manzoni ha una visione ottimistica o pessimistica della società?

Lettori detective... della lingua

10 Nel colloquio tra Federigo e don Abbondio, i discorsi del cardinale potrebbero facilmente assumere il carattere della predica. Manzoni però inserisce un punto di vista diverso, quello di don Abbondio, che commenta in maniera irriverente le nobili affermazioni di Federigo.

- Individua e sottolinea gli interventi di don Abbondio.
- Quale dei due personaggi usa spesso esclamazioni e interrogazioni retoriche? Rispondi riportando qualche esempio dal testo.
- Quale dei due personaggi usa invece un linguaggio più vicino a quello della comunicazione quotidiana? Perché?

Siamo tutti scrittori?

Scrivi un testo di 12-15 righe (o 500 caratteri).

11 Don Rodrigo, cattivo ma...
Don Rodrigo è senza dubbio il "cattivo" del romanzo; ma il giudizio su di lui non esclude del tutto la possibilità di una redenzione. Rifletti su questo tema ed esprimi il tuo parere, tenendo conto di tutta la storia di questo personaggio.

12 Il coraggio
"Il coraggio uno non se lo può dare": con queste parole don Abbondio crede (sbagliando) di giustificarsi di fronte al cardinale. Il coraggio è una virtù spesso malintesa, confusa con l'arroganza, la spericolatezza, l'incoscienza del pericolo... Che cosa significa per te coraggio? Perché (e quando) il coraggio può essere una virtù? Il coraggioso è colui che non prova paura o colui che vince la paura che prova? Racconta qualche episodio significativo tratto dalla tua esperienza o da quella delle persone a te vicine.

Capitolo 10

E vissero felici e contenti

Pescarenico come la vediamo oggi.

Il ritorno di Renzo

La peste si diffuse anche al di fuori del ducato di Milano e raggiunse rapidamente Bergamo. Renzo si ammalò, ma la sua giovane età e le sue buone condizioni gli permisero di affrontare vittoriosamente il male: guarì e si trovò così immunizzato, giacché prendere due volte nella vita la peste era cosa più miracolosa che rara.

Vi lascio immaginare quale irrequietezza colse il giovane, non appena tornò in condizioni normali: la preoccupazione per la sorte di Lucia e di Agnese, dalle quali aveva avuto notizie confuse e tutt'altro che tranquillizzanti, si univa alla certezza che, con la peste che infuriava, i controlli alle frontiere e nelle città sarebbero stati sicuramente allentati e lui avrebbe quindi potuto rischiare di tornare nel ducato di Milano.

Dopo essersi consigliato con Bortolo, finalmente un giorno Renzo decise di partire, diretto al suo paese natale. Arrivò verso sera e la prima persona che incontrò fu don Abbondio: magro, ingobbito, zoppicante, quasi irriconoscibile. Anche lui aveva avuto la peste, ed era riuscito a guarirne, al contrario della povera Perpetua. Renzo tentò di interrogarlo, ma don Abbondio era troppo spaventato al pensiero della giustizia, dei birri, di don Rodrigo. Se Renzo volle sapere qualcosa dovette chiedere a uno dei pochi amici che ancora aveva in paese, e che accettò di ospitarlo per la notte. Agnese, gli disse costui, era andata a Pasturo, un paese vicino, dove la peste sembrava che fosse meno violenta. Lucia si trovava a Milano, in casa di un certo don Ferrante e di una certa donna Prassede. Renzo decise di partire per Milano il giorno dopo per cercarla, nella speranza che fosse ancora viva.

Al suo ingresso nella città, il giovane rimase sconvolto dallo spettacolo che gli si presentava agli occhi.

Serrati, per sospetto e per terrore, tutti gli usci di strada, salvo quelli che fossero spalancati per esser le case disabitate, o invase[1]; altri inchiodati e sigillati, per esser nelle case morta o ammalata gente di peste; altri segnati d'una croce fatta col carbone, per indizio ai monatti, che c'eran de' morti da portar via. Per tutto cenci e, più ributtanti[2] de' cenci, fasce marciose, strame ammorbato[3], o lenzoli buttati dalle finestre; talvolta corpi, o di persone morte all'improvviso, nella strada, e lasciati lì fin che passasse un carro da portarli via, o cascati da' carri medesimi, o buttati anch'essi dalle finestre: tanto l'insistere e l'imperversar del disastro aveva insalvatichiti gli animi, e fatto dimenticare ogni cura di pietà, ogni riguardo sociale! Cessato per tutto ogni rumor di botteghe, ogni strepito di carrozze, ogni grido di venditori, ogni chiacchierìo di

1 invase: saccheggiate.
2 ributtanti: disgustosi, schifosi.
3 strame ammorbato: paglia infetta.

passeggieri, era ben raro che quel silenzio di morte fosse rotto da altro che da rumor di carri funebri, da lamenti di poveri, da rammarichìo d'infermi, da urli di frenetici[4], da grida di monatti.

Morti a quell'ora forse i due terzi de' cittadini, andati via o ammalati una buona parte del resto, de' pochi che andavan per le strade, non se ne sarebbe per avventura, in un lungo giro, incontrato uno solo in cui non si vedesse qualcosa di strano, e che dava indizio d'una funesta mutazione di cose. Si vedevano gli uomini più qualificati[5], senza cappa né mantello, parte allora essenzialissima del vestiario civile; senza sottana i preti, e anche de' religiosi in farsetto; dismessa in somma ogni sorte di vestito che potesse con gli svolazzi toccar qualche cosa, o dare (ciò che si temeva più di tutto il resto) agio agli untori. E fuor di questa cura d'andar succinti e ristretti[6] il più che fosse possibile, negletta[7] e trasandata ogni persona; lunghe le barbe di quelli che usavan portarle, cresciute a quelli che prima costumavan[8] di raderle; lunghe pure e arruffate le capigliature, non solo per quella trascuranza che nasce da un invecchiato abbattimento[9], ma per esser divenuti sospetti i barbieri, da che era stato preso e condannato, come untor famoso, uno di loro, Giangiacomo Mora. I più tenevano da una mano un bastone, alcuni anche una pistola, per avvertimento minaccioso a chi avesse voluto avvicinarsi troppo; dall'altra pasticche odorose[10], o palle di metallo o di legno traforate, con dentro spugne inzuppate d'aceti medicati; e se le andavano ogni tanto mettendo al naso, o ce le tenevano di continuo. Portavano alcuni attaccata al collo una boccetta con dentro un po' d'argento vivo[11], persuasi che avesse la virtù d'assorbire e di ritenere ogni esalazione pestilenziale; e avevan poi cura di rinnovarlo ogni tanti giorni.

[4] frenetici: persone impazzite e deliranti (a causa della peste).

[5] più qualificati: più importanti, più potenti.

[6] succinti e ristretti: con vestiti corti e aderenti.

[7] negletta: trascurata.

[8] costumavan: avevano l'abitudine.

[9] da un invecchiato abbattimento: da un lungo periodo di depressione.

[10] odorose: si riteneva che gli odori pungenti impedissero alla peste di diffondersi per via aerea.

[11] argento vivo: mercurio.

I gentiluomini, non solo uscivano senza il solito seguito, ma si vedevano, con una sporta in braccio, andare a comprar le cose necessarie al vitto. Gli amici, quando pur due s'incontrassero per la strada, si salutavan da lontano, con cenni taciti e frettolosi. Ognuno, camminando, aveva molto da fare, per iscansare gli schifosi e mortiferi inciampi di cui il terreno era sparso e, in qualche luogo, anche affatto[12] ingombro: ognuno cercava di stare in mezzo alla strada, per timore d'altro sudiciume, o d'altro più funesto peso[13] che potesse venir giù dalle finestre; per timore delle polveri venefiche che si diceva esser spesso buttate da quelle su' passeggieri; per timore delle muraglie, che potevan esser unte.

La madre di Cecilia

In mezzo a questa desolazione aveva Renzo fatto già una buona parte del suo cammino, quando, distante ancor molti passi da una strada in cui doveva voltare, sentì venir da quella un vario frastono, nel quale si faceva distinguere quel solito orribile tintinnìo.

Arrivato alla cantonata della strada, ch'era una delle più larghe, vide quattro carri fermi nel mezzo; e come, in un mercato di granaglie, si vede un andare e venire di gente, un caricare e un rovesciar di sacchi, tale era il movimento in quel luogo: monatti ch'entravan nelle case, monatti che n'uscivan con un peso su le spalle, e lo mettevano su l'uno o l'altro carro: alcuni con la divisa rossa, altri senza quel distintivo, molti con uno ancor più odioso, pennacchi e fiocchi di vari colori, che quegli sciagurati portavano come per segno d'allegria, in tanto pubblico lutto.

Entrato nella strada, Renzo allungò il passo, cercando di non guardar quegl'ingombri, se non quanto era necessario per iscansarli; quando il suo sguardo s'incontrò in un oggetto singolare di pietà, d'una pietà che invogliava l'animo a contemplarlo; di maniera che si fermò, quasi senza volerlo.

[12] affatto: del tutto.

[13] d'altro... peso: un cadavere.

FOCUS

La colonna infame

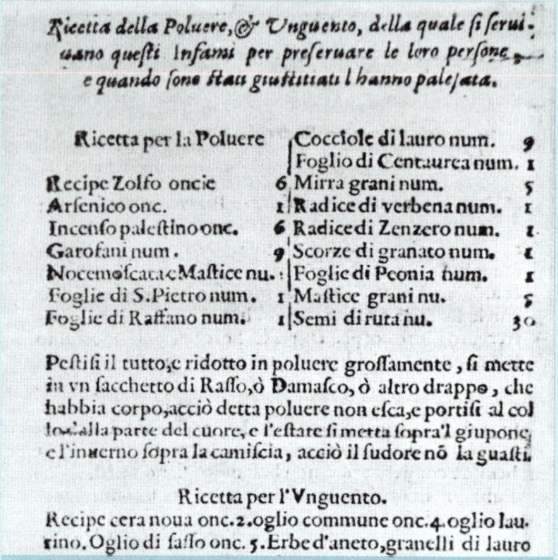

Ricetta della Poluere, & Vnguento, della quale si serui-uano questi Infami per preseruare le loro persone, e quando sono stati giustitiati l'hanno palesata.

Ricetta per la Poluere		Cocciole di lauro num.	9
		Foglio di Centaurea num.	1
Recipe Zolfo oncie	6	Mirra grani num.	5
Arsenico onc.	1	Radice di verbena num.	1
Incenso palestino onc.	6	Radice di Zenzero num.	1
Garofani num.	9	Scorze di granato num.	1
Noce moscata e Mastice nu.		Foglie di Peonia num.	1
Foglie di S. Pietro num.	1	Mastice grani nu.	5
Foglie di Raffano num.	1	Semi di ruta nu.	30

Pestisi il tutto, e ridotto in poluere grossamente, si mette in vn sacchetto di Rasso, ò Damasco, ò altro drappo, che habbia corpo, acciò detta poluere non esca, e portisi al collo alla parte del cuore, e l'estate si metta sopra'l giupone, e l'inuerno sopra la camiscia, acciò il sudore nõ la guasti.

Ricetta per l'Vnguento.

Recipe cera noua onc. 2. oglio commune onc. 4. oglio laurino. Oglio di sasso onc. 5. Erbe d'aneto, granelli di lauro

La ricetta per la polvere e l'unguento che si riteneva gli untori usassero per preservarsi dalla peste.

In appendice all'edizione definitiva dei *Promessi sposi*, nel 1840-42, Manzoni pubblicò la *Storia della colonna infame*, un testo dedicato a un famosissimo processo agli untori, di cui fu vittima il disgraziato barbiere Giangiacomo Mora, citato nel capitolo che stai leggendo.

La vicenda ha inizio nel giugno del 1630, quando, come narra Manzoni, in alcune zone di Milano si trovano i muri imbrattati di una qualche sostanza giallastra, unta, che semina il panico nell'opinione pubblica già pronta a credere alle unzioni malefiche. Pochi giorni dopo quell'episodio, il 21 giugno, una donna di nome Caterina Rosa vede un uomo che cammina rasente ai muri delle case e tiene fra le mani qualcosa di strano e tocca le pareti con le dita. La donna parla di ciò che ha visto, tutto il quartiere si mette in subbuglio, la notizia arriva alle autorità, che identificano rapidamente l'uomo: è Guglielmo Piazza, un commissario della Sanità. Arrestato e interrogato, il Piazza conferma che in effetti quella mattina è passato in piazza della Vetra e, siccome stava scrivendo, si è asciugato le dita sporche d'inchiostro contro il muro di una casa. Le sue dichiarazioni sono giudicate "non verosimili" e i giudici decidono di torturarlo.

Il Piazza resiste per due volte alla tortura, poi cede e fa il nome del barbiere Giangiacomo Mora, un bottegaio della zona che il Piazza conosceva di vista. Il Mora, dice il Piazza, un giorno l'ha chiamato in bottega e gli ha dato del grasso per ungere le muraglie e diffondere il contagio della peste in cambio di denaro.

Come il Piazza, il Mora viene trovato tranquillamente a casa sua, con moglie e figli, ma i giudici non considerano questo un indizio di innocenza. Arrestano e interrogano anche il Mora, per fargli confessare le unzioni e i complici. Lo mettono anche a confronto con il suo accusatore, il Piazza, che conferma le accuse, mentre il Mora le nega. Sì, gli ha venduto in effetti un unguento, ma si tratta di uno dei tanti preparati contro la peste, a base di aceto e altre sostanze odorose, del tutto inefficaci, ma diffusissimi all'epoca.

Il Mora viene torturato e, dopo qualche resistenza, cede al dolore e coinvolge altre per-

La colonna infame. Stampa anonima dell'epoca.

sone, fra cui un certo Juan (Giovanni) Padilla, figlio del comandante della guarnigione spagnola. Probabilmente è l'unico ufficiale spagnolo di cui conosce il nome e pensa che, coinvolgendo una persona importante, potrà salvarsi. In realtà, il processo volge ormai al termine: Piazza e Mora vengono condannati a morte e giustiziati, il 1° agosto (un mese e mezzo dopo l'inizio della tragedia). Entrambi sono torturati con tenaglie arroventate, amputati della mano destra, legati alla ruota e bastonati in maniera da spezzar loro le ossa, lasciati per sei ore ad agonizzare come monito per i passanti e infine arsi sul rogo. Padilla, assistito da un ottimo avvocato, riuscirà a dimostrare la sua innocenza e finirà assolto.
La casa di Giangiacomo Mora viene rasa al suolo e al suo posto viene eretta una colonna di granito, la "colonna infame", con un'iscrizione che ammonisce i passanti. La colonna infame è oggi distrutta; al suo posto si apre la via dedicata a Giangiacomo Mora; la lapide è invece conservata al museo del Castello Sforzesco di Milano.

Riflessioni e approfondimenti

- Una delle battaglie più importanti dei filosofi illuministi, nel Settecento, fu combattuta contro la tortura. Secondo te, Manzoni era favorevole o contrario alla tortura? Perché?
- La tortura è praticata ancor oggi in molti paesi: come viene giustificata? Che cosa pensi tu di tale pratica?

Scendeva dalla soglia d'uno di quegli usci, e veniva verso il convoglio, una donna, il cui aspetto annunziava una giovinezza avanzata, ma non trascorsa; e vi traspariva una bellezza velata e offuscata, ma non guasta, da una gran passione[14], e da un languor[15] mortale. La sua andatura era affaticata, ma non cascante; gli occhi non davan lacrime, ma portavan segno d'averne sparse tante; c'era in quel dolore un non so che di pacato e di profondo, che attestava un'anima tutta consapevole e presente a sentirlo. Portava essa in collo una bambina di forse nov'anni, morta; ma tutta ben accomodata, co' capelli divisi sulla fronte, con un vestito bianchissimo, come se quelle mani l'avessero adornata per una festa promessa da tanto tempo, e data per premio. Né la teneva a giacere, ma sorretta, a sedere sur un braccio, col petto appoggiato al petto, come se fosse stata viva; se non che una manina bianca a guisa di cera spenzolava da una parte, con una certa inanimata gravezza, e il capo posava sull'omero della madre, con un abbandono più forte del sonno.

Un turpe monatto andò per levarle la bambina dalle braccia, con una specie però d'insolito rispetto, con un'esitazione involontaria. Ma quella, tirandosi indietro, senza però mostrare sdegno né disprezzo, - no! - disse: - non me la toccate per ora; devo metterla io su quel carro: prendete -. Così dicendo, aprì una mano, fece vedere una borsa[16], e la lasciò cadere in quella che il monatto le tese. Poi continuò: - promettetemi di non levarle un filo d'intorno, né di lasciar che altri ardisca di farlo, e di metterla sotto terra così.

Il monatto si mise una mano al petto; e poi, tutto premuroso, e quasi ossequioso, più per il nuovo sentimento da cui era come soggiogato, che per l'inaspettata ricompensa, s'affaccendò a far un po' di posto sul carro per la morticina. La madre, dato a questa un bacio in fronte, la mise lì come sur un letto, ce l'accomodò, le ste-

[14] passione: sofferenza.
[15] languor: debolezza.
[16] una borsa: un sacchetto di denari.

se sopra un panno bianco, e disse l'ultime parole: - addio, Cecilia! riposa in pace! Stasera verremo anche noi, per restar sempre insieme. Prega intanto per noi; ch'io pregherò per te e per gli altri -. Poi voltatasi di nuovo al monatto, - voi, - disse, - passando di qui verso sera, salirete a prendere anche me, e non me sola.

Così detto, rientrò in casa, e, un momento dopo, s'affacciò alla finestra, tenendo in collo un'altra bambina più piccola, viva, ma coi segni della morte in volto.

- O Signore! - esclamò Renzo: - esauditela! tiratela a voi, lei e la sua creaturina: hanno patito abbastanza! hanno patito abbastanza!

OSSERVAZIONI

hanno patito abbastanza
L'episodio della donna che esce di casa con il cadavere della figlia in braccio, lo mette sul carro e chiede ai monatti di ritornare la sera a prendere lei e l'altra bambina è uno dei più famosi e intensi del romanzo. A questo episodio è legata la domanda più rischiosa che ogni spirito religioso è tenuto prima o poi a farsi, e cioè: se Dio esiste ed è infinitamente buono e infinitamente potente, perché gli innocenti (per esempio i bambini) soffrono? Perché, con la sua bontà e la sua onnipotenza, Dio non impedisce questa ingiustizia intollerabile? In Manzoni questa domanda resta implicita: Renzo si commuove, ma il dubbio che Dio possa non esistere, o non essere buono, non lo sfiora neppure.

Renzo scambiato per untore

Riavutosi da quella commozione straordinaria, Renzo giunge alla casa di don Ferrante e donna Prassede e bussa.

Dopo qualche momento, s'apre un poco una finestra; una donna fa capolino, guardando chi era, con un viso ombroso che par che dica: monatti? vagabondi? commissari? untori? diavoli?

- Quella signora, - disse Renzo guardando in su, e con voce non troppo sicura: - ci sta qui a servire una giovine di campagna, che ha nome Lucia?

- La non c'è più; andate, - rispose quella donna, facendo atto di chiudere.

- Un momento, per carità! La non c'è più? Dov'è?

- Al lazzeretto; - e di nuovo voleva chiudere.

- Ma un momento, per l'amor del cielo! Con la peste?

- Già. Cosa nuova, eh? Andate.

- Oh povero me! Aspetti: era ammalata molto? Quanto tempo è...?

Ma intanto la finestra fu chiusa davvero.

- Quella signora! quella signora! una parola, per carità! per i suoi poveri morti! Non le chiedo niente del suo: ohe! - Ma era come dire al muro.

Afflitto della nuova[17], e arrabbiato della maniera[18], Renzo afferrò ancora il martello, e, così appoggiato alla porta, andava stringendolo e storcendolo, l'alzava per picchiar di nuovo alla disperata, poi lo teneva sospeso. In quest'agitazione, si voltò per vedere se mai ci fosse d'intorno qualche vicino, da cui potesse forse aver qualche informazione più precisa, qualche indizio, qualche lume. Ma la prima, l'unica persona che vide, fu un'altra donna, distante forse un venti passi; la quale, con un viso ch'esprimeva terrore, odio, impazienza e malizia[19], con cert'occhi stravolti che volevano insieme guardar lui, e guardar lontano, spalancando la bocca come in atto di gridare a più non posso, ma rattenendo anche il respiro, alzando due braccia scarne, allungando e ritirando due mani grinzose e piegate a guisa d'artigli, come se cercasse d'acchiappar qualcosa, si vedeva che voleva chiamar gente, in modo che qualcheduno[20] non se n'accorgesse. Quando s'incontrarono a guardarsi, colei, fattasi ancor più brutta, si riscosse come persona sorpresa.

- Che diamine...? - cominciava Renzo, alzando anche lui le mani verso la donna; ma questa, perduta la speranza di poterlo far cogliere all'improvviso, lasciò scappare il grido che aveva rattenuto fin allora: - l'untore! dàgli[21]! dàgli! dàgli all'untore!

[17] Afflitto della nuova: abbattuto dalla notizia (che Lucia era ammalata).

[18] della maniera: per la maniera sgarbata con cui gli era stato risposto.

[19] malizia: furbizia, astuzia.

[20] qualcheduno: Renzo stesso.

[21] dàgli: addosso.

- Chi? io! ah strega bugiarda! sta' zitta, - gridò Renzo; e fece un salto verso di lei, per impaurirla e farla chetare[22]. Ma s'avvide subito, che aveva bisogno piuttosto di pensare ai casi suoi. Allo strillar della vecchia, accorreva gente di qua e di là; non la folla che, in un caso simile, sarebbe stata, tre mesi prima[23]; ma più che abbastanza per poter fare d'un uomo solo quel che volessero. Nello stesso tempo, s'aprì di nuovo la finestra, e quella medesima sgarbata di prima ci s'affacciò questa volta, e gridava anche lei: - pigliatelo, pigliatelo; che dev'essere uno di que' birboni che vanno in giro a unger le porte de' galantuomini.

Renzo non istette lì a pensare: gli parve subito miglior partito sbrigarsi da coloro, che rimanere a dir le sue ragioni: diede un'occhiata a destra e a sinistra, da che parte ci fosse men gente, e svignò di là. Rispinse con un urtone uno che gli parava la strada; con un gran punzone nel petto, fece dare indietro otto o dieci passi un altro che gli correva incontro; e via di galoppo. La strada davanti era sempre libera; ma dietro le spalle sentiva il calpestìo e, più forti del calpestìo, quelle grida amare: - dàgli! dàgli! all'untore! - Non sapeva quando fossero per fermarsi[24]; non vedeva dove si potrebbe mettere in salvo. L'ira divenne rabbia, l'angoscia si cangiò[25] in disperazione; e, perso il lume degli occhi, mise mano al suo coltellaccio, lo sfoderò, si fermò su due piedi, voltò indietro il viso più

LESSICO E GRAMMATICA

pigliatelo, pigliatelo

Manzoni non usa mai la parola linciaggio, ma in questo episodio ne rappresenta il concetto. Con questo termine si intende l'esecuzione senza processo (quindi illegale e illegittima) di un individuo colpevole di un delitto, o solo sospettato di esso. Il termine deriva dall'inglese "to lynch", la cui origine è incerta. Nei *Promessi sposi* abbiamo già incontrato altri tentativi di linciaggio: nel cap. 5, quando il vicario di provvisione viene salvato da Ferrer; nel cap. 9, dove il medico Ludovico Settala sfugge alla folla inferocita e alcuni presunti untori vengono invece catturati (uno anche ucciso).

22 chetare: zittire.

23 non la folla... tre mesi prima: perché la peste aveva abbondantemente spopolato il quartiere.

24 fossero per fermarsi: si sarebbero fermati.

25 si cangiò: si cambiò, si mutò.

torvo e più cagnesco che avesse fatto a' suoi giorni; e, col braccio teso, brandendo in aria la lama luccicante, gridò: - chi ha cuore, venga avanti, canaglia! che l'ungerò io davvero con questo.

Gli inseguitori di Renzo si arrestano improvvisamente: non per timore del suo coltellaccio, ma perché alle spalle di Renzo, che non se n'era accorto, passava in quel momento un convoglio di monatti. Renzo capì che non era il momento di fare lo schizzinoso, se voleva salvare la pelle: rinfoderò il coltello, prese lo slancio e saltò sul carro più vicino, in mezzo ai morti, tra le grida di incitamento dei monatti. Su quel carro, insieme ai monatti urlanti e semi-ubriachi, seduto su un mucchio di morti, Renzo arrivò al lazzaretto, dove sperava di trovare Lucia.

Renzo ritrova il padre Cristoforo

S'immagini il lettore il recinto del lazzeretto, popolato di sedicimila appestati: due lunghe file di portici, piene di ammalati e moribondi, monatti, cappuccini, infermieri, convalescenti, morti. Il cortile centrale era ingombro di capanne, di carri, di masserizie: tutti si affrettavano a mettere al riparo quello che potevano, giacché il cielo si andava rannuvolando e minacciava tempesta.

Renzo si mise a girare fra quel caos in cerca di Lucia, ma ben presto capì che le donne dovevano trovarsi in un settore a parte. Ma dove?

Ora, mentre guardava innanzi, per studiar la strada, un'apparizione repentina, passeggiera, istantanea, gli ferì lo sguardo, e gli mise l'animo sottosopra. Vide, a un cento passi di distanza, passare e perdersi subito tra le baracche un cappuccino, un cappuccino che, anche così da lontano e così di fuga[26], aveva tutto l'andare, tutto il fare, tutta la forma del padre Cristoforo.

[26] di fuga: di sfuggita.

Era proprio il padre Cristoforo. Ma la consolazione di Renzo nel ritrovare il suo buon frate, non fu intera neppure un momento: nell'atto stesso d'accertarsi ch'era lui, dovette vedere quant'era mutato. Il portamento curvo e stentato; il viso scarno e smorto; e in tutto si vedeva una natura esausta, una carne rotta[27] e cadente, che s'aiutava e si sorreggeva, ogni momento, con uno sforzo dell'animo.

Andava anche lui fissando lo sguardo nel giovine che veniva verso di lui, e che, col gesto, non osando con la voce, cercava di farsi distinguere e riconoscere. - Oh padre Cristoforo! - disse poi, quando gli fu vicino da poter esser sentito senza alzar la voce.

- Tu qui! - disse il frate, posando in terra la scodella, e alzandosi da sedere.

- Come sta, padre? come sta?

- Meglio di tanti poverini che tu vedi qui, - rispose il frate: e la sua voce era fioca, cupa, mutata come tutto il resto. - Ma tu, - proseguiva, - come sei qui? perché vieni così ad affrontar la peste?

- L'ho avuta, grazie al cielo. Vengo... a cercar di... Lucia.

- Lucia! è qui Lucia?

- È qui: almeno spero in Dio che ci sia ancora.

- È tua moglie?

- Oh caro padre! no che non è mia moglie. Non sa nulla di tutto quello che è accaduto?

- No, figliuolo: da che Dio m'ha allontanato da voi altri, io non n'ho saputo più nulla; ma ora ch'Egli mi ti manda, dico la verità che desidero molto di saperne.

Renzo raccontò brevemente al padre Cristoforo quello che era successo a Lucia e poi a se stesso. E concluse ripetendo che era venuto a cercarla, per vedere se era viva e se lo voleva ancora, perché magari, alle volte...

Il padre Cristoforo spiegò a Renzo dove poteva sperare di trova-

[27] una carne rotta: un corpo sfinito.

re Lucia. Veramente gli uomini non avrebbero potuto entrare nel reparto riservato alle donne, se non per motivi di lavoro; ma il padre era commosso dalla costanza dell'affetto di Renzo e pensò che le regole, in un caso come quello, potevano tollerare un'eccezione.

Prima di allontanarsi, tuttavia, Renzo si lasciò scappare una frase che suscitò l'ira del cappuccino: disse infatti che, se non avesse trovato Lucia ancora viva, avrebbe saputo prendersi la sua vendetta contro l'uomo che non gli aveva permesso di sposarla.

- Sciagurato! - gridò il frate. - Se è questo il tuo sentimento, Lucia è morta di sicuro, perché Dio non può averla salvata per te.

Poi, di fronte al silenzio pentito di Renzo, riprese con voce più tranquilla.

- Ho odiato anch'io: io, che t'ho ripreso per un pensiero, per una parola, l'uomo ch'io odiavo cordialmente[28], che odiavo da gran tempo, io l'ho ucciso.

- Sì, ma un prepotente, uno di quelli...

- Zitto! - interruppe il frate: - credi tu che, se ci fosse una buona ragione, io non l'avrei trovata in trent'anni? Ah! s'io potessi ora metterti in cuore il sentimento che dopo ho avuto sempre, e che ho ancora, per l'uomo ch'io odiavo!

- Sì, sì, - disse Renzo, tutto commosso, e tutto confuso: - capisco che ho parlato da bestia, e non da cristiano: e ora, con la grazia del Signore, sì, gli perdono proprio di cuore.

- E se tu lo vedessi?

- Pregherei il Signore di dar pazienza a me, e di toccare il cuore a lui.

- Ti ricorderesti che il Signore non ci ha detto di perdonare a' nostri nemici, ci ha detto d'amarli? Ti ricorderesti ch'Egli lo ha amato a segno di morir per lui[29]?

---

[28] cordialmente: di cuore, intensamente.

[29] lo ha amato... per lui: Gesù è morto per tutti gli uomini, compreso don Rodrigo.

- Sì, col suo aiuto.

- Ebbene, vieni con me.

E, presa la mano di Renzo, e strettala come avrebbe potuto fare un giovine sano, si mosse. Quello, senza osar di domandar altro, gli andò dietro.

L'agonia di don Rodrigo

Dopo pochi passi, il frate si fermò vicino all'apertura d'una capanna, fissò gli occhi in viso a Renzo, con un misto di gravità e di tenerezza; e lo condusse dentro.

La prima cosa che si vedeva, nell'entrare, era un infermo seduto sulla paglia nel fondo; un infermo però non aggravato[30], e che anzi poteva parer vicino alla convalescenza; il quale, visto il padre, tentennò la testa, come accennando di no: il padre abbassò la sua, con un atto di tristezza e di rassegnazione. Renzo intanto, girando, con una curiosità inquieta, lo sguardo sugli altri oggetti, vide tre o quattro infermi, ne distinse uno da una parte sur una materassa, involtato in un lenzolo, con una cappa signorile indosso, a guisa di coperta: lo fissò, riconobbe don Rodrigo, e fece un passo indietro; ma il frate, facendogli di nuovo sentir fortemente la mano con cui lo teneva, lo tirò appiè del covile, e, stesavi sopra l'altra mano, accennava col dito l'uomo che vi giaceva.

Stava l'infelice, immoto; spalancati gli occhi, ma senza sguardo; pallido il viso e sparso di macchie nere; nere ed enfiate[31] le labbra: l'avreste detto il viso d'un cadavere, se una contrazione violenta non avesse reso testimonio d'una vita tenace[32]. Il petto si sollevava di quando in quando, con un respiro affannoso; la destra, fuor della cappa, lo premeva vicino al cuore, con uno stringere adunco[33] delle dita, livide tutte, e sulla punta nere.

---

30 infermo... non aggravato: ammalato... non molto grave.
31 enfiate: gonfie.
32 tenace: che non voleva finire, che la animava ancora con forza.
33 adunco: contratto.

Osservazioni

Può esser gastigo, può esser misericordia

Il padre Cristoforo non si azzarda a interpretare la sofferenza di don Rodrigo, che potrebbe essere un castigo di Dio, che lo punisce per le sue colpe, oppure un segno della sua misericordia, poiché gli lascia il tempo di pentirsi dei suoi peccati.

- Tu vedi! - disse il frate, con voce bassa e grave. - Può esser gastigo, può esser misericordia. Il sentimento che tu proverai ora per quest'uomo che t'ha offeso, sì; lo stesso sentimento, il Dio, che tu pure hai offeso[34], avrà per te in quel giorno[35]. Benedicilo, e sei benedetto. Da quattro giorni è qui come tu lo vedi, senza dar segno di sentimento. Forse il Signore è pronto a concedergli un'ora di ravvedimento[36]; ma voleva esserne pregato da te!

Tacque; e, giunte le mani, chinò il viso sopra di esse, e pregò: Renzo fece lo stesso.

- Va' ora, - riprese il frate, - va' preparato, sia a ricevere una grazia[37], sia a fare un sacrifizio[38]; a lodar Dio, qualunque sia l'esito delle tue ricerche. E qualunque sia, vieni a darmene notizia; noi lo loderemo insieme.

L'incontro fra Renzo e Lucia

Renzo si aggirò a lungo nel settore femminile e finalmente ritrovò Lucia, pallida ancora per la malattia, ma levata e intenta ad assistere una compagna di sventura, una giovane donna rimasta vedova da poco e anch'essa in via di guarigione.

- Ah Renzo! Perché siete venuto qui? - chiese Lucia dopo che l'ebbe riconosciuto.

- Perché? - rispose Renzo: - Avete davvero bisogno che ve lo dica?

- Ma non v'ha fatto scrivere mia madre...?

34 il Dio, che tu pure hai offeso: in quanto sei un peccatore, come tutti gli esseri umani.

35 in quel giorno: quando morirai e andrai al giudizio.

36 un'ora di ravvedimento: un momento di pentimento.

37 una grazia: trovare Lucia viva.

38 un sacrifizio: scoprire che Lucia è morta.

Lucia si riferiva naturalmente al voto, che Agnese aveva spiegato confusamente a Renzo, gettandolo nella disperazione.

- Ma Renzo, - continuava Lucia, - una promessa alla Madonna!... Un voto!

- E io vi dico che sono promesse che non valgono niente. Perché la Madonna non vuole promesse che facciano soffrire il prossimo! Sapete cosa dovete promettere alla Madonna? Promettetele che la prima figlia che avremo, le metteremo nome Maria: questo sono qui anch'io a prometterlo: queste sono cose che fanno onore alla Madonna.

Le parole di Renzo non persuadevano Lucia, che ordinò a Renzo di andarsene e di non pensare più a lei. Renzo allora le disse che aveva visto il padre Cristoforo, proprio lì nel lazzaretto, e che era gravemente ammalato, e che gli aveva fatto vedere don Rodrigo moribondo...

- M'ha detto che facevo bene a venirvi a cercare. Sicché, vedete!

- Ma, se ha parlato così, è perché lui non sa...

- Oh! volete che ve la dica? Voi altre donne, queste cose non le potete sapere. Il padre Cristoforo m'ha detto che tornassi da lui a raccontargli se v'avevo trovata. Vo: lo sentiremo: quel che dirà lui...

L'addio del padre Cristoforo

Renzo tornò dal padre Cristoforo e gli spiegò la situazione. Il frate disse che, prima di poterlo rassicurare, doveva parlare con Lucia. E senza dir altro, s'avviarono.

Il tempo s'era andato sempre più rabbuiando, e annunziava ormai certa e poco lontana la burrasca. De' lampi fitti rompevano l'oscurità cresciuta, e lumeggiavano[39] d'un chiarore istantaneo i lunghissimi tetti e gli archi de' portici, la cupola della cappella,

[39] lumeggiavano: illuminavano.

i bassi comignoli delle capanne; e i tuoni scoppiati con istrepito repentino[40], scorrevano rumoreggiando dall'una all'altra regione del cielo. Andava innanzi il giovine, attento alla strada, con una grand'impazienza d'arrivare, e rallentando però il passo, per misurarlo alle forze del compagno; il quale, stanco dalle fatiche, aggravato dal male, oppresso dall'afa, camminava stentatamente, alzando ogni tanto al cielo la faccia smunta, come per cercare un respiro più libero.

Renzo, quando vide la capanna, si fermò, si voltò indietro, disse con voce tremante: - è qui.

Entrano... Lucia si volta, s'alza precipitosamente, va incontro al vecchio, gridando: - oh chi vedo! O padre Cristoforo!

- Ebbene, Lucia; cos'è codesto voto che m'ha detto Renzo?

- È un voto che ho fatto alla Madonna... oh! in una gran tribolazione[41]!... di non maritarmi.

- Poverina! Ma avete pensato allora, ch'eravate legata da una promessa?

- Trattandosi del Signore e della Madonna!... non ci ho pensato.

- Il Signore, figliuola, gradisce i sagrifizi, l'offerte, quando le facciamo del nostro. È il cuore che vuole, è la volontà: ma voi non potevate offrirgli la volontà d'un altro, al quale v'eravate già obbligata.

- Ho fatto male?

- No, poverina, non pensate a questo: io credo anzi che la Vergine santa avrà gradita l'intenzione del vostro cuore afflitto, e l'avrà offerta a Dio per voi. Ma ditemi: non avete nessun altro motivo che vi trattenga dal mantener la promessa che avete fatta a Renzo?

- In quanto a questo... per me... che motivo...? Non potrei proprio dire... - rispose Lucia, con un'esitazione che indicava tutt'al-

[40] istrepito repentino: rumore improvviso.

[41] tribolazione: momento di grande difficoltà; Lucia si riferisce ovviamente alla notte trascorsa nel castello dell'innominato.

tro che un'incertezza del pensiero; e il suo viso ancora scolorito dalla malattia, fiorì tutt'a un tratto del più vivo rossore.

- Ora sappiate che io posso, quando voi lo chiediate, sciogliervi dall'obbligo che possiate aver contratto a cagion di codesto voto.

- Ma non è peccato tornare indietro, pentirsi d'una promessa fatta alla Madonna? Io allora l'ho fatta proprio di cuore...

- Peccato, figliuola? - disse il padre: - Io ho veduto in che maniera voi due siete stati condotti ad unirvi; e, certo, se mai m'è parso che due fossero uniti da Dio, voi altri eravate quelli: ora non vedo perché Dio v'abbia a voler separati. E lo benedico che m'abbia dato, indegno come sono, il potere di parlare in suo nome, e di rendervi la vostra parola. E se voi mi chiedete ch'io vi dichiari sciolta da codesto voto, io non esiterò a farlo; e desidero anzi che me lo chiediate.

- Allora...! allora...! lo chiedo; - disse Lucia, con un volto non turbato più che di pudore.

Il frate chiamò con un cenno il giovine.

- Amatevi come compagni di viaggio, con questo pensiero d'avere a lasciarvi, e con la speranza di ritrovarvi per sempre. Ringraziate il cielo che v'ha condotti a questo stato[42], non per mezzo dell'allegrezze turbolente e passeggiere, ma co' travagli e tra le miserie, per disporvi a una allegrezza raccolta e tranquilla. Se Dio vi concede figliuoli, abbiate in mira[43] d'istillar loro

Osservazioni

Amatevi come compagni di viaggio

Le parole con cui fra Cristoforo si congeda dai due promessi esprimono la sua concezione del matrimonio: l'amore terreno, per quanto possa essere felice, è comunque destinato a finire con la morte e quindi a risolversi in dolore; solo se l'amore acquista una dimensione superiore, sovrumana, religiosa, diventa un'anticipazione della gioia eterna del paradiso. Da qui l'invito del frate ai due promessi ad amarsi "come compagni di viaggio", cioè come chi sa che prima o poi dovrà lasciarsi, pur con la speranza di ritrovarsi nell'aldilà.

---

42 a questo stato: alle nozze.

43 in mira: come scopo.

l'amore di Lui e di tutti gli uomini; e allora li guiderete bene in tutto il resto. Verranno in un tristo mondo, e in tristi tempi, in mezzo a' superbi e a' provocatori: dite loro che perdonino sempre[44], sempre! tutto, tutto! e che preghino, anche loro, per il povero frate!

- Orsù, - riprese poi, voltandosi a Renzo, e prendendolo per una mano: - noi due non abbiam più nulla da far qui: e ci siamo stati anche troppo. Andiamo.

Mancava poco alla sera, e il tempo pareva sempre più vicino a risolversi. Il cappuccino esibì[45] al giovine di ricoverarlo per quella notte nella sua baracca. - Compagnia, non te ne potrò fare, - soggiunse: - ma avrai da stare al coperto.

Renzo però si sentiva una smania d'andare; e non si curava di rimaner più a lungo in un luogo simile, quando non poteva profittarne per veder Lucia, e non avrebbe neppur potuto starsene un po' col buon frate. In quanto all'ora e al tempo, si può dire che notte e giorno, sole e pioggia, zeffiro e tramontano[46], eran tutt'uno per lui in quel momento. Ringraziò dunque il frate, dicendo che voleva andar più presto che fosse possibile in cerca d'Agnese.

- Oh caro padre...! ci rivedremo? ci rivedremo?

- Lassù, spero -. E con queste parole, si staccò da Renzo; il quale, stato lì a guardarlo fin che non l'ebbe perso di vista, prese in fretta verso la porta, dando a destra e a sinistra l'ultime occhiate di compassione a quel luogo di dolori.

[44] perdonino sempre: è l'essenza del messaggio evangelico, che fra Cristoforo con queste ultime parole ribadisce ai due promessi.

[45] esibì: offrì.

[46] zeffiro e tramontano: vento dolce e primaverile il primo, vento gelido e tempestoso il secondo.

Epilogo

Renzo tornò al paese sotto un acquazzone spaventoso, di quelli che si verificano spesso alla fine dell'estate. Ma la sua gioia era tanta che quasi non si accorse del diluvio che lo inzuppava da capo a piedi.

E il giorno dopo corse a Pasturo, dove trovò Agnese sana e salva e poté raccontarle tutto quello che era accaduto.

L'acquazzone segnò la fine della pestilenza, o almeno della sua fase acuta: a poco a poco il numero di ammalati diminuì, il numero delle guarigioni aumentò e la vita riprese. Qualche settimana dopo l'incontro che abbiamo descritto, Lucia giunse a Olate in compagnia della buona vedova. Don Abbondio, quando seppe che don Rodrigo era morto di peste al lazzaretto, non fece più nessuna difficoltà e sposò volentieri Renzo e Lucia.

I due sposi si trasferirono con Agnese nel bergamasco, dove Renzo era un lavoratore apprezzato e dove, pochi anni dopo, si mise in proprio e diventò imprenditore. I due ebbero numerosi figli - la prima, naturalmente, fu chiamata Maria. E spesso ricordavano le loro disavventure, e cercavano di dare un senso al lungo percorso che li aveva portati a diventare una famiglia. Dopo molto discutere, finalmente conclusero che i guai spesso vengono per colpa nostra, ma che la condotta più cauta e più innocente non basta a tenerli lontani; e che quando vengono, o per colpa o senza colpa, la fiducia in Dio li raddolcisce, e li rende utili per una vita migliore.

OSSERVAZIONI

un acquazzone spaventoso

L'acqua ha sempre, nel romanzo, una forte valenza simbolica. In questo punto, è evidente dunque la volontà dell'autore di fare di questa pioggia un simbolo di rinascita - il temporale spazza via la peste e la vita riprende, i due protagonisti si sposano e così via. Il fatto che Manzoni non si attenga strettamente alla realtà storica è significativo: è vero che il momento più grave dell'epidemia fu nell'estate del 1630, tuttavia Milano fu dichiarata ufficialmente libera dalla peste solo nel 1632, quindi ben due anni più tardi.

Questa conclusione, benché trovata da povera gente, c'è parsa così giusta, che abbiamo pensato di metterla qui, come il sugo[47] *di tutta la storia.*

La quale, se non v'è dispiaciuta affatto, vogliatene bene a chi l'ha scritta, e anche un pochino a chi l'ha raccomodata. Ma se in vece fossimo riusciti ad annoiarvi, credete che non s'è fatto apposta.

Sposalizio di Renzo e Lucia. Stampa di G. B. Grasselli, 1850.

[47] il sugo: la morale.

IL CAPITOLO IN SINTESI

- il tempo: agosto 1630
- i luoghi: Olate, Milano, il lazzaretto
- i personaggi: Renzo, don Abbondio, la madre di Cecilia, fra Cristoforo, Lucia, don Rodrigo
- le sequenze principali:

1 **il ritorno di Renzo:** Renzo si ammala di peste e guarisce; preoccupato per Lucia e convinto che i controlli di polizia siano allentati, torna a Olate e viene a sapere che Lucia si trova a Milano; corre dunque nella città, dove la pestilenza è al colmo;

2 **la madre di Cecilia:** tra i molti spettacoli commoventi, uno colpisce in particolare Renzo: una madre, lei stessa ammalata, che si avvicina al carro dei monatti e vi depone con delicatezza il corpo della figlioletta morta, pagando il monatto perché ne abbia rispetto fino al momento della sepoltura;

3 **Renzo scambiato per untore:** raggiunta finalmente la casa dove spera di trovare Lucia, Renzo viene a sapere che la giovane è malata al lazzaretto; e mentre si sofferma incerto sul da farsi viene scambiato per un untore e inseguito da una folla decisa a linciarlo; Renzo si salva saltando su uno dei carri carichi di cadaveri che i monatti portano alla sepoltura; e così arriva al lazzaretto;

4 **Renzo ritrova il padre Cristoforo:** mentre cerca Lucia, Renzo intravede il padre Cristoforo, che lavora come volontario nel lazzaretto; Renzo gli racconta ciò che è accaduto e il padre lo incoraggia a cercare Lucia, rimproverandolo però per i suoi propositi di vendetta nei confronti di don Rodrigo;

5 **l'agonia di don Rodrigo:** fra Cristoforo accompagna quindi Renzo a vedere don Rodrigo moribondo; e Renzo, sconvolto, prega sinceramente per la salvezza del suo nemico, comprendendo finalmente il vero significato del comandamento cristiano dell'amore.

6 **l'incontro fra Renzo e Lucia:** Renzo ritrova finalmente Lucia: la giovane è in via di guarigione, ma scaccia Renzo, perché intende rispettare il suo voto alla Madonna; invano Renzo tenta di persuaderla con i suoi argomenti e alla fine torna a chiedere l'aiuto del padre Cristoforo;

7 **l'addio del padre Cristoforo:** il padre Cristoforo ascolta Lucia e le spiega che il voto, pur sincero, è viziato: Lucia si era già impegnata con Renzo, non poteva coinvolgere la volontà di un altro nella sua promessa; ora, se lei lo desidera, il padre Cristoforo ha dalla Chiesa l'autorità necessaria per scioglierla dal voto, e Lucia gli chiede di farlo; il padre Cristoforo si congeda dai due promessi invitandoli a vivere cristianamente il loro matrimonio; Lucia resta al lazzaretto come convalescente, Renzo si allontana per tornare al paese;

8 **epilogo:** Renzo ritrova Agnese, poche settimane dopo Lucia arriva al paese e i due vengono sposati da don Abbondio, mentre la pestilenza finisce.

ATTIVITÀ

Hai capito bene?

Scegli fra le risposte fornite quella corretta.

1 Quando Renzo decide di tornare al proprio paese?
- ☐ Dopo essere guarito dalla peste
- ☐ Dopo aver saputo che Lucia si è ammalata di peste
- ☐ Dopo aver saputo che don Rodrigo si è ammalato di peste
- ☐ Dopo aver saputo che nel ducato di Milano si è diffusa la peste

2 Dov'è che Renzo va a cercare Lucia?
- ☐ Prima al lazzaretto, poi al paese
- ☐ Prima a Bergamo, poi a Olate, infine a Milano
- ☐ Prima al paese, poi a casa di donna Prassede, infine al lazzaretto
- ☐ Prima a casa di donna Prassede, poi al lazzaretto, infine da Agnese

3 Chi sposa Renzo e Lucia?
- ☐ Fra Cristoforo
- ☐ Don Abbondio
- ☐ Un altro sacerdote
- ☐ Il cardinal Federigo

Il gioco dei perché

Rispondi alle domande seguenti usando le parole indicate fra parentesi.

4 Perché Renzo viene scambiato per untore?
(martello, esitazione, sospetto)

5 Perché a un certo momento fra Cristoforo si arrabbia con Renzo?
(don Rodrigo, vendetta, Lucia, perdono)

6 Perché Lucia, rivedendo Renzo, è combattuta tra sentimenti diversi?
(voto, amore, senso di colpa, rimpianto)

Riflettiamo insieme

Esponi la tua opinione facendo riferimento al testo letto.

7 Fra Cristoforo spiega a Renzo che, per essere cristiani, non basta perdonare i nostri nemici, bisogna amarli. Sei d'accordo con questa affermazione? In che modo il frate riesce a far capire a Renzo la differenza tra perdono e amore?

8 "Amatevi come compagni di viaggio": che cosa significano secondo te queste parole, che fra Cristoforo dice ai due promessi nel momento dell'addio?

9 La "morale" dei Promessi sposi è doppia: in parte è affidata a fra Cristoforo, in parte ai due protagonisti. Individua nel testo il doppio messaggio e spiega con parole tue qual è l'insegnamento che l'autore propone al lettore.

Lettori detective... della lingua

10 Manzoni attribuisce al padre Cristoforo numerosi discorsi diretti, che si possono distinguere a seconda del loro contenuto in consigli, consolazioni, rimproveri e insegnamenti. Individua almeno un esempio per ciascun tipo, completando la seguente tabella con le opportune citazioni:

consigli: ....
consolazioni: ....
rimproveri: ....
insegnamenti: ....

11 Manzoni ricorre spesso al discorso diretto per conferire vivacità e ritmo alla sua pagina. Verifica questa affermazione riscrivendo un dialogo a tua scelta in maniera che i discorsi dei personaggi siano sempre e solo indiretti.

Siamo tutti scrittori?

Scrivi un testo di 12-15 righe (o 500 caratteri).

12 Carattere di Renzo
Renzo è un giovane buono, ma (come abbiamo già osservato) spesso ingenuo e a volte, quando provocato, impulsivo e iracondo. Tenendo conto di questi aspetti del suo carattere, racconta in prima persona ciò che gli accade in questo ultimo capitolo.

13 Carattere di Lucia
Lucia è una giovane dolce e sensibile, ma dotata di grande forza di carattere e (a dispetto delle apparenze) di intensi sentimenti. Tenendo conto di questi aspetti del suo carattere, racconta in prima persona la sua storia in questo ultimo capitolo del romanzo.

Alessandro Manzoni

L'infanzia e la formazione

Manzoni ritratto da Carlo Gerosa all'inizio degli anni Venti.

Alessandro Manzoni nasce a Milano il 7 marzo 1785, da **Giulia Beccaria** (1762-1841), figlia del filosofo illuminista Cesare Beccaria, celebre in tutta Europa per il pamphlet *Dei delitti e delle pene*, e dal conte **Pietro Manzoni** (1736-1807), esponente della piccola nobiltà lecchese.
La famiglia non è felice: Giulia è una ragazza colta, brillante e appassionata, che è stata costretta dalle sue condizioni economiche a sposare a vent'anni un uomo molto più vecchio di lei, mediocre e noioso. Secondo alcune voci, il piccolo Alessandro non è figlio del conte, ma dell'amante di Giulia, **Giovanni Verri**, anche lui appartenente a una famiglia di spicco dell'illuminismo milanese.
Giulia Beccaria e Pietro Manzoni si separano comunque ufficialmente nel 1792: la donna si reca a Parigi e il bambino resta con il padre, che lo affida prima a una balia, in campagna, e poi a due collegi di religiosi. Qui Alessandro impara il latino e il greco, ma matura anche **sentimenti di ribellione** che lo portano ad abbracciare le idee illuministe. Intorno ai quindici anni incomincia a scrivere le prime poesie, ispirate al poeta più celebre del momento, il neoclassicista Vincenzo Monti. Tra le sue letture vanno però ricordate anche le opere di Giuseppe Parini, il più importante poeta lombardo del Settecento, ispirate ai valori civili dell'illuminismo, e di Vittorio Alfieri, che infiammava gli animi della gioventù con le sue tragedie piene di passioni e di lotte per la libertà.
La giovinezza di Alessandro è segnata da grandi avvenimenti storici: sono gli anni in cui le armate napoleoniche percorrono il continente europeo e diffondono gli ideali della rivoluzione francese.

La facciata principale di villa Manzoni a Brusuglio.

Le esperienze parigine e la conversione

Nel 1805 Alessandro raggiunge la madre a Parigi, dove entra in contatto con vari intellettuali. Tra questi va ricordato soprattutto Claude Fauriel, che gli trasmette la passione per la storia. Nel 1808 sposa **Henriette (Enrichetta) Blondel**, figlia di un banchiere ginevrino, di fede calvinista, dalla quale avrà ben nove figli. È con ogni probabilità la giovanissima moglie (diciassette anni) che spinge Manzoni a riavvicinarsi alla Chiesa. Nel 1810 Henriette abiura al calvinismo e la coppia si risposa secondo il rito cattolico. È la cosiddetta "**conversione**" di Manzoni.
La conversione religiosa si accompagna in Manzoni a una profonda riflessione sul **romanticismo**, il movimento che in quegli anni si era affermato in Germania e in Inghilterra. Manzoni non condivide l'idea romantica che la poesia debba essere espressione diretta e immediata del proprio animo; e rifiuta la passione tipicamente nordica per il fantastico, l'horror, il macabro. Ma accoglie con entusiasmo uno dei principi della nuova scuola romantica, e cioè l'idea che la poesia non debba essere destinata ad una élite colta e raffinata, ma al contrario debba interpretare le aspirazioni e le idee di un **vasto numero di lettori**, facendosi interprete della sensibilità collettiva.
Il primo frutto di queste riflessioni è il progetto degli ***Inni sacri***, una serie di poesie (dodici, ma Manzoni ne scriverà solo cinque) dedicate alle principali festività religiose.

Le Osservazioni sulla morale cattolica e il Carmagnola

Accanto agli *Inni sacri*, Manzoni viene elaborando in questi anni un'opera di carattere saggistico, le *Osservazioni sulla morale cattolica* (anch'essa resterà incompiuta: lo scrittore pubblicherà la prima parte nel 1819 e interromperà la stesura nel corso della seconda parte).
Nello stesso anno 1819 Manzoni pubblica la sua **prima tragedia**, *Il conte di Carmagnola*, ispirata alla vicenda di un capitano di ventura rinascimentale, vittima di un odioso tradimento da parte dei potenti e corrotti politici dell'epoca. L'opera suscita un vivace dibattito perché non rispetta le cosiddette "**unità di tempo, di luogo e di azione**", che la poetica classicista considerava essenziali in un'opera teatrale (la vicenda doveva svolgersi nell'arco di ventiquattro ore, sempre nello stesso luogo, e senza episodi secondari di rilievo). Manzoni difese le proprie scelte, in una lettera in francese al critico Chauvet, che in seguito venne pubblicata, e dichiarò di ispirarsi ai grandi esempi di Shakespeare, ma soprattutto al criterio della **verosimiglianza storica e psicologica**, che il rispetto delle tre unità classicistiche rendeva impossibile. A sostegno di Manzoni intervenne perfino il grande scrittore tedesco Johann Goethe, che da quel momento seguì con interesse l'attività dello scrittore italiano.

I capolavori

Il **1821** è l'anno fondamentale, nella storia della produzione manzoniana: lo scrittore compone l'ultimo e più bello degli *Inni sacri*, *La Pentecoste*, l'ode ***Il cinque maggio***, ispirata dalla notizia della morte di Napoleone, la seconda tragedia *Adelchi*, e imposta il nuovo progetto che assorbirà tutte le sue energie nel ventennio successivo - *I promessi sposi*.
Adelchi è ambientata all'epoca della guerra tra Carlo Magno e i Longobardi, conclusasi con la sconfitta dei Longobardi stessi e la morte di Adelchi, figlio dell'ultimo re Desiderio. Il tema centrale dell'opera è il contrasto fra l'azione politica e i valori cristiani: lo scrittore ritiene che fra questi due ambiti vi sia un conflitto insanabile, cioè che non sia possibile fare l'uomo politico e nello stesso tempo ispirarsi ai principi del Vangelo.

Il romanzo storico

L'idea di scrivere un romanzo storico è legata a varie esigenze: Manzoni sentiva il bisogno di rivolgersi a un **pubblico più ampio** di quello della poesia o della tragedia; in secondo luogo, il romanzo permetteva di abbandonare i personaggi nobili, ricchi e potenti delle tragedie e di concentrare l'attenzione sui **personaggi popolari**, gli "umili", che Manzoni considera ormai i veri protagonisti della storia; infine, non bisogna trascurare il successo che il romanzo storico aveva in quegli anni all'estero, e in particolare nella letteratura inglese, grazie alle opere di sir **Walter Scott**.
La prima stesura del romanzo, intitolata *Fermo e Lucia* (dal nome dei due protagonisti) viene intrapresa nell'aprile del 1821 e si conclude diciotto mesi più tardi, nel settembre del 1823. Manzoni non ne è soddisfatto, per varie ragioni, e subito si mette a riscrivere il romanzo, che con il titolo *I promessi sposi* viene **pubblicato nel 1827**. Lo scrittore è però ancora scontento del suo libro e intraprende un lungo lavoro sulla lingua, per migliorare lo stile del romanzo. Manzoni è infatti convinto che l'Italia in via di unificazione abbia bisogno di una lingua nazionale unitaria, diversa da quella poetica e astratta che da secoli univa solo i dotti e i letterati, ma capace di superare le divisioni legate ai vari dialetti che le persone parlavano comunemente. Una **lingua nazionale**, insomma, di uso quotidiano e popolare. Ebbene, Manzoni è convinto per varie ragioni (tra cui l'importanza che Firenze ha avuto fin dal Medioevo nella letteratura italiana) che questa lingua debba essere **il fiorentino parlato dalla classe colta** (non dal popolo) del suo tempo.
Per studiare questa lingua, nel 1827 Manzoni compie un lungo viaggio a Firenze (la cosiddetta "risciacquatura dei panni in Arno") e inizia a correggere il proprio romanzo. L'"eterno lavoro", come lo scrittore stesso ironicamente lo definisce, termina nel **1840**, quando inizia la pubblicazione dell'edizione definitiva del romanzo, conclusasi due anni più tardi. In appendice al romanzo viene pubblicata la *Storia della colonna infame*, il capolavoro del Manzoni storico.

L'ultima parte della vita

Intanto, nel 1833, il giorno di Natale, a Manzoni è morta la moglie Henriette. È il primo di una lunga serie di lutti, che rattristeranno la vecchiaia dello scrittore: alla moglie segue la figlia primogenita, poi la madre, altri figli...

Nel 1837 lo scrittore si sposa per la seconda volta, con **Teresa Borri Stampa**, anch'essa vedova, benestante e madre di un figlio, Stefano, che assisterà amorevolmente il patrigno nell'ultima parte della vita. Anche la seconda moglie morirà prima dello scrittore, nel 1861.

La parabola creativa dello scrittore si è comunque esaurita con la pubblicazione del romanzo. Dopo la lunga revisione linguistica, Manzoni si dedica esclusivamente a **opere di argomento linguistico o storico**. Manzoni svolge anche alcuni incarichi istituzionali: accetta la nomina a senatore da parte del re Vittorio Emanuele II, presiede una commissione parlamentare sulla lingua.

La morte del primogenito Pier Luigi, il 28 aprile del **1873**, accelera quella dello scrittore, ormai molto anziano: uscendo dalla chiesa di San Fedele, a pochi passi dalla sua casa di Milano, Manzoni una sera inciampa e cade, battendo la testa. Le sue condizioni peggiorano nei giorni successivi e lo scrittore muore il 22 maggio.

Il lago di Como in una stampa acquerellata, 1850 ca.

Le date da ricordare

1785	nasce a Milano
1810	conversione al cattolicesimo
1812-21	Inni sacri
1819	Osservazioni sulla morale cattolica e Il conte di Carmagnola
1821	compone quasi tutte le opere più importanti e imposta il romanzo
1827	prima edizione dei Promessi sposi
1833	morte di Henriette Blondel
1837	seconde nozze con Teresa Borri Stampa
1840-42	edizione definitiva dei Promessi sposi
1860	nomina a senatore
1873	muore a Milano

I titoli da ricordare

Inni sacri
Il cinque maggio
Il conte di Carmagnola
Adelchi
I promessi sposi
Storia della colonna infame

Copertina dell'edizione Rechiedei de I promessi sposi. *Milano, 1869.*

Guida alla lettura e all'interpretazione

La scelta del romanzo storico

I promessi sposi è un romanzo storico. Manzoni era rimasto colpito dalla lettura delle opere dello scrittore scozzese Walter Scott (1771-1832), uno degli autori di successo dell'epoca, considerato l'inventore del genere. Scott non era certo il primo scrittore ad ambientare in un'epoca lontana, il Medioevo, le vicende che narrava. Ma ciò che caratterizza il romanzo storico è l'attenzione con cui **il contesto** viene ricostruito: l'epoca storica non costituisce solo lo sfondo, più o meno esotico e suggestivo, in cui sono ambientate le avventure dei personaggi, ma diventa essa stessa **protagonista**, la situazione sociale, economica, politica ecc. contribuisce attivamente allo sviluppo della trama e al destino dei personaggi. Scegliendo il romanzo storico, quindi, Manzoni adottava un genere "alla moda"; ma, pur esprimendo ammirazione per le opere di Scott, il suo libro si presenta con caratteristiche molto differenti. Innanzitutto, la vicenda è ambientata nel Seicento e non nel Medioevo: lo scrittore sceglie un'epoca meno nota e priva di quegli elementi "esotici" che rendevano allettante il Medioevo.

Gli "umili" protagonisti

La novità fondamentale, rispetto alle opere di Scott, consiste però nella scelta di porre al centro della vicenda romanzesca non cavalieri e nobili dame, ma un filatore di seta e una contadina, cioè **due popolani** (Manzoni non usa mai il termine "umili", comunemente adottato invece dalla critica). Alla base di questa decisione c'è senza dubbio un elemento evangelico: il riavvicinamento al cristianesimo, come abbiamo detto, ha un'importanza fondamentale per la genesi delle opere della maturità di Manzoni. L'insegnamento evangelico conferma e rafforza, in questo caso, la **tendenza democratica** dell'autore, di derivazione illuministica, e lo spinge a compiere la scelta più rivoluzionaria dell'intero romanzo. Naturalmente, nella letteratura italiana vi sono opere, prima dei *Promessi sposi*, che hanno come protagonisti dei popolani (per esempio le commedie di Goldoni, i cui protagonisti appartengono alla piccola o piccolissima borghesia). Ma si tratta, in questi casi, di opere di carattere comico: Manzoni colloca invece i suoi "umili" al centro di una grandiosa vicenda tragica, in cui entrano in gioco non solo le esperienze quotidiane, ma i grandi avvenimenti storici e addirittura il piano divino, l'intervento della Provvidenza nella storia umana.

I personaggi

Don Abbondio (particolare) in una illustrazione di Tancredi Scarpelli, 1940.

Renzo e Lucia, protagonisti del romanzo, sono gli "umili" dal cui punto di vista Manzoni osserva la realtà che rappresenta e a cui affida, nell'ultima pagina del libro, la "morale" della storia. La scelta di porre al centro della vicenda due lavoratori manuali non limita però l'osservazione dello scrittore alle classi popolari. Nei *Promessi sposi* è al contrario rappresentata **tutta la società** milanese del Seicento, dai potenti (come il Gran Cancelliere Ferrer, il conte zio del Consiglio Segreto, i governatori di Milano e i re e imperatori di cui si parla nelle pagine storiche) ai mendicanti vittime della carestia, ai lanzichenecchi, ai bravi ecc. Grande spazio è riservato agli ecclesiastici: don Abbondio, fra Cristoforo, la monaca di Monza, il cardinal Federigo sono i più importanti.
Ciò che caratterizza i personaggi manzoniani è, in generale, la loro **complessità**. Anche i personaggi minori, salvo rare eccezioni, sono sempre caratterizzati da Manzoni in maniera da renderli vivi e concreti, per esempio chiarendo la loro condizione sociale, il loro modo di parlare o di gesticolare, la loro psicologia.
Manzoni costruisce i suoi ritratti sulla base di forti contrapposizioni, che comunicano al lettore l'impressione (per dirla con le parole dell'autore stesso) che il cuore umano sia un "guazzabuglio" insondabile e misterioso.

Ritratto di "bravo" di Francesco Hayez.

Il tabernacolo in una litografia di Gaetano Dura, 1830.

I protagonisti "astratti": il Seicento e la Provvidenza

Accanto ai due giovani, vi sono nei *Promessi sposi* altri protagonisti: in particolare, è protagonista il Seicento, cioè l'epoca storica, con la sua mentalità e i suoi pregiudizi, in quanto la macchina narrativa si mette in moto a partire da **una questione di puntiglio** (la scommessa fra don Rodrigo e il conte Attilio), quasi un emblema della mentalità spagnolesca che domina tutti i personaggi potenti del romanzo. Anche la Provvidenza ha un ruolo da protagonista, in quanto (lo si capisce soprattutto alla fine) è l'azione misteriosa e terribile della Provvidenza che domina i destini di tutti i personaggi e l'intero divenire storico.

Il tema di fondo dei *Promessi sposi* è in fondo proprio la **riflessione sulla storia umana**. Come il cuore umano, anche la storia appare un "guazzabuglio" dominato a prima vista dal caos e dal male. C'è in Manzoni una vena di pessimismo, sicuramente legata anche all'epoca storica in cui vive (un'epoca di grande delusione e amarezza, dopo che le speranze suscitate dalla Rivoluzione francese e da Napoleone sono state tradite e hanno rivelato tutti i loro limiti), ma anche a una più generale riflessione sulla natura umana. Lo scrittore riconosce la forza predominante degli istinti egoistici e la fragilità dei principi etici (primo fra tutti la carità, cioè il comandamento evangelico dell'amore per il prossimo), che solo la religione è in grado di diffondere e salvaguardare.

Nello stesso tempo, però, Manzoni attenua il suo pessimismo: nella storia umana, per quanto dominata da egoismo, violenza, irrazionalità, egli scorge l'intervento della Provvidenza divina, cioè di una forza superiore, misteriosa, che agisce in base a **un disegno imperscrutabile**, ma buono. Naturalmente, Manzoni non può indicare i modi in cui interviene la Provvidenza, ben sapendo che essa si manifesta in modi per noi inconoscibili. Egli si limita a osservare che **la fiducia nella Provvidenza** è l'unico atteggiamento in grado di addolcire le tragedie della vita e di dare un senso, un valore positivo, ai guai e alle tribolazioni. È questa la morale, il "sugo di tutta la storia", che i due sposi enunciano alla fine del romanzo e che l'autore, condividendolo, consegna ai suoi lettori.

«La c'è la Provvidenza!»
Incisione di Nicola Cianfanelli, 1828.

La trama del romanzo

prima parte

La vicenda è ambientata in Lombardia tra il 1628 e il 1630, al tempo della dominazione spagnola. I protagonisti sono Renzo Tramaglino, filatore di seta e piccolo proprietario terriero, e Lucia Mondella, contadina e operaia stagionale. I due giovani vivono in un paesino nei pressi di Lecco, Olate. Alla vigilia del loro matrimonio, un signorotto del luogo, don Rodrigo, vieta al pavido curato don Abbondio di celebrarlo. Come si scopre in seguito, don Rodrigo si è invaghito di Lucia e ha scommesso con il cugino conte Attilio di impossessarsi di lei. Don Abbondio cede alle minacce e trova delle scuse per rimandare le nozze, ma Renzo intuisce qualcosa e riesce a farsi dire il nome del prepotente che ostacola le sue nozze.
Con l'aiuto di Agnese, la madre di Lucia, e del padre Cristoforo, un cappuccino del vicino convento in odore di santità, i due promessi sposi tentano di risolvere la situazione: Renzo va a Lecco a parlare con l'avvocato Azzeccagarbugli, ma questi è al servizio di don Rodrigo e lo scaccia malamente; il padre Cristoforo va a parlare con don Rodrigo, ma il loro colloquio diventa subito uno scontro e non porta ad alcun risultato; Renzo e Lucia pensano perfino di costringere don Abbondio a sposarli suo malgrado, penetrando di notte in casa sua con l'aiuto di due compaesani compiacenti, ma anche questo piano fallisce per la pronta reazione del parroco e per le esitazioni di Lucia.

seconda parte

Siccome nel frattempo don Rodrigo ha inviato i suoi "bravi" a rapire Lucia, i due promessi sono costretti a fuggire: Lucia e Agnese si rifugiano a Monza, presso un convento di monache, e vengono accolte da una misteriosa signora, Gertrude, protagonista di una terribile storia di monacazione forzata; Renzo prosegue fino a Milano, e trova la città in preda alla sommossa a causa della carestia. Il giovane montanaro, curioso e ingenuo, prima assiste all'assedio e alla distruzione di un forno, poi partecipa attivamente al salvataggio del vicario di provvisione, uno dei magistrati responsabili della carestia, che la folla vorrebbe linciare; infine si mette a concionare in pubblico, senza rendersi conto dei pericoli che corre, e viene individuato da una spia della polizia, che lo denuncia come uno dei capi della rivolta.
Ubriacatosi all'osteria, Renzo si risveglia il mattino dopo in manette, ma riesce a fuggire con l'aiuto della folla e a raggiungere il confine con il Bergamasco, che all'epoca apparteneva ai territori della Repubblica di Venezia. Qui si sistema grazie all'aiuto di un cugino, Bortolo, e alla sua abilità di filatore di seta, mentre le autorità di Milano spiccano un mandato di cattura contro di lui.

terza parte

Intanto, don Rodrigo ha raccolto informazioni e ha ottenuto l'aiuto del cugino Attilio, convinto di dover difendere l'onore della famiglia. Attilio, grazie all'appoggio del conte zio, riesce a ottenere il trasferimento a Rimini del padre Cristoforo; don Rodrigo viene a sapere che Renzo è ricercato e fuggiasco; ma Lucia resta per lui irraggiungibile, protetta dalle mura del convento di Monza. Don Rodrigo si rivolge allora a un potente alleato, l'innominato, i cui mezzi gli garantiscono di potersi impadronire di Lucia.

L'innominato riesce in effetti a far rapire la ragazza: uno dei suoi uomini, Egidio, è infatti l'amante della monaca di Monza, e la costringe a tradire la sua protetta, inviandola dove i bravi dell'innominato possono catturarla e portarla nel castello del loro padrone, nei pressi di Chiuso, al confine tra il Lecchese e il Bergamasco. Ma l'innominato, che già da tempo soffre per le proprie malvagità, resta sconvolto alla vista di Lucia e vive una profonda crisi interiore, che lo porta a rinnegare il proprio passato. Il giorno seguente, egli si reca a trovare il cardinal Federigo Borromeo, in visita pastorale a Chiuso, e conclude il percorso di conversione, dichiarandosi pentito e pronto a rimediare al male commesso. Egli libera quindi Lucia, che nel frattempo ha fatto un voto di verginità alla Madonna in cambio della salvezza e ora torna per qualche tempo insieme alla madre, poi viene affidata a una ricca signora di Milano, donna Prassede, dove don Rodrigo non potrà raggiungerla. Il cardinale rimprovera severamente don Abbondio, ma non può rimediare alla separazione fra i due promessi.

quarta parte ed epilogo

A sbloccare la situazione interviene però la Storia con la "s" maiuscola. Il Ducato di Milano è infatti impegnato nella Guerra dei Trent'anni ed è costretto a lasciar passare nei suoi territori un esercito di lanzichenecchi diretto a Mantova. Il passaggio dell'esercito è una disgrazia, per i saccheggi e le violenze a cui i soldati si abbandonano; don Abbondio, la sua domestica Perpetua e Agnese si salvano cercando rifugio nel castello dell'innominato, che ha radicalmente cambiato vita e ha creato una piccola società ideale.

Ma il passaggio dell'esercito ha conseguenze ancora più gravi, perché i soldati portano con sé la peste. Il morbo si diffonde nel Milanese a causa dell'incompetenza e del disinteresse delle autorità, nonché della mentalità superstiziosa della popolazione, che prima nega il contagio, poi (quando è costretta dall'evidenza ad ammetterlo) lo attribuisce alla malvagità diabolica degli untori.

La peste colpisce Renzo, che ne guarisce e decide di approfittare del caos dovuto all'epidemia per tornare a cercare Lucia. Arriva al paese, raccoglie informazioni (tra gli altri, da don Abbondio, anche lui sopravvissuto al male), poi torna per la seconda volta a Milano; dove scopre che anche Lucia si è ammalata ed è ricoverata al lazzaretto, insieme ad altre sedicimila persone. Dopo aver rischiato di essere linciato come untore, Renzo arriva al lazzaretto, ritrova il padre Cristoforo, accorso come volontario per assistere gli ammalati, e don Rodrigo, ridotto in fin di vita dal male. Alla vista del suo avversario moribondo, Renzo sente svanire ogni rancore e prova un vero sentimento di carità cristiana nei suoi confronti. La ricerca di Lucia ha successo, ma la ragazza, in via di guarigione, rifiuta di sposare Renzo a causa del voto, pur amandolo ancora. Renzo tenta invano di persuaderla a cambiare idea: saranno le parole del padre Cristoforo a convincere Lucia che il voto è stato un errore, a cui lo stesso frate può porre rimedio, liberando Lucia dall'impegno contratto. Le nozze si possono così celebrare, e a celebrarle è proprio don Abbondio, ormai liberato da ogni timore dopo la morte di don Rodrigo: i due sposi si trasferiscono nel Bergamasco, dove conducono una vita serena.

Prova per esercitazione INVALSI

IL MIRACOLO DELLE NOCI

Sapete di quel miracolo delle noci, che avvenne, molt'anni sono, in quel convento di cappuccini della Romagna?
Oh! dovete dunque sapere che, in quel convento, c'era un nostro padre, il quale era un santo, e si chiamava il padre Macario. Un giorno d'inverno, passando per una viottola, in un campo d'un nostro benefattore, uomo dabbene anche lui, il padre Macario vide questo benefattore vicino a un suo gran noce; e quattro contadini, con le zappe in aria, che principiavano a scalzar la pianta, per metterle le radici al sole. "Che fate voi a quella povera pianta?" domandò il padre Macario. "Eh! padre, son anni e anni che la non mi vuol far noci; e io ne faccio legna". "Lasciatela stare, disse il padre: sappiate che, quest'anno, la farà più noci che foglie". Il benefattore, che sapeva chi era colui che aveva detta quella parola, ordinò subito ai lavoratori, che gettasser di nuovo la terra sulle radici; e, chiamato il padre, che continuava la sua strada, "padre Macario, gli disse, la metà della raccolta sarà per il convento". Si sparse la voce della predizione; e tutti correvano a guardare il noce. Infatti, a primavera, fiori a bizzeffe, e, a suo tempo, noci a bizzeffe. Il buon benefattore non ebbe la consolazione di bacchiarle; perché andò, prima della raccolta, a ricevere il premio della sua carità. Ma il miracolo fu tanto più grande, come sentirete. Quel brav'uomo aveva lasciato un figliuolo di stampa ben diversa. Or dunque, alla raccolta, il cercatore andò per riscotere la metà ch'era dovuta al convento; ma colui se ne fece nuovo affatto, ed ebbe la temerità di rispondere che non aveva mai sentito dire che i cappuccini sapessero far noci. Sapete ora cosa avvenne? Un giorno (sentite questa) lo scapestrato aveva invitato alcuni suoi amici dello stesso pelo, e, gozzovigliando, raccontava la storia del noce, e rideva de' frati. Que' giovinastri ebber voglia d'andar a vedere quello sterminato mucchio di noci; e lui li mena su in granaio. Ma sentite: apre l'uscio, va verso il cantuccio dov'era stato riposto il gran mucchio, e mentre dice: guardate, guarda egli stesso e vede... che cosa? Un bel mucchio di foglie secche di noce. Fu un esempio questo? E il convento, in vece di scapitare, ci guadagnò; perché, dopo un così gran fatto, la cerca delle noci rendeva tanto, tanto, che un benefattore, mosso a compassione del povero cercatore, fece al convento la carità d'un asino, che aiutasse a portar le noci a casa. E si faceva tant'olio, che ogni povero veniva a prenderne, secondo il suo bisogno; perché noi siam come il mare, che riceve acqua da tutte le parti, e la torna a distribuire a tutti i fiumi.

da Alessandro Manzoni, *I promessi sposi*, cap. III

1 Il testo che hai letto è

A. una leggenda
B. un dialogo
C. un testo teatrale
D. un saggio

2 Il testo narra due miracoli. Inserisci le frasi corrette fra quelle elencate:

primo miracolo: ....
secondo miracolo: ....

A. il padre Macario impedisce a quattro contadini di abbattere una pianta
B. un noce vecchio e sterile ricomincia a produrre frutti
C. il figlio non mantiene la promessa del padre
D. le noci sottratte al convento si trasformano in foglie
E. un benefattore regala un asino per portare le noci
F. il convento raccoglie tant'acqua quanto il mare

3 La frase che sintetizza meglio il contenuto del testo è

A. spesso i malvagi godono i frutti della loro cattiveria
B. i conventi dei cappuccini fanno molte elemosine
C. i miracoli premiano i buoni e puniscono i malvagi
D. Dio interviene quando meno ce lo aspettiamo

4 Con quale delle seguenti parole <u>non</u> può essere sostituita la parola "dabbene"? (riga 6)

A. perbene
B. buono
C. sciocco
D. onesto

5 Che cosa vuol dire "metterle le radici al sole"? (riga 8)

A. far prendere aria alle radici
B. abbattere la pianta
C. capovolgere la pianta
D. potare le radici

---

6 Di che tipo è la "povera pianta" intorno a cui lavoravano i contadini? (riga 9)

A. non viene detto
B. una quercia
C. un albero da legna
D. un noce

---

7 Quale delle seguenti espressioni si potrebbe usare per collegare logicamente le due frasi riportate qui sotto? (righe 15-16)

prima frase: Si sparse la voce della predizione.
seconda frase: Tutti correvano a guardare il noce.

A. affinché
B. perciò
C. nonostante
D. tuttavia

---

8 L'espressione "a bizzeffe" (riga 16) può essere sostituita con:

A. a squarciagola
B. a quattro palmenti
C. in abbondanza
D. dappertutto

9 Quale delle seguenti parole può sostituire "bacchiarle"? (riga 18)

A. raccoglierle
B. mangiarle
C. venderle
D. vederle

---

10 Perché il benefattore "non ebbe la consolazione di bacchiare" le noci? (righe 17-18)

A. perché morì prima della raccolta
B. perché lasciò fare il lavoro ai contadini
C. perché a bacchiarle furono i frati
D. perché il figlio gliele rubò tutte

---

11 A chi si riferisce il pronome "colui"? (riga 22)

A. al benefattore
B. al figlio del benefattore
C. al padre Macario
D. al frate cercatore

---

12 Che cosa significa "dello stesso pelo"? (riga 25)

A. coi capelli dello stesso colore
B. della stessa razza
C. vestiti nello stesso modo
D. con atteggiamenti simili

---

13 Perché il giovinastro porta gli amici "su in granaio"? (riga 27)

A. perché lì erano conservate le noci
B. perché da lì si vede meglio l'albero
C. perché voleva far loro uno scherzo
D. perché si era pentito e voleva donare le noci al convento

14 "Scapitare" (riga 31) è il contrario di

A. capitare
B. guadagnarci
C. scivolare
D. camminare lentamente

---

15 "Che" (riga 32) introduce una proposizione

A. relativa
B. oggettiva
C. causale
D. finale

---

16 Le noci vengono usate dai frati cappuccini per

A. nutrire i poveri
B. ricavarne farina
C. ricavarne olio
D. venderle al mercato

---

17 La frase "noi siam come il mare" (riga 35) introduce una similitudine.
Completa la tabella, collocando correttamente nella colonna di sinistra le parole elencate qui sotto:

elemosina - ordine cappuccino - persone bisognose

mare = ...
fiumi = ...
acqua = ...

I GRANDI CLASSICI

G. Boccaccio **Decameron**

Amori, duelli, magie. L'epica medievale
a cura di A. Cristofori

M. Shelley **Frankenstein**

B. Stoker **Dracula**

A. Mazzaferro **La storia di Odisseo**

F. H. Burnett **Il giardino segreto**

M. Maggi **Enea**

D. Alighieri **La Divina Commedia**

A. Manzoni **I Promessi Sposi**

M. de Cervantes **Don Chisciotte**

W. Shakespeare **Tragedie e commedie**

E. Salgari **Sandokan**

J. London **Il richiamo della foresta**

J. Verne **Ventimila leghe sotto i mari**

M. Twain **Le avventure di Tom Sawyer**

A. de Saint-Exupéry **Il piccolo principe**

L. Pirandello **Novelle scelte**

L'ira di Achille a cura di M. Maggi

R.L. Stevenson **L'isola del tesoro**

Vamba **Il giornalino di Gian Burrasca**

G. Verga **I Malavoglia**

L. Ariosto **Orlando furioso**

F. Sarcuno **Mitica Grecia**

C. Goldoni **Pazzi per le vacanze**

Boccaccio e altri autori **Novelle comiche e di beffa**

A. Dumas **Robin Hood**

F. Molnár **I ragazzi della via Pál**

Il diario di Anna Frank a cura di M. Maggi

Le Metamorfosi a cura di M. Giuliani

RACCONTI D'AUTORE

Favole di ieri, di oggi, di sempre
a cura di M. Maggi

E.A. Poe **Racconti di paura**

C. Dickens **Canto di Natale**

R.L. Stevenson **Dr Jekyll e Mr Hyde**

G. Verga **Rosso Malpelo**

J.K. Jerome **Storie di fantasmi per il dopocena**

O. Wilde **Il fantasma di Canterville**

A.C. Doyle **Le avventure di Sherlock Holmes**

La rosa rossa a cura di M. Giuliani

Mistero e paura a cura di M.C. Sampaolesi

Il filo di Arianna a cura di M. Giuliani

ORA E POI

La Seconda Guerra Mondiale
a cura di M.C. Sampaolesi

Carte da lettera a cura di V. M. Nicolosi

R. Melchiorre **Sulle tracce di Gandhi**

F. Piccini, S. Savini **Sotto il segno della bilancia**

G. Di Vita **Onde - Uomini in viaggio**

G. Di Vita **Alya e Dirar**

G. Di Vita **Il Muro**

M. Maggi **Quando si aprirono le porte**

M. Maggi **E il vento si fermò ad Auschwitz** E. Colonnesi, S. Galligani **Storia di Zhang** E. Colonnesi, S. Galligani **Viaggio a Kabul** C. Scarpelli **Il bullo innamorato**

F. Sarcuno **Il diario di Edo**

R. Melchiorre **Madiba**

M. Papeschi **Sulle tracce della Grande Guerra**

A. di Prisco **Il poeta favoloso**

M. Strianese **Il domatore di libri**

M. Giannattasio **Trappola nella rete**

R. Melchiorre **Il ragazzo di Capaci**

C. Scarpelli **Mi piace**

R. Melchiorre
Il diario segreto di Leonardo da Vinci

M. Giannattasio **Chi vuol esser lieto, sia** R. Melchiorre **Il bosco di Sofia**

M. Castagna **Grosso guaio a Cinecittà World**

P. Palliccia, E. Cordioli, D. Conati
Petrarca. Il poeta incoronato

NON SOLO LETTERE

M. Carpineti **Un occhio nello spazio**

A. Cristofori **Viva Verdi**

P. Ercolini **Il valzer del bosco**

M. Papeschi, S. Azzolari **1848**

L. Corvatta **Una missione speciale**

A. Sòcrati **L'uovo cosmico**

ATTUALMENTE

G. Di Vita
Costituzione e legalità. La convivenza civile come arricchimento e libertà

V. Giuliani
E tu? Percorsi di cittadinanza attiva per comprendere il nostro tempo

S. Lisi, C. Piccinini, F. Senigagliesi
Sguardo sul mondo. Problematiche di attualità e spunti di riflessione

R. Melchiorre
Storie di oggi. L'attualità raccontata ai ragazzi

L. Pagliari **Cyberbullismo. Le storie vere di chi lo ha sconfitto**